앞으로만 가는 차

A Car Moving Forward Only

양승훈 교수의 기독교 세계관 에세이

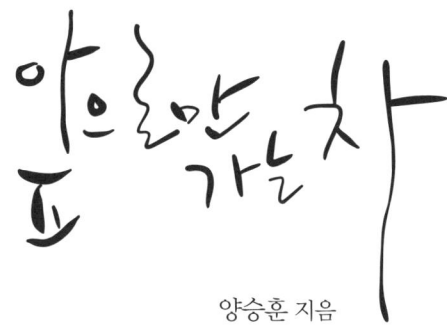
앞으로 맞고 가는 자

양승훈 지음

SFC

북미주와 한국교회의

세계선교동원과 네트워크에서 큰 디딤돌이 되신

최일식 목사님
(Choe, Ilsik Samuel)

&

최에스더 사모님
(Choe, Esther Tae-In)

께 드립니다.

차례

들어가면서   9

삶에 대한 반성   13

1_앞으로만 가는 차   2_비방을 받는 표적   3_아름다운 황혼   4_하나님의 뜻을 분별하는 법   5_절대 표준의 중요성   6_신화 부수기   7_부활의 계절을 보내면서   8_격려는 영약   9_겨울을 녹이는 난로

영성과 묵상   49

10_영생의 선물   11_부모님의 마음, 하나님의 사랑   12_거품 영성   13_모성애와 하나님의 사랑   14_철들게 하는 병   15_항법장치의 교훈   16_믿음과 사업의 공통점   17_해방된 도예가   18_어리석은 자의 용기   19_세계관적 영성

교회와 신학 89

20_입학 정원 유감 21_교회와 건물 22_이상이 보이지 않는 시대 23_언어의 성육신 24_터키 회교도들로부터 배운 교훈 25_장로 준칙제 26_불모로 잡힌 교회 27_생명 윤리 논쟁 28_유급 봉사 단상

창조론 논쟁 141

29_한 창조론자의 회개 30_진리에 대한 확신과 도그마에 대한 옹고집 31_단일격변에서 다중격변으로 32_창조방법 논쟁 33_천년이 하루 같고 34_기독교적 지성의 무덤 35_아담 이전의 죽음 36_창조연대 논쟁 37_지적설계 운동

교육과 학문 223

38_뼈대 있는 학교 39_한강의 재난 40_조기유학의 비극 41_교육열과 호기심 42_교원 평가 43_진실과 사랑의 틈바구니에서 44_생명의 신비 45_인체 전시회의 충격 46_학문과 신앙

민족과 사회 285

47_법과 권위를 존중하는 나라 48_사명선언문 49_교토의정서와 부시의 이원론적 태도 50_계약정신과 서구사회 51_원칙주의와 현실주의 52_친일인명사전 유감 53_기록문화의 승리 54_자신 있는 영역에의 투자 55_회개와 부흥

들어가면서

월마트 카드 매장에 가면 '50은 단지 숫자일 뿐이다'(50 is just a number)라고 적힌 카드가 있습니다. 50세가 되는 사람을 위한 생일 카드지요. 또 제가 다니던 윌링돈 교회에는 '49세 클럽'(Forty Niners Club)이라는 게 있습니다. 그런데 흥미롭게도 이것은 49세 되는 사람들을 위한 모임이 아니라 50을 넘었다는 얘기를 듣고 싶지 않은, 50-55세 남자들의 모임입니다. 처녀들은 스물아홉을 넘기 싫어서 온갖 노력을 한다는데, 남자들은 50을 넘고 싶지 않은가 봅니다.

하지만 아무도 가는 세월을 붙잡을 수 없듯이, 어느 새 저도 쉰을 지났습니다. 이제는 아무리 음력과 양력, 주민등록과 실제 생일, 한국과 캐나다 나이를 오가도 쉰이 넘은 것을 부인할 수 없게 되었습니다. '벌써 반세기를 넘어 살았구나' 생각하니 괜히 좀 엄숙해지는 듯합니다. 20대 초반, KAIST 교회 주보 〈겟세마네〉를 편집하면서 에세이를 쓰기 시작한 것도 벌써 30여 년 전의 일이고, VIEW를 설립하기 위해 비 내리는 밴쿠버 공항에 도착한 것도 엊그제 같은데, 어느 새 10년의 세월이 훌쩍 지나버렸습니다. 어차피 가는 세월 잡을 수 없고 오는 세월 막을 수 없다면, 쓸 데 없는 욕심을 내지 말고 세월을 아끼는 수밖에 없다는 생각을 해 봅니다.

본서는 밴쿠버에서 기독교세계관대학원(VIEW)을 운영하면서 정리한 개인적인 삶의 묵상들을 여섯 개의 카테고리로 나누어 엮은 것입니다. 이전의 다른 수필집들처럼 특정한 주제를 정해두고 집중적으로 연구한 글이 아니라 평소의 묵상을 모은 것이기 때문에 카테고리는 엄격하지 않습니다. 하지만 인생이 무엇이며, 그리스도인이 되는 것과 기독교 세계관적으로 산다는 것이 무엇인지를 곰곰이 생각해 보면서 쓴 글들입니다.

여러 글들 중에서 '앞으로만 가는 차'를 제목으로 정한 것은 본서에 포함된 여러 글들이 지난 날 저의 투사적인 모습을 반영하는 것 같았기 때문입니다. '앞으로만 가는 차' 처럼 살아서는 안 되는데 하는 마음으로 붙인 제목이지요. 사실 이 글을 쓸 때 제가 몰고 다니던 차는 33만 km를 탄, 후진 기어가 고장나서 앞으로만 가는 차였는데, 이 글을 정리할 때에는 앞으로도 갈 수가 없게 되어 폐차한 후였습니다. 그 차는 떠났고 '이 차'만 남은 셈입니다.

본서를 출판하면서 가장 부담스러운 것은 역시 '교회와 신학', '민족과 사회' 영역에 포함된 몇몇 비판적인 글들입니다. 비판의 대상에는 당연히 저 자신도 포함되지만, 허물 많은 사람이 비판적인 글을 쓴다는 것은 정말 부담스러운 일입니다. 비판의 목적은 정죄가 아니라 우리의 문제가 무엇인지 바르게 깨닫고 돌이키자는 것이며, 이를 통해 하나님의 백성들을 성숙하게 하고 교회를 건강하게 하는 것이라고 자위하지만 여전히 부담은 남습니다. 아무쪼록 이 글들을 통해 우리 교회의 한 부분이 더 밝아지기를 기대합니다.

또한 '창조론 논쟁'에 포함된 몇몇 글들을 통해 알 수 있는 것처럼, 이 글을 쓰는 동안 저는 20여년 이상 주장해왔던 창조론에 대한 저의 입장을 바꾸었습니다. 오랫동안 저는 6천년/대홍수설을 금과옥조(金科玉條)처럼 떠들고 다녔기 때문에 그 주장을 바꾸는 것이 쉽지는 않았습니다. 하지만 아마추어로서 공부할 때와는 달리 창조론을 '전공'하면서 이 주장은 과학적으로는 말할 것도 없고 성경해석학적으로도 도저히 지킬 수 없는 주장임을 알게 되었습니다. 이 문제에 좀 더 관심이 있는 분들은 이전에 출간된 『창조와 격변』(예영, 2006) 12-14장을 참고하시기 바랍니다.

본서를 출간하면서 독자들에게 몇 가지 양해를 구하고자 합니다. 첫째, 본서에는 수필집이라고 하면서 수필의 영역에 속하지 않는 글이 일부 포함되어 있다는 점입니다. 삶과 일에 세계관적 적용을 다룬 '유급봉사 단상'이나 '학문과 신앙'은 오래 전에 썼던 강의록을 정리한 것입니다. '아담 이전의 죽음'은 『창조와 격변』을 통해 발표했던 다중격변설의 배경과 이 이론의 신학적 배경이 되는 아담 이전의 죽음에 대해 다루고 있는 것으로, 〈통합연구〉에 투고한 소논문입니다. 말할 필요도 없이 '창조연대 논쟁'은 6천년/대홍수설의 핵심 주장인 젊은 창조연대를 비판한 글입니다.

둘째, 창조론에 관한 글들 중 몇몇은 내용이 다소 중복되는 바가 있으며 배경지식이 없는 분들에게는 어렵게 느껴질 수도 있다는 점입니다. 하지만 창조론 논쟁에 관심이 있는 분들이라면, 창조론에 대한 지평을 넓히는데 도움을 줄 수 있으리라 생각합니다. 대부분의 글들은 독립적으로 썼기 때문에 읽다가 어렵다고 생각되는 글은 건너뛰어도 별 문제가 없을 것입니다.

끝으로 이 글과 관련하여 몇몇 분들에게 감사드립니다. 우선 분주한 가운데서도 본서 원고를 기쁜 마음으로 읽어준 제자 이삼열, 정용재, 오세정 목사님, 이정숙 사모님에게 감사드립니다. 또한 늘 날카로운 비판자로서 돕는 배필의 역할을 잘 감당하는 박진경 자매께 감사드립니다. 칼럼을 쓸 수 있도록 별도의 인터넷 게시판이나 지면을 마련해준 런던 아름다운 교회, 춘천 온누리 교회, 호산나, 신앙계, 월간고신 등에 감사드립니다. 그리고 어려운 출판계의 현실 속에서도 본서를 출판해 주신 SFC 출판부에 감사드립니다. 아무쪼록 이 글이 하나님을 기쁘시게 하고, 나아가 세계관 운동과 창조론 사역을 통해 하나님 나라를 세우고 확장하는 일에 인생을 드리기로 작정한 분들에게 작은 용기와 희망이 되기를 바랍니다.

2009년 4월
밴쿠버 VIEW 국제센터에서

삶에 대한 반성

1_ 앞으로만 가는 차
2_ 비방을 받는 표적
3_ 아름다운 황혼
4_ 하나님의 뜻을 분별하는 법
5_ 절대 표준의 중요성
6_ 신화 부수기
7_ 부활의 계절을 보내면서
8_ 격려는 영약
9_ 겨울을 녹이는 난로

1. 앞으로만 가는 차

현재 제가 타고 다니는 차는 저의 가족이 밴쿠버에 도착한 1997년 11월에 산 GM 미니밴입니다. 살 때 이미 4년이나 되었고, 근 88,000km를 탄 차였기 때문에 중고차가 갖는 전형적인 문제들이 생길 만했습니다. 그래도 감사하게 그 후 8년 동안 큰 문제없이 24만 km를 더 탔습니다. 하지만 나이는 못 속이는 법, 이상하게 얼마 전부터 후진 기어를 넣으면 이전에 비해 움직이는 것이 눈에 띄게 느려졌습니다. 시간이 지나면서 점점 후진 속도가 늦어지더니만 얼마 전부터는 아예 후진 기어를 넣어도 뒤로 내리막 진 곳이 아니면 전혀 움직이질 않았습니다. 어떤 사람은 변속기 윤활유가 부족해서 그럴지도 모른다고 해서 윤활유를 보충해 봤지만 소용이 없었습니다. 결국 정비공장에 갔더니만 후진 기어가 닳아서 그렇다고 했습니다.

자동차의 상식이 있는 분이라면 아시겠지만, 저의 차처럼 나이가 열한 살이나 되고 주행거리가 33만 km에 이르는 차는 엔진이나 변속기와 같은 주요 부위에 심각한 문제가 생기면, 돈을 주고 고칠 가치가 거의 없습니다. 일단 고치기 위해 변속기를 열고 닫는 인건비만도 1,000불이 넘고, 중고 변속기라도 바꾸려면 적어도 2,000불은 들어야 하는데, 저의 차는 기껏해야 500불을 넘지 않기 때문입니다.

그나마 다행스러운 것은 차가 후진은 못해도 앞으로는 간다는 점입니다. 고속도로도 달릴 수 있고 오르막도 올라갑니다. 한 가지 불편한 점이 있다면, 주차할 때 주의해야 한다는 것입니다. 후진하지 않고 그대로 앞으로 나가면서 차를 뺄 수 있는 주차장이라면 이상적이지만, 부득불 후진해서 차를 뺄 수밖에 없는 곳이라면 반드시 평지 주차장이나 오르막 경사가 진 장소, 그래서 중립 기어에서 저절로 뒤로 후진할 수 있는 곳에 차를 세워야 한다는 점입니다. 평지 주차 시에는 후진이 안 되어도 변속기를 후진에 놓고 밀면 되지만, 약간이라도 앞으로 경사가 진 주차장에 주차했다가는 2톤 가까이 되는 차를 경사를 따라 위로 움직일 재간이 없기 때문입니다.

그런데 얼마 전 밴쿠버에서 좀 떨어진, 써밋 퍼시픽 대학(Summit Pacific College)에서 열리고 있는 VIEW 청소년 세계관 캠프에 갔을 때의 일입니다. 조심하면서 주차를 했지만 여전히 몇 사람이 밀어야 차를 돌릴 수밖에 없었습니다. 도리 없이 주변에 있는 몇몇 스탭들에게 밀어줄 것을 부탁했더니만, 한 스탭이 농담으로 "아니, 교수님, 차가 사람을 태워가야지요. 왜 사람이 차를 밀고 갑니까?"라고 했습니다. 그래서 이 차는 오로지 앞으로만 갈 수 있다고 대답했습니다. 그리고 좋은 차는 휘발유만으로 가고, 헌 차는 휘발유와 기도로 가지만, 이런 차는 휘발유와 기도에 더하여 사람들이 밀어야 간다고 했습니다. 그랬더니 차를 밀어서 돌린 후에 최 집사님이 웃으면서 "차가 앞으로만 간다니 꼭 교수님을 닮았네요"라고 했습니다. 그 말에 한바탕 웃고 차를 몰고 캠프장에서 내려오는데, 자꾸만 그 말이 마음에 걸렸습니다. 물론 최 집사님은 좋은 의미로 한 말이겠지만….

오로지 전진만 하고 후퇴라고는 사전에 없는 사람, 북한 사람들처럼 모든 것을 전투하듯 달려드는 공격적인 인간, 쉬지도 않고 오로지 일만 하는 일벌레, 그런 사람이 옆에 살고 있다면 얼마나 부담스러울까? 물러설 줄 모르고 오로지 앞으로만 가는 사람이 같은 부서에서 일을 한다면 얼마나 피곤할까? 그러고 보니 특별히 부딪치거나 드러난 문제점이 없었는데도 언제부터인가 제게서 슬그머니 멀어진 몇몇 분들이 생각났습니다. 김 집사님, 전 교수님 등등. 도둑이 제 발 저린 것인지 모르겠지만…. 하여튼 후진하지 못하는 차가 주변 사람들에게 불편함을 주듯, 물러설 줄 모르는 사람은 주변 사람들에게 마음의 부담을 줍니다.

이제 폐차할 날이 얼마 남지 않은 저의 미니밴은 기특하게도 폐차장으로 가기 전에 주인에게 마지막 설교를 하고 있었습니다. 주인을 싣고 지구를 몇 바퀴 돌만큼의 먼 거리를 달린 후, 헌 차가 아니면 도저히 할 수 없는 마지막 교훈을 준 것입니다. 앞으로 가는 데만 정신이 팔린 주인이 도무지 말귀를 못 알아들으니 실물 교훈을 하고 있는 셈이죠. 좀 물러설 줄 아는 인간이 되라고…. 물욕에 눈이 어두워진 어리석은 선지자 발람을 그가 타고 다니던 나귀를 통해 꾸짖으셨듯이(민 22장), 하나님은 오로지 앞으로 가는 것밖에 모르는 저의 어리석음을 제가 타고 다니던 자동차를 통해 지적하신 것입니다.

2. 비방을 받는 표적

이번 성탄과 연말연시를 보내면서 저의 가슴에 특별히 와 닿았던 성경말씀이 있었습니다. 그것은 예수님이 탄생하신 직후 어머니 마리아와 더불어 성전에 갔을 때, 메시아가 오기만을 고대하고 있었던 노인 시므온이 한 예언이었습니다. 그는 예수님의 생애를 예언하면서 "…보라 이 아이는 이스라엘 중 많은 사람의 패하고 흥함을 위하며 비방을 받는 표적되기 위하여 세움을 입었고"(눅 2:34)라고 했습니다.

예수님이 '비방을 받는 표적'이 되실 거라는 예언은 이미 구약에 수없이 등장합니다. 구약에서 예수님의 고난을 가장 잘 예언하는 이사야 선지자는 "그는 실로 우리의 질고를 지고 우리의 슬픔을 당하였거늘 우리는 생각하기를 그는 징벌을 받아서 하나님에게 맞으며 고난을 당한다 하였노라"(사 53:4)고 기록합니다.

이런 예언들과 같이 예수님은 일평생 선한 일과 남을 돕는 일만 하셨는데도 정작 '비방을 받는 표적'이 되셨습니다. 특히 당시 종교지도자들이었던 "예루살렘에서 내려온 서기관들은 저가 바알세불을 지폈다 하며 또 귀신의 왕을 힘입어 귀신을 쫓아낸다"(막 3:22)면서 가장 격렬하게 비난했습니다. 다른 사람들을 대신하여 십자가의 죽음을 당하신 예수님, 그런 분을 가리켜 자기 죄로 인해 천벌을 받는 거라고 비방한 것은 인류 역사 이래 가장 큰 비방이라고 할 수 있습니다.

저는 어쩌면 그리스도인들은 복음으로 인해 '비방을 받는 표적'이 되도록 부름을 받은 것은 아닐까 생각해 봅니다. 예수님과 같은 극한의 고난은 아니더라도 그분으로 인해 애매히 고난 받는 것을 두고 바울 사도가 "복음과 함께 고난을 받으라"고 한 것은 아닐까 생각해 봅니다(딤후 1:8). 특히 익명성과 비대면성(非對面性)이 보장되는 인터넷이 급속도로 보급되면서, 그 곳을 정보의 바다이면서 동시에 인간의 마음속에 있는 죄성이 여과 없이 분출되는 욕설과 비방의 바다가 되고 있습니다.

제가 이곳 밴쿠버에서 기독교세계관대학원(VIEW) 사역을 시작한 후 1년 남짓 되었을 때, 어떤 익명의 비방자가 "양승훈은 진짜 교수인가?"라는 글을 인터넷에 올렸습니다. 그 후 그는 근 3개월에 걸쳐 20여 차례나 저에 대한 비방의 글을 올렸습니다. 또한 한국의 IMF 경제 위기가 막 시작될 때, 제가 VIEW 사역을 위해 국내 대학을 정리하고 기독학술교육동역회(DEW)의 파송을 받아 밴쿠버에 오자, 어떤 사람은 자기 혼자 이민 가고 싶어서 갔다고 비방하는 사람도 있었습니다.

이런 막무가내 식 비난 말고 연구나 사역하는 것과 관련해서도 때때로 비방의 표적이 되기도 했습니다. 언젠가 창조론 연구와 관련해서 지구와 우주의 연대를 6천년으로 못 박는 것은 과학적으로나 성경적으로 바르지 않을 수 있다는 얘기를 했더니만, 당장 양 교수는 진화론자라고 비난하는 사람들이 있었고, 심지어 어떤 사람은 이단이라는 말까지 했습니다. 반대로, 무슨 연유에서인지는 아직도 잘 모르겠지만, 어떤 사람은 저를 '직통 계시파'라고 하면서 밑도 끝도 없이 비방을 하는 사람도 있었습니다. 지금도 기독교 세계관 운동을 '666 운동', '음녀 운동'이라면서 비방을 하고 다니는 사람들이 있습니다.

묵은 해를 마무리하고 새해를 맞으면서 사람들마다 나름대로 새해 결심이라는 것을 합니다. 저는 올해에는 '비방을 받는 표적'이 되신 예수님을 본받아야겠다는 결심을 해 봅니다. 인격이 부족하고 행동거지가 바르지 않아서 받는 비방이야 당연하지만, 때로 애매히, 혹은 억울하게, 혹은 오해로 인해 비방을 받더라도 원망하지 말아야겠다고 결심해 봅니다.

3. 아름다운 황혼

버컬리(Hugh Buckely)씨는 금년에 80세가 된 캐나다인입니다. 명문 브리티시 컬럼비아 대학(UBC)을 졸업한 그는 건축회사를 성공적으로 운영하면서 밴쿠버 인근에서도 부자들이 산다는 화이트락의 크레센트 해변에 살았습니다. 그는 비단 경제적으로만 성공했을 뿐 아니라, BC주에서 두 번째로 큰 써리시의 시의원을 하는 등 사회봉사도 많이 하였습니다. 가정적으로는 아내와 금슬이 남달리 좋았고 슬하에 3남 1녀를 두었는데, 지금은 모두 잘 장성해서 출가하였습니다.

하지만 그 또한 나이가 들면서 육신이 후패하는 것을 막을 수는 없었습니다. 12년 전에 아내 트루디(Trudy)가 기억상실증에 걸렸습니다. 그 후 그는 한 순간도 아내의 곁을 떠나지 않으면서 정성을 다해 간호했습니다. 비단 그는 이 처럼 자신의 직계 가족만 잘 돌본 것이 아닙니다. 그의 형님이 치매에 걸리자, 그는 그를 자기 집으로 모시고 와서 별세할 때까지 정성껏 돌보기도 했습니다. 그리고 하반신을 쓸 수 없어서 휠체어에서 살아가는 다른 형님도 자기 집으로 모셔 와서 돌보았습니다. 그는 그 형님을 위해 자기 집에 엘리베이터까지 설치했습니다. 하지만 이렇게 지성으로 섬겼음에도 아내와 형님들은 결국 나이의 무게를 이기지 못하고 차례차례 세상을 떠났습니다.

아내도, 형님들도 세상을 떠나는 것을 보면서 버컬리씨는 당연히 그 다음 차례는 자신이 되겠구나 하고 생각했습니다. 그는 자신도 곧 사랑하는 이들의 뒤를 따르겠지만, 그 때까지 남은 인생을 무슨 일을 하다 갈 것인가 하고 고민하기 시작했습니다. 그러다가 결국 그는 사회의 가장 밑바닥에 있는 사람들을 돌보기로 했습니다. 처음에는 일주일에 한 번 씩 하루 저녁을 내어서 캐나다 최대의 슬럼가인 밴쿠버 헤이스팅스 가(Hastings Street)의 노숙자들과 창녀들을 돕는 일을 시작했습니다. 마침 그곳에 아가페협회(Agape Society)라는 가톨릭 구호기관이 있어서 그곳을 통해서 봉사하기 시작했습니다.

사실 버컬리씨의 봉사활동은 이것이 처음은 아니었습니다. 그는 이 일을 시작하기 전에도 가난하고 어려운 사람들을 돕는 뉴만 클럽(Neuman Club)이나 라르쉬 공동체(L'Arche Community) 등에서 자원봉사를 하기도 했습니다. 이런 그의 봉사는 캐나다 국내에만 한정되지 않았습니다. 전문 엔지니어(PE)인 그는 아내가 살아있을 때, 3년간 아프리카에 함께 가서 캐나다 가톨릭 기관이 모금한 돈으로 아프리카인들을 위해 급수시설을 만드는 봉사를 하기도 했습니다. 이 외에도 그는 캐나다에서 선교사들과 더불어 가난한 여러 원주민들을 돕기도 했습니다.

하지만 새로 시작한 아가페협회의 일이 많아지면서 다른 일들은 점점 줄어갔습니다. 더군다나 80세의 노인이 화이트락으로부터 자동차로 근 한 시간 거리에 있는 밴쿠버 시내의 슬럼가까지 날마다 운전해 간다는 것도 쉬운 일은 아니었습니다. 그래서 그는 고민을 하다가 결국 작년에 38년 전 자기가 직접 설계하여 지은 해변의 고급주택을 팔기로 결심했습니다. 더 좋은 곳으로 가서 더 나은 집을 사기 위해서가 아니라 어려운 이웃을 섬기기 위해서였습니다. 노숙자들과 거리의 창녀들을 돌보는 데는 고급주택이 거추장스러울 뿐이었습니다. 그래서 그는 80 평생의 절반 가까이를 함께한 자신의 분신과도 같은 저택을 팔았고, 그래서 받은 100만불이 넘는 거금을 전액 아가페협회에 기부했습니다. 그는 집을 매각한 돈으로 또 다른 무너질 장막을 마련하는 데 사용하지 않고, 이제 얼마 지나지 않아 가게 될 하늘나라의 맨션을 장만하는 데 사용했습니다. 큰 집도 세상에 사는 동안 잠시 필요한 것일 뿐, 그는 참으로 쇠하지 않는 것, 영원한 가치가 있는 것이 무엇인지를 알았던 것입니다.

지금 버컬리씨는 헤이스팅스 거리에 있는 아가페협회 건물에 두어 평 남짓한 작은 공간을 마련해서 그곳에서 혼자 기거하고 있습니다. 가구도, 침대도 없는 작은 방에 기거하면서 창녀들과 노숙자들을 위해 일하고 있습니다. 현재로서는 일이라 해 봐야 전문 엔지니어로서 그 동안 일해 온 경험을 바탕으로 협회의 기술적인 일을 돕는 것이나, 거리의 사람들을 선도하고, 격려하며, 그들의 생일이 되면 카드를 전해주는 정도의 일이 고작입니다. 하지만 그는 이 일이 바로 하나님께서 자기에게 맡기신 일이라 생각하고 최선을 다해 돕고 있습니다. 이제 그의 다음 꿈은 마약에 중독되었거나 각종 질병으로 앓고 있는 창녀들을 위해 마약치료센터를 건립하는 것입니다. 그는 이 일을 오랫동안 아들처럼 생각하면서 함께 건축회사를 운영해 왔던(지금은 모두 물려주었지만) 한국인 김다니엘씨와 더불어 추진하고 있습니다.

 노욕과 노익장을 혼돈하여 많은 사람들에게 부담이 되면서 칙칙하게 늙어가는 사람들도 있지만, 버컬리씨는 정말로 우리들에게 장망성(將亡城, 장차 망할 성)을 떠나 천국을 향해 한눈 팔지 않고 걸어가는 그리스도인의 아름다운 모습을 보여주고 있습니다. 그는 가치 있는 인생이 무엇인지를 아는 분입니다. 날마다 창문을 통해 수평선에 빨간 낙조를 드리우며 태평양 물속으로 사라지는 태양을 보면서 그는 가치 있는 인생, 아름다운 퇴장이 무엇인지를 배운 분입니다. 이런 분들이 곳곳에 있기 때문에 세상은 밝고 여전히 살만한 세상인가 봅니다. 오랫동안 버컬리씨 옆집에 살았던 정성자 사모님으로부터, 그리고 그와 12년간 동업했던 김다니엘씨로부터 이 감동적인 얘기를 전해 들으면서 저는 피어나는 꽃보다 사라지는 단풍이, 떠오르는 태양보다 저무는 황혼이 훨씬 더 아름다울 수 있음을 배웠습니다.

4. 하나님의 뜻을 분별하는 법

지난 번 방한 기간 중, 오랫동안 함께 일했던 한 자매와 얘기하다가 들은 이야기입니다. 그 자매는 얼마 전에 아는 어떤 목사님이 전화로 "내 일을 도울 사람을 위해 하나님께 기도하고 있었는데, 자매님이 바로 그 사람이라는 응답을 주셨습니다"라고 하는데, 어떻게 하면 좋겠느냐는 얘기였습니다. 물론 자신은 전혀 그런 응답을 받은 적이 없으며, 그 목사님과 일하는 것이 여러 모로 부담스러워서 함께 일하고 싶지 않다고 대답했지만, 좀 찜찜하다는 것이었습니다.

저는 수년 전에도 이와 비슷한 종류의 얘기를 들은 적이 있습니다. 어느 기독교 공동체에서 만난 한 자매는 제게 확신을 가지고 그 공동체에서 함께 생활하고 있는 "어느 형제님을 하나님이 제 남편으로 맞으라는 응답을 주셨습니다"라고 얘기했습니다. 그러나 그 자매의 확신과는 달리 상대가 되는 형제는 아무런 응답도, 확신도 없었습니다. 그럼에도 불구하고 자매가 그 얘기를 퍼뜨리고 다녀서 한 때 그 공동체 전체가 어려움에 처하기도 했습니다. 지금 그 형제는 다른 자매와 결혼해서 잘 살고 있습니다.

저는 주변에서 "하나님의 음성을 들었다", 혹은 "하나님의 지시를 받았다"라고 말하는 사람들로 인해 교회나 공동체가 어려워하는 것을 여러 차례 보았습니다. 흔히 사람들은 누가 하나님의 음성을 들었다, 혹은 지시를 받았다고 하면 마치 옆에서 친구가 얘기하듯, 선생님이 지시하듯 말해준 것으로 생각합니다. 하지만 그런 것들은 대부분 성경을 읽거나 기도하다가, 혹은 다른 사람과 상담하다가 하나님의 뜻일 것 같은 생각이 자기 마음에 떠오른 것에 불과합니다. 물론 한번 마음에 떠오른 생각이 그 후에도 오랫동안 마음에서 떠나지 않을 수도 있지만, 마음에 오랫동안 머무는 생각이라고 반드시 하나님의 뜻은 아닙니다. 이것을 모르고 사람들이 그 사람에게만 하나님으로부터 직통 계시를 받는 비밀한 통로가 있는 줄로 착각하면 복잡한 문제가 생기게 됩니다.

정상적인 그리스도인이라면 누구나 매사에 하나님의 뜻을 알고 그대로 살기를 원합니다. 이를 위해 기도하고, 말씀을 읽고, 묵상하며, 주변 사람들에게 조언을 구하기도 합니다. 서점에는 하나님의 음성을 듣는 법에 대해 가르치는 책자들도 많고, 또한 선교단체들마다 하나님의 음성을 듣는 법을 훈련하고 있습니다. 물론 저도 하나님의 뜻을 알려고 노력하면서 살아가고 있습니다. 지나온 세월을 돌이켜 보면서 저는 "이렇게 하면 하나님의 뜻을 알 수 있다"고 자신 있게 말할 수 있는 '만능열쇠'는 없지만, 하나님의 뜻을 분별하는 것과 관련된 중요한 몇 가지 사실을 발견하게 되었습니다.

첫째, 다른 사람들이 게재된 일의 경우, 하나님은 절대로 한 사람에게만 그분의 '음성'을 들려주시지 않습니다. 예를 들면, 결혼 상대자나 사업 파트너를 위해 기도하고 있는 경우에는 반드시 양쪽이 함께 동일한 확신과 응답이 있다면 모를까, 그렇지 않고 혼자 하나님의 뜻이라고 주장하는 것은 아무런 의미가 없습니다. "하나님의 음성을 들었다"고 주장하면서 다른 사람들에게 이런 저런 것들을 요구하거나 심지어 헌금을 강요하는 사람들은 대체로 사기꾼일 가능성이 높습니다. 그렇게 말하면서 교회를 어지럽히고 공동체를 분열시키는 사람들도 있습니다. 어떤 경우든 하나님의 음성을 들었다고 주장하면서 자신은 물론 다른 사람들을 실족케 한다면, 그것은 하나님의 뜻이 아닙니다.

둘째, 일반적으로 하나님의 뜻이라는 말을 입에 달고 다니는 사람보다 마음에 품고 사는 사람이 더 믿을 만합니다. 즉 이것이 하나님의 뜻이라고 쉽게 말하는 사람보다는 하나님의 뜻이 무엇일까를 늘 두렵고 떨리는 마음으로 분별하려고 애쓰는 사람들이 더 믿을 만하다는 말이지요. 물론 그런 사람들도 때로는 하나님의 뜻을 잘못 분별할 수 있습니다. 하지만 그런 사람들은 잠깐 넘어지기는 해도 시궁창에 처박히지는 않습니다. 사실 잘 기록된 성경을 가진 오늘날의 성도들은, 과거 하나님이 '꿈으로도, 우림으로도, 선지자로도' 응답을 주시지 않으면 크게 두려워하며 떨 수밖에 없었던 구약시대 사람들과는 다릅니다(삼상 28:5-6). 하나님을 사랑하는 자, 곧 그 뜻대로 부르심을 입고 말씀을 사랑하는 성도라면 누구라도 하나님의 뜻을 분별할 수 있습니다.

셋째, 신비한 체험을 앞세우며 하나님의 뜻 운운하는 사람들은 대체로 잘못될 가능성이 많습니다. 하나님의 음성을 들었다는 것은 대부분 자기 마음속에 떠오른 생각이지 실제로 하나님께서 고막을 울리면서 음성을 들려주시는 경우는 희귀합니다. 설령 고막을 울리는 음성이 있었다고 해도 그것이 정말 하나님의 음성인지 분별이 필요합니다. 그런데도 여전히 주변에 "내게는 하나님의 뜻을 분별하는 동물적인 본능이 있다", "하나님이 꿈에 나타나 이렇게 말씀해 주셨다", "갑자기 하나님이 하늘을 향해 사진을 찍으라고 해서 찍었더니…" 등의 황당한 주장을 하는 사람들이 가끔 있습니다. 혼자만의 신비한 경험을 내세우며 자신은 신성한 존재인 것처럼, 그래서 넌지시 자신의 말은 곧 하나님의 말인 것처럼 말하는 것은 전형적인 이단 교주들의 행태입니다. 이런 사람들은 자기 생각을 고무줄처럼 늘려서 하나님의 뜻이라고 우길 가능성이 높습니다.

넷째, 선악의 문제가 아니라 선택의 문제일 때는 특히 조심스럽게 하나님의 뜻을 확인해 나가는 것이 필요합니다. 선악의 문제, 또는 이미 성경이 명시적으로 가르치고 있는 내용들은 음성을 듣고 안 듣고를 떠나 하나님의 뜻을 분별하는 것이 쉽습니다. 예를 들어 "어느 날 하나님께서 QT를 시작하라는 응답을 주셨다"든지, "이제부터는 정직하게 세금을 내라는 응답을 주셨다"든지 하는 것은 의심할 여지없이 하나님의 뜻입니다. 그러나 "하나님, 포르노를 볼까요?" 혹은 "하나님, 뇌물을 받을까요?" 하는 따위는 하나님의 뜻을 구할 필요도 없는 기도입니다. 하지만 일식집을 시작해야 할지 옷 가게를 시작해야 할지, 혹은 물리학과를 가야할지 전자공학과를 가야할지를 결정하는 문제는 매우 주밀하게 살피면서 하나님의 뜻을 분별해야 합니다.

흔히 하나님의 뜻을 분별하는 법을 가르치는 사람들은 말씀의 증거,

내적 확신의 증거, 주변 환경의 증거, 영적 지도자들과의 상담, 순적하게 이루어지는 과정의 증거 등을 말합니다. 그러나 이 모든 것들은 어디까지나 '하나님의 음성을 듣는' 중요한 방법들일 뿐, 결코 절대적인 방법은 될 수 없습니다. 어쩌면 하나님의 뜻을 분별하는 정형화된 공식이 있다면, 그것 자체가 이미 하나님을 인격체로 생각하지 않는 것이라고 할 수 있습니다. 예수님이 병자들을 한 번도 동일한 방법으로 고쳐주신 적이 없는 것처럼, 인격적인 하나님 역시 우리들의 기도에 기계적이 아닌 때마다, 사람들마다, 사안들마다 다르게 응답하십니다.

그럼에도 불구하고 하나님의 뜻을 아는 것과 관련하여 변치 않는 두 가지 '전제'가 있습니다. 그것은 바로 하나님께 순종하려는 겸손한 마음과 분명한 말씀의 기초입니다. 하나님의 뜻을 분별하기 위해서는 하나님이 뭐라고 말씀하시든지 순종하겠다고 하는 겸손한 마음이 필요합니다. 그래서 예수님은 "사람이 하나님의 뜻을 행하려 하면…", 다시 말해 우리가 하나님께 순종하려는 마음이 있을 때, 그분의 뜻을 알 수 있다고 하셨습니다(요 7:17). 순종하려는 마음이 있다면, 혹시 하나님의 뜻을 잘못 분별해서 엉뚱한 곳으로 가다가도 쉽게 돌이킬 수 있습니다.

또한 확고한 말씀의 기초가 필요합니다. 하나님은 베뢰아 사람들처럼, "간절한 마음으로 말씀을 받고 이것이 그러한가 하여 날마다 성경을 상고"하는 모든 성도들에게 기꺼이 그분의 뜻을 드러내는 분입니다(행 17:11). 만일 말씀과 무관하게 하나님의 뜻이라고 말하는 사람이 있다면, 일단 한번 의심해보는 것이 좋습니다. 게다가 자기 말을 안 듣다가, 혹은 어떤 사람이 십일조나 여타 헌금을 자기 교회나 단체에 하지 않다가 어떻게 되었다는 등 은근슬쩍 협박하는 사람은 사기꾼일 가능성이 높습니다. 하나님은 그분의 아들을 내어주시기까지 우리들을 사랑하셨고, 그래서 우리를 모든 정죄로부터 해방시켜 주셨습니다. 그런 하나님을 마치 자기가 시키는 대로 그분의 자녀들을 저주나 하면서 다니는 꼬봉 정도로만 생각하는 사람은 파렴치범이 분명합니다.

끝으로 하나님의 뜻을 알려고 노력하면서도 헛다리짚은 적이 많았던 지나온 저의 삶을 돌아봅니다. 기도하다가, 혹은 묵상하다가 떠오르는 생각들을 섣불리 다른 사람에게 하나님의 뜻이라고 말했다가 부도를 내기도 했고, 어떤 것은 하나님의 뜻이긴 했지만 오랜 세월이 지나야 이루어지는 것을 당장에 이루어질 것처럼 얘기해서 다른 사람들을 헷갈리게 한 적도 있었습니다. 때로는 주먹구구식의 부정확한 목표를 세워놓고 하나님의 뜻인 것처럼 말하기도 했고, 어떤 것은 제가 기도했지만 하나님께서 다른 사람들을 통해 이루시기도 했습니다. 이런 실수들을 돌이켜 보면서 저는 차라리 '하나님의 음성을 듣는 법'이라는 말보다 '하나님의 뜻을 분별하는 법'이라는 말이 더 정확한 표현이라는 생각을 하게 되었습니다. 그래서 기독교 세계관 운동의 일차적인 목표를 바로 말씀에 근거한 분별력을 기르는 것으로 삼고 있는 것입니다.

5. 절대 표준의 중요성

저의 집 거실에는 벽걸이 디지털시계가 하나 있습니다. 어디서나 볼 수 있는 일상적인 시계 같지만(값도 3만 원 정도니 다른 시계에 비해 크게 비싸지도 않고), 시계 LCD에 안테나 그림이 있는 것과 그 꼭대기에서 전파가 퍼져나가는 것 같은 줄무늬가 움직이고 있는 것이 특이합니다. 이것은 이 시계가 내부에 들어있는 모터와 기어에 의해서만 돌아가는 것이 아니라 외부로부터 오는 어떤 전파를 수신하고 있음을 나타냅니다. 이 전파는 미국 정부가 콜로라도 덴버에 있는 국립표준국(NBS)에 정밀한 표준시계를 두고 이 시간을 특정한 주파수로 발사하고 있는 것입니다. 그래서 덴버를 중심으로 반경 2,000km 이내에서 이 신호를 수신할 수 있는 시계를 소유한 사람은 누구라도 국립표준국 시계에 동조된 오차 100만분의 1초 이내의 정밀한 시간을 알 수 있습니다.

요즘 저의 가족은 이 표준시계의 덕을 톡톡히 보고 있습니다. 특히 지난 9월에 입주한 VIEW 국제센터에는 케이블 TV 서비스가 되지 않아서 텔레비전으로도 시간을 알 수 없기 때문입니다. KBS나 MBC 같은 공중파가 보편화된 한국과는 달리 캐나다에서는 대부분의 방송이

지상파, 즉 케이블 방송이기 때문에 케이블 서비스가 되지 않는 곳에서는 거의 텔레비전을 볼 수가 없습니다. 그렇다고 때마다 라디오 방송에 귀를 기울이고 있다가 시간을 맞추는 것도 쉽지 않습니다. 그런데 감사하게도 이 표준시계가 저의 가정의 큼직한 두통거리를 하나 없애주고 있습니다. 저의 집에 있는 다른 모든 시계들도 이 시계에 맞추고 있음은 말할 필요도 없습니다. 손목시계나 탁상시계는 물론 세탁기나 오븐, 전자레인지에 있는 시계도, 심지어 자동차에 있는 시계도 이 표준시계에 맞춥니다. 이 시계를 볼 때마다 저는 우리에게 정확한 절대 표준이 있다는 것이 얼마나 중요한지를 새삼 깨닫게 됩니다.

절대 표준의 중요성은 생활이나 산업에서보다 어쩌면 영적, 정신적 세계에서 더욱 클 것입니다. 정신세계의 표준을 생각할 때마다 저는 성경을 이 시대의 절대 표준으로 만들기 위해 일생을 바친 쉐퍼(Francis A. Schaeffer, 1912-1984) 박사를 생각하지 않을 수 없습니다. 1955년, 스위스 알프스산 중턱에 라브리를 세워놓고 하나님을 떠난 현대 문명의 문제를 예리하게 지적해 온 쉐퍼 박사는, 수많은 저술과 강의들을 통해 하나님과 성경이라는 절대 표준의 중요성을 현대인들에게 제시했습니다. 실제로 그는 『그러면 우리는 어떻게 살 것인가?』(생명의 말씀사)라는 책에서 로마가 멸망한 것도 결국 삶과 윤리의 절대 표준이 없었기 때문이라고 말합니다. 그리고 이 이후에 일어난 여러 서구 문명들도 결국 성경이라는 절대 표준을 상실한 결과 비극으로 끝났다고 결론을 내립니다.

그는 또한 현대 서구 문명이 직면하고 있는 여러 위기들이 문명의 기반이 되는 절대 가치가 사라졌기 때문임을 보여주는 증거들을 조목조

목 제시합니다. 동시에 그는 인간이 자기 자신을 표준으로 삼는 인본주의의 문제점들을 지적합니다. 곧 인간의 자율성을 강조하면서 인간이 자기 자신을 참조점으로 삼을 때 불가피하게 직면할 수밖에 없는 극심한 도덕적 타락과 미래에 대한 절망을 예언한 것입니다. 상대주의적 기초 위에서는 포괄적이고 일관성 있는 사상 체계를 건설할 수 없다는 것, 따라서 하나님이라는 안전한 포구를 상실한 인간은 결국 '절망의 나락'(Line of despair)으로 떨어질 수밖에 없음을 지적한 것입니다.

그래서 자신의 저서 『이성으로부터의 도피』(크리스챤 다이제스트)에서도 쉐퍼는 일관되게 성경에 기초한 절대적이고도 포괄적인 체계를 수립하는 것의 중요성을 강조합니다. 『거기 계시는 하나님』(생명의 말씀사)에서도 쉐퍼는 "기독교적 시스템(전체 성경에서 가르치는)은 사상의 통합체이다. 기독교는 다만 많은 조각으로 흩어진 것이 아니다 – 거기에는 시작과 종말이 있고, 진리의 온전한 시스템이 있는데, 이 시스템은 우리가 존재의 실체를 직면할 때 제기되는 모든 질문들에 답할 수 있는(stand up) 유일한 시스템이다"라고 강조합니다. 우리 집 표준시계를 보면서, 그리고 쉐퍼 박사의 선지자적 삶을 돌이켜 보면서 신앙생활은 물론, 가정, 직업, 학문, 여가, 정치, 경제, 사회, 문화 등 삶의 전 영역을 성경의 일관되고도 포괄적인 틀 위에 세우자는 세계관 운동의 중요성을 다시 한 번 확인해 봅니다.

6. 신화 부수기

역사에는 쉽게 오류가 생길 수 있습니다. 그런데 어떤 오류들은 시간이 지나면서 증폭되어 곧잘 신화가 되곤 합니다. 1633년, 갈릴레오가 교황청 종교재판소의 소위 '지동설 재판'에서 유죄평결을 받고 나오면서 '그래도 지구는 돈다'(*Eppur si muove*)라고 중얼거렸다는 얘기도 그런 류의 전설이라고 할 수 있습니다. 과학사가들은 이것은 그를 존경하는 제자들이나 후대 사람들이 지어낸 얘기라고 생각합니다. 이 말이 기록된 최초의 문헌이라면, 바레띠(Baretti)가 쓴 *Italian Library*를 들 수 있는데, 이는 갈릴레오의 재판이 끝난 지 무려 124년 뒤의 문헌입니다. 지금도 갈릴레오 재판에 관한 상세한 기록이 전해지고 있으며, 그가 종교재판소 배심원들 앞에서 행한 최후 진술도 고스란히 남아 있습니다. 그러나 갈릴레오 재판의 앞뒤 정황을 보면, "그래도 지구는…" 등의 언급을 할 수 있는 상황이 전혀 아니었습니다. 하지만 이 신화는 민간에서 사라지지 않고 있으며, 도리어 시간이 지나면서 계속 증폭, 유포되고 있습니다.

뉴턴이 사과가 떨어지는 것을 보고 만유인력 법칙을 발견했다고 하는 얘기도 이와 흡사합니다. 지금도 뉴턴이 공부했던 케임브리지 대학 트리니티 칼리지는 대학 앞마당에 뉴턴의 사과나무라는 것을 심어두고 관광객들을 끌고 있습니다. 또한 스페인 미술가 달리(Salvador Dali)는 뉴턴이 사과를 떨어뜨리는 장면을 묘사한 '뉴턴에게 바치는 경의'(Homage to Newton)라는 조각을 만들기도 했습니다. 그리고 돈 버는데 약삭빠른 일본 아키타현 과수시험장에서는 뉴턴의 사과나무라는 것을 분양까지 하고 있으며, 얼빤한 한국의 몇몇 대학들은 이를 비싼 돈 주고 캠퍼스에 사다 심기도 했습니다.

 뉴턴의 만유인력 법칙 발견과 같은 중요한 업적에 대해서는 지금까지도 상세한 기록이 남아있습니다. 하지만 뉴턴 자신의 기록이나 다른 믿을만한 기록에는 어디에도 사과나무로 인해 중력법칙을 발견했다는 기록은 없습니다. 한 가지 분명한 사실은 뉴턴이 케임브리지에서 공부하던 1665년 무렵 런던에 페스트가 만연하였고, 이로 인해 뉴턴은 울스도프에 있는 자신의 집으로 피신했는데, 그 집에 사과 과수원이 있었다는 점입니다. 이 시골집에서 2년간 머물면서 뉴턴은 만유인력 법칙, 미적분 등을 발견했으니 자연스레 사람들은 만유인력 법칙과 사과나무를 연결하는 픽션을 만들고 싶었을 것이고, 결국 대발견을 극화(劇化)시키려는 사람들의 심리가 신화를 만들어낸 것으로 보입니다.

 이런 위대한 과학자들과는 전혀 비교할 수준이 아니지만, 제게도 이런 유의 작은 신화가 만들어질 조짐이 보입니다. 저는 이곳 기독교세계관대학원(VIEW) 일로 인해 일 년에 두 차례씩 정기적으로 한국을 방문하고 있습니다. 그런데 한국에 가서 강의나 집회를 할 때 주최 측에서 강사를 소개하는데, 가끔 민망스러운 소개를 할 때가 있습니다. 이번 방한 중에도 어느 곳에 집회를 하러 갔는데, 강사를 소개하는 분이 "양 교수님은 IMF 사태가 닥쳤음에도 불구하고 경북대 교수직을 헌신짝처럼 버리고 아브라함과 같은 믿음으로 하나님 나라를 위해…" 등등의 소개를 했습니다. 이전에도 이와 비슷한 소개를 하는 통에 후에 제가 교정을 하곤 했는데, 이번에는 좀 길게 소개하는 바람에 저는 단상 뒤에 앉아 온 몸에 닭살 돋는 경험을 하면서 아주 곤란했습니다.

저는 1997년 10월 초에 경북대 교수직 사표를 제출했고, 10월 31일자로 사표가 수리되었습니다. 그리고 11월 3일에 VIEW 사역을 위해 캐나다 행 비행기를 탔습니다. 사실 제가 사표를 제출할 때는 외환위기의 징후가 약간 감지되기는 했지만, 본격적으로 시작되지는 않았습니다. 사표가 수리된 10월 말이 되어서야 본격적인 IMF 사태가 시작되었습니다. 솔직히 IMF 사태가 세 주일만 일찍 시작되었더라도 저는 대학을 사직하지 않았을 것입니다. 그렇지 않아도 저는 캐나다 대사관으로부터 이미 발급된 영주권을 박탈당하지 않으려면 11월 6일까지 캐나다에 입국하라는 편지를 받은 후부터는 사표를 내지 않을 수 있는 핑계를 찾아 전전긍긍하고 있었습니다. 하지만 IMF 사태가 시작될 때는 이미 저의 사표가 수리된 후였습니다. 돌아갈 수 있는 터닝 포인트를 지난 후였기 때문에 저는 이러지도 저러지도 못하는 신세가 되어서 하는 수 없이 밴쿠버에 간 것입니다.

본격적인 IMF 사태가 시작된 것은 제가 캐나다에 간 후였습니다. 1997년 초에 800원 대에 있던 미국 달러는 그해 연말까지 근 2000원까지 치솟았습니다. 당연히 저는 아무 것도 할 수 없었고, 이로 인해 1년 이상 밴쿠버 지역의 어느 타운 하우스 셋집에서 사망의 음침한 골짜기를 헤매면서 지내야 했습니다. '괜히 잘 난 척하면서 사표를 낸 것은 아닐까?', '이러다가 내 인생은 끝나는 것이 아닐까?', '나 혼자 낙동강 오리알이 되는 것은 아닐까? 자연히 다시 대학으로 돌아가는 꿈을 많이 꾸었고, 혼자 잠에서 깬 후에는 곤히 잠든 아내를 바라보면서 대학을 떠난 것을 후회하곤 했습니다. 그러니 제가 믿음이 좋아서 어떻게 했다거나 "교수직을 헌신짝처럼…" 운운하는 것은 전혀 사실이 아닙니다.

역사 속에서 실제 인물들을 중심으로 만들어진 신화들은 그 사람이 살아있는 동안 빨리 고치지 않으면 두고두고 많은 사람들에게 부정확한 정보를 줄 수 있습니다. 어떤 분들은 다른 사람들에게 해를 끼치지만 않는다면 오류나 신화도 별로 나쁠 것이 없지 않느냐고 반문할지 모릅니다. 그러나 하얀 거짓말이든, 빨간 거짓말이든 거짓말은 색깔에 관계없이 좋지 않습니다. 때로는 당사자에게 많은 부담을 줄 수도 있고, 그 사람으로 하여금 하나님의 영광을 가로채고 싶은 유혹을 받게 할 수도 있기 때문입니다. 잘못된 정보가 증폭되어 신화가 되지 않도록 일찌감치 쐐기를 박아야 할 것 같아 몇 자 적어봅니다.

7. 부활의 계절을 보내면서

근래에 평양 제3병원을 설립하고, 현재 북한-중국 국경에서 병원과 진료소를 설치하여 탈북자들을 돕고 계시는 박세록 장로님의 감동적인 얘기를 읽었습니다. 박 장로님의 글을 읽으면서 저는 무엇이 이 분으로 하여금 이 어려운 일에 이렇듯 미친 듯이 뛰어들게 했을까 궁금했습니다. 그런데 글을 읽으면서 장로님이 소위 잘 나가던 미국 의사 생활을 집어치우고 이 일에 뛰어들게 된 가장 중요한 계기는, 바로 인도 방문이었음을 알게 되었습니다.

병원과 관련된 일로 인해 인도를 잠시 방문하고 있을 때, 장로님은 한 화장장을 방문할 기회가 있었습니다. 화장장이래야 학교 운동장 같이 넓은 마당에서 가족들이 죽은 시신을 장작더미 위에 올려놓고 불을 지피는 정도였습니다. 그나마 여유가 있는 사람들은 충분한 장작을 사서 시체가 완전히 탈 때까지 태우지만, 여유가 없어서 충분한 장작을 준비하지 못한 가족들은 미처 다 타지도 않은 시체를 끌고 인근에 있는 강으로 가서 버리고 있었습니다. 그러다보니 타다가 만 시체로부터 떨어져 나온 사지들이 여기 저기 흩어져 있었고, 때로는 발에 채이기도 했습니다. 그리고 시체들이 버려지는 강 아래에는 시체로부터 떨어져 나올지도 모르는 금이나 금반지 등의 금붙이를 줍기 위해 아낙네들이 열심히 강바닥을 뒤지고 있었습니다. 시체 타는 매캐한 냄새가 진동하는 그 화장장의 충격은 장로님으로 하여금 인생의 근본과 자신의 죽음을 다시 생각하면서 가던 길을 완전히 바꾸게 했습니다.

도대체 생명은 무엇이고, 죽음은 무엇이며, 신앙이 무엇이기에 눈으로 볼 수도, 손으로 잡을 수도 없는 것들이 한 사람의 인생을 이렇게 바꿀 수 있을까요? 아무도 피할 수 없는 죽음, 그렇지만 대부분의 사람들이 살아있는 동안에는 남의 일로 생각하는 것이 죽음입니다. 남의 일로 생각하는 죽음을 자신의 일로, 불원간에 닥쳐올 일로 생각하는 사람은 그렇지 않은 사람과 같은 인생을 살 수가 없습니다. 찰나를 살아가는 인생이지만, 죽음 이후에 펼쳐질 영원의 세계를 준비하지 않을 수 없는 것입니다.

매스컴들은 어제도 오늘도 수많은 죽음들을 보도하고 있습니다. 그리고 그 많은 사자(死者)들 뒤에는 그들로 인해 인생의 기쁨과 실패의 쓴 잔을 함께 나눈 사람들이 있고, 그래서 그들이 없는 인생을 상상할 수 없는 사람들이 있습니다. 교통사고로 인해 어린 자녀들을 남겨둔 채 세상을 떠나는 안타까운 아버지도 있고, 기막힌 사연을 남기고 자살로 생명을 거두는 사람들도 있습니다. 오늘도 지구촌 곳곳에는 굶주림으로, 전쟁으로, 자연재해로 수많은 사람들이 죽어가고 있습니다. 지금 이 순간에도 세상에는 청천벽력 같은 말기 암 선고를 받고 노래진 하늘을 이고 비틀거리며 병원 문을 나서는 사람들이 얼마나 많은지…. 하지만 그것이 언제 자신의 일이 될지 모르는 채 불안하게 살아가는 것이 인생입니다.

날마다 수많은 사람들이 죽어가지만, 생명은 각 개인에게 한 없이 귀중한 것입니다. 생명에 대한 집착이 너무나 강하기 때문에 대부분의 사람들은 호흡이 멈추고, 육체가 싸늘하게 식으며, 사랑하는 가족들과 아쉬운 작별을 해야 하는 그 순간이 시시각각 다가온다는 이 냉엄한 사실을 자신의 일로 받아들일 수 없습니다. 이미 죽음의 문턱에 서 있는 사람들조차 다만 한 순간이라도 생명을 연장시키기 위해 발버둥을 칩니다. 어떤 의미에서 이 땅에서의 생명은 각 사람의 존재와 동의어라고도 할 수 있습니다. 그래서 예수님은 "사람이 천하를 주고도 제 목숨을 잃으면 무슨 소용이 있겠느냐"(마 16:26)고 말씀하셨습니다.

그러나 자신에게는 이렇게 귀중한 생명이지만, 자신의 죽음에 대해서는 우주, 아니 지구, 아니 자신이 살고 있는 동네 사람들조차 무덤덤합니다. 우리와 직접적인 관련이 없는 사람들의 별세 소식은 날마다 들려오는 수많은 부고들 중 하나일 뿐입니다. 자폭 테러 등으로 인해 날마다 수십 명의 사람들이 죽어가고 있는 이라크 소식도 우리들의 큰 관심사가 되지 못합니다. 그렇게 죽어가는 한 사람 한 사람의 가족들이 느끼는 한없는 슬픔과 상실감도 지구 반대편에 살고 있는 우리들에게는 다만 강 건너 불구경에 불과할 뿐입니다. 설사 자신의 죽음을 세상이 기억해주고, 그래서 자신이 죽었다는 소식이 신문에 대문짝만하게 실릴 정도의 대단한 사람이라고 해도 그것이 죽음의 절망과 공포를 감하거나, 죽음이라는 무한한 상실을 보상해줄 수는 없습니다.

광활한 우주로 눈을 돌리면 자신의 존재는 더욱 쭈그러듭니다. 넓고 넓은 우주 공간에서 자신의 존재란 정말 먼지만도 못한 듯합니다. 천문학자들에 의하면 우주에는 수천억 개의 은하들이 있고, 그리고 각각의 은하에는 다시 수천억 개의 항성들이 있으며, 태양은 그 많은 항성들 중의 하나일 뿐입니다. 그리고 지구는 태양계 내의 여러 별들 중에 평범한 한 행성에 불과하고, 우리 개개인은 지구 위에 사는 별 볼일 없는 65억 명 중의 한 사람일 뿐이라고 한다면, 자신의 존재가 얼마나 작고 보잘 것 없는지….

내게는 천하와도 바꿀 수 없는 귀중한 생명. 그런데 정작 우주는 나의 죽음을 두고 눈도 깜짝하지 않는 이 아이러니의 틈바구니에서 바로 인간의 실존은 그리스도 안에 있는 부활과 영생이라는 신앙을 만납니다. 이 세상에 나의 생명을 나와 같이 귀중하게 생각하는 분이 계시다면, 그리고 그 분이 나를 창세전부터 예정하시고, 나의 생명을 천하보다 귀한 것으로 여겨주시는 창조주시라면, 나는 더 이상 절망으로 운명 지어진 존재가 될 수 없습니다. 더구나 그 분이 바로 나에게 부활과 영생을 약속하신 심판주시라면, 나는 더 이상 의미 없는 우주의 작은 먼지가 아니며, 대양에서 터지기까지 보글거리는 작은 의식의 기포도 아닙니다. 죽음의 공포와 부활의 소망이 교차하는 계절, 부활의 엄청난 사건이 없었다면 정말 잔인할 수밖에 없는 4월을 보내면서 하나님의 은혜와 사랑을 다시 한 번 생각해 봅니다.

8. 격려는 영약

지난 10월 21일 토요일 아침에는 한인기독실업인회(CBMC)로부터 영어권 강사의 통역을 부탁 받아서 모임에 갔다가 그 모임에 처음 오신 60대의 한 부부를 만났습니다. 처음 오셨기 때문에 남편 되시는 분이 자신을 소개했는데, 그 분은 한국의 금융 분야에서 높은 지위에 계시다가 퇴직하신 분이었습니다. 그런데 흥미롭게도 그 분은 몇 해 전에 제가 이 지역에 있는 어느 교회에서 창조론 강의를 할 때 예수님을 믿게 되었다고 하셨습니다. 모임 후에 잠시 로비에서 얘기를 하면서 저는 그 분들의 신앙생활에 대해 들을 기회가 있었습니다.

그 분의 부인은 이미 오래 전부터 예수님을 믿었으나 자신은 예수님을 믿고 있지 않았답니다. 당연히 부인은 남편을 전도하기 위해 기도하며 백방으로 노력했습니다. 하지만 남편은 교회의 여러 가지 부정적인 모습들 때문에, 비록 부인이 교회 가는 것을 말리지는 않았지만, 자신은 교회에 나가는 것을 끝까지 거부했습니다. 그러다가 마침 교회에서 창조론 강연을 한다는 얘기를 듣고 부인은 혹시나 싶어 남편을 간신히 설득해서 함께 교회에 왔습니다. 그런데 그 강의를 통해 남편은 성경이 저렇게 믿을 만하다면, 자신도 예수님을 믿겠다고 작정하고 그 때부터 착실하게 신앙생활을 하고 있다고 했습니다.

물론 저는 그 분이 저의 강의만으로 예수님을 믿게 되었다고는 생각하지 않습니다. 그보다 먼저 부인 집사님의 오랜 눈물의 기도 때문이며, 또한 매사에 논리적인 남편이 스스로 수긍하여 예수님을 믿을 만한 책이나 집회가 있다면 만사를 제치고 권했을 부인의 노력 때문이라고 생각합니다. 이러한 부인의 노력과 기도가 뒤에 있었고, 저의 강의는 다만 그 분의 눈을 뜨게 하는 계기를 제공했을 뿐입니다. 하지만 그 분들의 간증은 두 가지 이유에서 제게 큰 격려가 되었습니다.

첫째는 제가 지금도 전도하고 있다는 사실 때문에 격려가 되었습니다. 솔직히 근래에 들어 저는 일부러 전도하러 다닌 기억이 까마득합니다. 이전에 제가 국내 국립대학에 근무할 때는 그나마 일부러 전도하러 다니지 않아도 제 발로 찾아오는 믿지 않는 학생들이 있었습니다. 하지만 기독교세계관대학원(VIEW) 사역을 위해 밴쿠버에 온 이후에는 불신자들을 만날 기회가 별로 없습니다. 게다가 VIEW 사무실이 있는 트리니티웨스턴대학은 기독교대학이고, VIEW 학위과정이 진행되는 캐나다연합신학대학원은 말 그대로 신대원이기 때문에 일부러 캠퍼스 바깥으로 돌아다니지 않으면 불신자들을 만날 수가 없습니다.

제가 2001년 중반부터 빈민가 사역을 조금씩 돕기 시작한 것도 이 때문입니다. 이러다가는 저의 영적 생명이 고사하겠다는 위기감이 들었기 때문입니다. 하지만 빈민가 사역이라고 해봐야 일주일에 한 번씩 노숙자들을 모아놓고 설교하고 음식을(다른 사람들이 준비한) 나누어주는 정도였습니다다. 설교 후에는 초청에 응한 사람들을 불러 세워 기도해 주는 정도였지, 개인적인 상담이나 양육을 하는 것도 아니었습니다. 물론 그 사역도 나름대로 보람은 있었지만, 사역의 특성상 그리고 제가 본업인 세계관 사역에 매어있기 때문에, 초청에 응한 분들을 개인적으로 도와주면서 그 분들이 지속적으로 변화되는 모습을 보는 것은 쉽지 않았습니다. 그래서 그 분들의 간증이 특히 제게 큰 격려가 되었던 것입니다.

둘째는 근래 일어난 창조론 논쟁 때문입니다. 몇몇 분들은 아시겠지만, 저는 2006년 7월, 예영을 통해 『창조와 격변』이라는 책을 출간한 이후 창조과학자들로부터 비판을 받고 있습니다. 저는 그 책을 통해 (1) 지구 역사에는 노아의 홍수 이외에도 여러 차례 전 지구적 격변이 있었으며(아마 창조 주간에), (2) 지구와 우주의 연대가 6천년보다 훨씬 더 오래 되었을 수 있다는 여러 증거들을 제시했습니다. 사실 이 두 가지 주장은 성경에 자세히 기록되어 있지는 않지만(이는 일어나지 않았다는 말과는 다름), 과학적으로는 매우 명백한데 문자적 성경해석에 익숙한 분들에게는 이단의 경계를 넘나드는 주장으로 보이는 것 같습니다. 지난 몇 달 동안, 논쟁의 한 가운데 있으면서 저는 아무리 증거가 분명한 사실이라도 이런 논쟁을 하는 것이 하나님 나라에 정말 유익할까 하는 일말의 회의에서 벗어날 수가 없었습니다.

이런 가운데 그 부부의 간증은 저로 하여금 그래도 이런 논쟁이 소용이 있다는 확신을 갖게 해 주었습니다. 하나님은 가장 힘들 때 뜻밖의 만남을 통해 다시 한 번 창조론 연구의 중요성을 확인해주신 것입니다. 전도 받는 사람이 전도 하는 사람을 위로할 수 있다는 사실…. 좀 역설

적이긴 해도, 이는 틀림없는 사실입니다. 전도를 받아 예수님을 믿게 되는 분들의 격려가 없다면 전하는 이들도 쉽게 지칠 것입니다. 어쩌면 이 세상에는 격려가 필요 없을 만큼 강한 사람도, 격려만 받아야 할 만큼 약한 사람도 없다고 할 수 있습니다. 격려하면서 그리고 격려 받으면서 서로를 세워주는 사람들…, 아마 그게 그리스도인들의 공동체요 바른 교회의 모습이 아닐까 생각합니다. 히브리서 기자가 말세가 될수록 "서로 돌아보아 사랑과 선행을 격려"하라고 한 것은, 격려가 모든 마음의 병을 고치는 영약(靈藥)이기 때문일 것입니다.

9. 겨울을 녹이는 난로

    1997년 10월 이맘 때, 저는 저의 인생에서 처음으로 취직했던 경북대에 사직서를 제출했습니다. 조교수로 출발해서 정교수에 이르기까지 총 14년의 세월을 한 대학에서 보낸 후 사직을 하려니 감회가 깊었습니다. 비록 제가 해야 할 사명을 위해 대학을 사직하는 것이었지만, 정해진 월급을 주던 직장을 떠나 아무도 생활비를 보장하지 않는 사역을 하려니 두려움도 많았습니다. 그러면서 대학에서 지난 세월을 돌아보니 고마운 분들이 얼마나 많은지…. 가까이는 함께 근무했던 동료 교수들과 직원들이 고마웠고, 또한 학생들, 특히 실험실에서 헌신적으로 수고해 준 석, 박사 과정 학생들이 고마웠습니다. 그러나 무엇보다 제가 근무했던 대학이 너무 고마웠습니다. 14년간 저의 가족이 살 수 있도록 한 번도 체불하지 않고 꼬박 꼬박 월급을 준 학교가 얼마나 고마웠는지…. 그래서 사직서를 제출한 후에 약간의 발전기금을 내기도 했습니다.

    대학을 떠난 후 10년이 넘는 세월이 지난 지금, 저는 VIEW로 인해 그와 비슷한 감사를 하고 있습니다. VIEW를 통해 저의 가족이 생계를 이어갈 수 있게 된 것이 얼마나 감사한지요. 어떤 의미에서 현재의 자리는 제가 만든 자리지만, 그러나 아무리 제가 자리를 만들었다 하더라도, VIEW 프로그램을 운영할 수 있도록 트리니티웨스턴대학(TWU)이 허락하지 않았다면, 이 사역을 위해 헌금해주는 사람들이 없었다면, 등록금을 내면서 이 학교에서 공부해주는 학생들이 없었다면, 원장 자리라는 게 무슨 의미가 있을까요? 어려운 가운데서도 VIEW 사역을 위해 헌금으로 돕는 분들이 있으니, 제가 얼마라도 사례를 받으면서 가족을 부양하며 살아가고 있는 것이 아니겠습니까.

연말연시를 맞으면 대개 불우 이웃들에 대한 관심이 많아집니다. 그런데 저는 가장 효과적으로 이웃돕기를 실천하는 이들은 바로 다른 사람들을 고용하는 분들이라고 생각합니다. 사실 직장보다 더 크게 이웃사랑을 실천하는 곳이 어디 있겠습니까? 불우 이웃을 돕기 위해 100만 원을 기부하는 것도 쉬운 일이 아닌데, 직장은 그것과는 비교할 수도 없는, 한 가정이 살아갈 수 있는 생활비를 지속적으로 지급하기 때문입니다. 물론 자신의 노동력을 제공한 대가로 당연히 받는 임금이라고도 생각할 수 있습니다. 그러나 아무리 노동력이 있어도, 아무리 일하고 싶어도 일자리가 없으면 임금을 받을 수 없습니다. 저는 이런 의미에서 기업 하는 분들, 다시 말해 고용을 창출하는 분들을 존경합니다.

아마 노동조합 운동을 하는 분들은 노동력과 일자리, 다시 말해 노동력과 자본은 동등하다고 주장할 지도 모르겠습니다. 물론 회사와 노동조합이 동등하다는 주장도 일리가 없는 것은 아닙니다. 그러나 동등하다는 것은 선후를 의미하는 것이 아닙니다. 노동력과 일자리를 두고 생각한다면 당연히 일자리가 먼저입니다. 회사와 노동조합을 비교한다면 당연히 회사가 먼저라는 의미지요. 노동조합은 없어도 회사가 운영되지만, 회사가 없이는 노동조합이 운영될 수 없으니까요.

저는 VIEW를 운영하면서 기껏해야 몇 사람 밖에 고용하지 못하고 있습니다. 하지만 세상에는 수 십 명, 수 백 명, 아니 수 천 명을 고용하는 사람들도 있습니다. 물론 그 중에는 노동력을 착취해서 자기 배만 불리는 악덕 기업인들, 부정과 탈세로 나라를 어지럽히는 파렴치들도 있습니다. 그러나 연말연시를 맞아 종업원들의 월급과 보너스를 위해 피를 말리면서도, 정작 자기 가족을 위해서는 생활비조차 제대로 집에 가져가지 못하는 기업인들도 얼마나 많은지 모릅니다. 특히 경제가 어려운 요즘, 중소기업을 운영하는 분들 중에는 종업원들의 월급 수표에는 사인을 하면서도, 정작 자신의 월급 수표에는 사인하지 못하는 분들이 많습니다.

저는 지난 수년간 한인 밴쿠버기독실업인회(CBMC) 지도목사로서 여러 기업인들을 접촉하면서 점점 더 직업은 거룩하고도 귀하다는 생각을 하게 되었습니다. 온 가족의 생계가 걸려 있고, 헌금할 수 있는 물질을 버는 곳, 특히 가장들에게는 자신이 살아있음을 확인할 수 있는 곳이 직장이기도 합니다. 직장은 가장이 아내와 자녀들에게 존경받을 수 있는 기반이기도 합니다. 영적인 건강과 성숙도 직장생활과 밀접한 관련이 있습니다. 직장은 단순히 썩어 없어질 물질을 버는 곳이 아니며, 그런 곳이 되어서도 안 됩니다. 직장은 거룩한 곳이요, 또한 거룩한 곳이 되어야 합니다.

연말연시를 맞아 감사해야 할 분들이 많지만 일자리를 제공한 분들에게 감사하는 마음을 가져보면 어떨까요? 승진하기 위한 아첨이 아니라, 일 년 동안 자신의 가족들이 살 수 있도록 월급을 주느라 수고하신 사장님, 기관장님께 가족들의 감사하는 마음을 담은 카드라도 한 장 보내면 어떨까요? 추운 겨울을 녹이는 어떤 난로보다도 더 따뜻한 난로가 될 겁니다.

영성과 묵상

10_ 영생의 선물
11_ 부모님의 마음, 하나님의 사랑
12_ 거품 영성
13_ 모성애와 하나님의 사랑
14_ 철들게 하는 병
15_ 항법장치(GPS)의 교훈
16_ 믿음과 사업의 공통점
17_ 해방된 도예가
18_ 어리석은 자의 용기
19_ 세계관적 영성

10. 영생의 선물

지난 2003년 2월, 방한기간 중 대구를 방문하는 동안 경북대 조성표 교수님으로부터 "다른 곳은 다 못 들르더라도 지하철 참사 현장에는 꼭 다녀오라"는 강력한 권유를 받았습니다. 그래서 사고가 난지 엿새 뒤인 2월 24일, 현장을 방문했습니다. 사고가 났던 지하 3층은 출입을 통제하고 있어서 들어갈 수가 없었지만, 다행히 지하 1, 2층은 개방하고 있었습니다. 북적거리는 인파를 헤치고 지하로 내려가니 입구에서부터 수많은 하얀 국화가 곳곳에 더미를 이루며 쌓여 있었습니다. 지하 1, 2층의 벽면은 온통 새까맣게 그을려 있었고, 그 위에는 희생자들의 죽음을 애도하는 친구와 가족들의 추모 낙서들이 빽빽하게 들어차 있었습니다.

잠깐 들어갔다가 나올 생각으로 들렀지만, 저는 그곳 지하철역 벽면의 글을 읽으면서 항의하는 유가족, 친지들의 울부짖음을 스치듯 지나칠 수가 없었습니다. 벽면에 빽빽하게 쓰인 글들은 죽음에 대한 사람들의 다양한 신념, 억울한 죽음에 대한 원통함과 분함, 이별에 대한 아쉬움, 다시 만나고 싶은 애절한 소망 등을 리얼하게 보여주고 있었습니다.

죽음에 대한 여러 종교들의 신앙을 반영하고 있음은 물론이었습니다.

  벽면에 쓰인 글들 중에는 친구와 이별을 아쉬워하는 말들이 가장 많았습니다: "대영아 잘 가", "희영아, 수희야, 잘 가라", "정윤 언니, 천국 가세요", "남진이 누나, 부디 좋은 곳에서…", "하나, 빙시. 놀래키지 말고 빨리 와라", "하나야? 명복을 빌어!! 넌 아주 좋은 친구였어! 사랑해…. 다음에는 이렇게 가지마", "은경 언니, 많이 친해지고 싶었는데…", "은경 언니, 좋은 곳 가세요", "승희야, 혜경아! 너희들 지금 어디 있니!", "은영아, 무서워 말고 다 잊고 좋은 곳으로 가라. 부모님, 친구들 걱정 하지 마. 다음에 다시 만나면 더 길게 살고, 좋아하는 춤 더 많이 추고, 우리 모두 같이 살자. 짧은 만남이었지만 니 녀석 웃는 모습 영원히 기억할 거다", "박은영에게, 야! 개 콧대! 니가 나한테 이럴 수 있어! 나 버리고, 우리 친구들 다 버리고… 이럴 수 있냐고! 이 나쁜 놈아! 니가 없어진지 일주일도 채 안 지났는데 니가 너무 보고 싶어. 나한테 할 말 있다면서!!", "나나 보러 오지…, 왜 우리도 모를 곳으로 가서 우리 맘 아프게 해. 나는 할 말 많은데…, 내 얘긴 듣고 가야지. 니가 말한 그 평생이 이것뿐이냐!!", "아직 수십 년 더 남았는데…, 돌아와라. 언제까지나 널 기억할게. 사랑한다", "좋은 세상에서 편히 쉬세요," "사고 없는 곳에서 편히 쉬세요", "보고 싶어도 볼 수 없어 가슴이 아픕니다", "I'll always love you" 등등.

  여러 종교들의 내세관을 보여주는 글들도 곳곳에 눈에 띄었습니다: "자비하신 주님, 사랑하는 우리 가족들에게 영원한 안식을 주소서 – 천주교 대구 대교구 교우들이 날마다 망자를 위하여 기도드립니다", "처음과 같이 이제와 항상 영원히. 아멘", "주님, 살아계신다면 억울하게 돌아가신 고인들을 꼭 천국으로 데려다 주세요. 아멘", "허현 간사님, 하나님 부르심 가운데 그 곳에서 더 나은 삶을 소망합니다", "하늘나라 가셔서 험한 세상 살피소서. 님들이여", "나무지장보살. 사랑하는 이들이여, 극락왕생하여 좋은 인연 속에 좋은 만남을 기원합니다", "꼭 천국 가서 행복하시기 바랍니다" 등등.

아쉬움과 그리움의 글들 속에 간간히 참회와 저주의 글들도 섞여 있었습니다: "살아있어서 죄송할 따름입니다", "당신들이 우리 대신 죽었군요. 그러니 당신들은 살았고 우리가 죽었습니다. 영원한 생명 나라에서 우리 다시 만나요", "다음엔 이 땅에 태어나지 마세요", "이 땅에 태어나지 않았더면…", "좋은 곳으로 가세요. 편히 쉬세요. 다음엔 이 땅에 태어나지 마세요", "대구 시민 여러분!!, 이 날을 잊지 맙시다", "이제는 아프지 마세요", "방화범, 뒈져라", "불 지른 놈하고 기관사하고 구워 지기라!!", "높은 곳에 있는 인간들, 너거들 와서 보거라" 등등.

하지만 가장 가슴을 아프게 한 사연들은 희생자들의 사진을 걸어두고 그 밑에 적은 가족들의 애타는 마음이었습니다: 지정윤(15) - "네가 그렇게 뜨거워 몸부림치던 때에도 아무 것도 해 주지 못한 이 아빠를 용서하렴. 이제는 꿈속에서 너를 기다린다." 실종자 이현(30). 생년월일: 1974. 1. 17. 실종일: 2003. 1. 18 - "사랑하는 내 아들아. 현아…, 현아…, 엄마가 애타게 부르는 소리 안 들리니!!" 이현진(19) - "청운의 꿈을 안고 12년간 공든 탑을 누가? 왜? 서울대학교에 합격해놓고 며칠만 있으면 입학하는데…, 미친 놈 때문에 화마에 의해…. 찾아주오, 돌려주오, 사랑하는 현진아…." 이희정(22세, 대구대 회계학과 2학년 재학 중) - "희정아, 사랑해♡ 살아생전 이 말 한번 못해 준 게 마음에 사무친다. 우리 다음 세상에도 언니, 동생으로 다시 만나자 - 언니가." "누가 이 억울한 죽음을 보상하랴. 유치원 졸업식 간다고 엄마 손 잡고 탄 지하철이 지옥철이라니!!" - M.P. 011-548-0788 "우리 하나 찾아주세요" 등등. 정말 읽는 것만으로도 눈물을 흘리지 않을 수 없는 내용들이었습니다.

이번 사건의 가장 특징적인 부분은 여러 사람들이 지하에서 죽어가면서 그 다급한 상황을 가족들이나 친지들에게 휴대폰으로 알렸다는 점입니다. 이것은 지금까지 다른 참사에서는 보기 힘든 현상이었습니다. 휴대전화가 보편화된 우리나라의 현실을 그대로 보여주는 것이었습니다: "지금 죽어가고 있다. 기도해 줘" - 우리가 너무나도 사랑하는 허현(영남대 IVF 간사)입니다. 우리 현이의 죽음이 헛되지 않도록…. "여보 나 죽어가고 있어. 연기 때문에 질식할 것 같아. 아~ 여보. 너무 뜨거워. 나 불에 타고 있어요. 살려주세요" 등등

얼마나 뜨거웠는지 불은 지하 3층에서 발생했는데 지하 2층에 있는 안내판 아크릴 덮개가 종유석처럼 줄줄 흘러내렸습니다. 공중 전화통의 수화기는 뜨거운 열 때문에 50cm 가까이 길게 녹아 내렸습니다. 마치 살바드로 달리(Salvadro Dali)의 어느 그림 중에 나오는, 늘어진 벽시계 그림을 보는 듯 했습니다. 밖에서 끌어온 전기로 여기 저기 불이 켜져 있긴 했지만, 벽면이 온통 새까맣게 그을린 지하 1, 2층에 북적거리는 사람들을 보니 여기가 지옥이 아닌가 하는 생각이 들었습니다. 잠시 들렀다가 나올 양으로 들어간 그곳에서 저는 근 한 시간 반을 보냈습니

다. 퉁퉁 부은 눈으로 지하철을 나오면서 저는 도대체 어떻게 이런 일이 대한민국 대도시 한 복판에서 일어날 수 있는지 믿겨지지가 않았습니다.

지하에 있는 벽면들이 온통 새까맣게 그을려 있었기 때문에, 비록 이곳저곳에 임시로 여러 개의 조명등을 가설해 놨지만, 그야말로 지옥의 분위기를 연출하고 있었습니다. 눈에 보이는 지하도의 분위기만 지옥 같은 것이 아니라, 이번 사건을 둘러싸고 서로 책임을 전가하고 증거를 조작, 인멸하려고 하는 모습들도 지옥의 모습이었습니다. 지옥이 어떤 곳인지 궁금해 하는 분이 있다면, 대구 지하철 사고 현장을 다녀오면 좋지 않을까 생각됩니다.

우울증 환자라고 하지만 인화물질로 차량을 방화한 사람이나 자기만 살겠다고 문을 잠근 채 열쇠를 가지고 도망간 기관사, 책임을 회피하기 위하여 증거를 인멸하고 오리발을 내밀던 지하철 관계자들은 오늘 우리 사회의 자화상이라고도 할 수 있습니다. 게다가 시민들의 안전을 생각하지 않고 싸구려 지하철을 만든 정부 관리들이나, 불이 붙었을 때 유독 가스를 내뿜는 내장재로 지하철을 만들어 납품한 업자들의 모습은 모두 지옥이나 지옥 같은 사회에서나 봄직한 것들이었습니다. 아마 지옥에 가면 여기저기에 오리발들이 늘려져 있지 않을까 생각됩니다!

화재로 인한 인명 피해가 나더라도 DNA로 유전자 감식을 할 수 없을 만큼 심하게 사체가 타버리는 일은 많지 않다고 합니다. 그런데 이번 대구 지하철 사고에서는 섭씨 2000도의 고열 속에서 완전히 시체가 탄화하여 DNA 검사로도 신원을 확인할 수 없는 시체들이 많았다고 합니다.

가까운 선배 의사는 대구 지하철은 화장장 중에서 최고의 화장장이었다고 빗대어 말하기도 했습니다. 그래서 그렇게 많은 유가족들이 실종된 가족들의 죽음을 줄기차게 주장했던 것입니다. 물론 이것은 희생자 보상 문제와 직결되어 있기 때문이기도 했습니다. 일반적으로 사고로 사람이 실종되면 가족들은 만의 하나라도 살아있기를 고대하는 것이 인지상정(人之常情)이거늘, 대구 지하철 화재에서는 아이러니컬하게도 가족들은 실종자가 죽었음을 증명하기 위하여 노력하고 있었습니다.

지하철 방화 현장을 다녀오면서 저는 인간에게 죽음이란 무엇인지를 다시 한 번 깊이 생각하게 되었습니다. 아무리 과학과 기술이 발달하여 편리한 시대, 풍요로운 세상이 되어도 인간이 죽는다는 것은 피할 수 없는 사실입니다. 지하철 방화로 세상을 떠나건, 병원 특실에서 많은 사람들이 지켜보는 가운데 세상을 떠나건 자신이 이 세상에 더 이상 존재하지 않는 순간이 온다는 것은 피할 수 없습니다. 이 사실을 생각할 때마다 자신을 '부활이요 생명'이라고 하신 예수님께서 우리의 죽음의 문제를 해결하셨다는 사실이 얼마나 놀라운 축복으로 다가오는지 모릅니다. 어떤 사람은 인간이 죽음이 두려워서 종교를 만들었다고 하지만 왜 믿음으로 인해 죽음을 이길 수 있다는 생각을 하지는 않는지…. 아무리 영원을 상기시키는 사건이 일어나도 하나님에 대해 닫힌 마음에는 영생의 선물을 넣어줄 방법이 없다는 생각이 듭니다.

11. 부모님의 마음, 하나님의 사랑

올해 칠순을 맞으시는 저의 장모님은 손자, 손녀들만도 10여명 정도 됩니다. 하지만 자녀들은 모두 결혼해서 집을 떠났고, 여럿 되는 손자, 손녀들도 대부분 먼 나라에 흩어져 살고 있으니 요즘 장모님에게는 틈 나시는 대로 옛날 여고 동창들 모임에 가시는 것이 큰 기쁨 중 하나입니다. 인생의 황혼이 되어 비로소 교회를 다니기 시작하셨기 때문에 교회 모임에서는 큰 재미를 못 느끼시지만, 시골 여학교 동창회는 달랐습니다. 한번 동창은 영원한 동창이라 장모님에게 있어서 동창회 모임은 다른 어떤 모임보다도 우선순위가 높습니다.

동창들도 대체로 비슷한 나이의 분들이고 장모님처럼 손자, 손녀들이 많습니다. 당연히 만나면 옛날 학교 얘기, 선생님들 얘기, 남편 얘기, 그리고 지금까지 살았던 얘기들을 합니다. 하지만 이제는 옛날 학교 얘기도 밑천이 드러났고, 살아온 얘기도 재탕, 삼탕을 넘어섰으니 별로 새로운 것이 없습니다. 대부분의 남편들도 현직에서 은퇴한 상태여서 별로 새로운 얘깃거리가 생기지 않습니다. 그러다보니 남은 것은 자식들 얘기, 그리고 손자, 손녀들 자랑뿐입니다. 날마다 자라고 재롱부리는 손자,

손녀들의 얘기는 이 세상 모든 할머니들의 영원한 얘깃거리인가 봅니다.

그런데 문제는 동창들은 여럿이고, 모임 시간은 한정되어 있고, 또한 사람들마다 손자, 손녀들이 많으니 모두가 자랑하려면 시간이 부족하다는 것입니다. 그리고 자기 손자, 손녀는 자랑하고 싶지만 솔직히 남의 손자, 손녀들 자랑하는 얘기는 별로 듣고 싶지 않은 것이 인지상정(人之常情)입니다. 그렇다고 사람들이 모일 때마다 본능적으로 튀어나오는 할머니들의 손자, 손녀 자랑을 강제로 못하게 할 방법도 없습니다. 자기는 하고 싶고 다른 사람들은 듣기 싫은 손자, 손녀들 자랑…. 오랜 친구들의 의를 상하지 않고 이 딜레마를 해결할 방법은 없을까 하고 고민을 하다가 모든 동창들이 합의해서 기발한 규칙을 하나 만들었다고 합니다. 그것은 자랑할 사람들은 먼저 2만원씩 내고 자랑하는 것이었습니다.

손자, 손녀들 자랑 한번씩 하고 2만원을 낸다? 처음에 그 얘기를 듣고 저는 '역시 세상을 오래 산 분들이라 지혜가 많으시구나' 라고 감탄을 했습니다. 하지만 곧 이어 '그렇다면 과연 자랑할 사람들이 있을까' 하는 의구심이 생겼습니다. 제 생각에는 도무지 자랑할 사람이 없을 것 같았습니다. 그런데 제 예상과는 달리 놀랍게도 모일 때마다 돈을 내고 자랑을 하는 할머니들이 있었습니다! 물론 자랑하려고 줄을 서는 것은 아니지만 대체로 모일 때마다 돈을 내고 손자, 손녀들 자랑하는 할머니들이 몇 사람씩 있었고, 덕분에 모인 다른 할머니들은 따로 점심 값을 거둘 필요가 없게 되었습니다. 자랑하는 할머니들은 손자, 손녀들 자랑을 하고 싶어 타들어가는 입을 막을 필요가 없어서 좋고, 다른 할머니들은 다른 집 손자, 손녀들 자랑 좀 들어주고 따로 점심 값 부담을 안 가져서 좋으니 그야말로 도랑 치고 가재 잡는 격이었습니다.

저는 장모님으로부터 그 얘기를 들으면서 '아, 저것이 부모님의 마음이구나' 라고 생각했습니다. 자기 자식을 자랑스럽게 생각하는 것은 동서고금의 모든 부모들의 공통된 마음입니다. 말이 많고 외향적인 사람은 노골적으로 자랑하고, 그렇지 않은 사람은 은근슬쩍 자랑하는 점이 다를 뿐입니다. 2만원씩 돈을 내면서까지 기어코 자랑을 하고픈 것이 바로 할머니의 마음이요, 부모님의 마음인 것입니다.

학교에서 여러 학생들을 대하다보면 별로 대단치도 않은 학생이지만, 그 부모님의 평가는 다를 때가 많습니다. 심지어 자녀의 행동이 불량해서 학교에 호출을 당한 부모님조차도 원래 자기 아이는 그렇지가 않은데 친구를 잘못 만나서 그렇다느니, 혹은 저 아이가 공부는 못해도 달리기는 잘한다는 등의 자랑을 합니다. 망나니 같은 자식도 끝까지 포기하지 않고 돌아서기를 기다리는 것이 부모님의 마음입니다. 저는 이 사랑이 바로 인류가 발전하는 원동력이 아닐까 생각해 봅니다.

부모님의 마음을 생각하면서 저는 하나님의 사랑을 생각해 봅니다. 사형수 자식조차 포기하지 않는 부모님의 마음, 이것이 곧 하나님의 마음이 아닐까요. 시인은 그 하나님의 마음을 이렇게 노래합니다: "사람이 무엇이관대 주께서 저를 생각하시며 인자가 무엇이관대 주께서 저를 권고하시나이까"(시 8:4). 저 형편없는 인간도 예수님을 믿고 정신만 차리면 정말 굉장한 인물이 될 텐데 하는 것이 하나님의 마음이 아닐까요. 죄로 인해 사형 선고를 받은 사람들을 위해 독생자를 십자가에 못박으신 하나님의 마음. 죄인들도 그 큰 사랑을 받아들이고, 하나님의 형상으로 회복된다면 얼마나 놀라운 삶을 살 수 있을까! 성탄의 계절을 맞아 부모님의 마음을 생각하며 독생자 예수님을 이 땅에 보내신 하나님의 사랑을 다시 생각해 봅니다.

12. 거품 영성

VIEW에 재학 중인 몇몇 분들은 요즘 청소 아르바이트를 하고 있습니다. VIEW 재학생은 아니지만 지난 학기에 캐나다 중부의 위니펙에서 이주해 온 이웃의 주 전도사님도 청소 아르바이트를 하고 있습니다. 이들은 대부분 한국에서 좋은 대학을 졸업하고 소위 화이트 컬러 직업을 가졌던 분들이지만, 이곳에서 공부하는 동안 경제적인 부담을 덜기 위해 아르바이트를 하고 있는 것입니다.

청소 아르바이트를 하는 학생들은 대부분 사람들이 건물에 들락거리는 낮 시간을 피해 밤 시간에 일을 해야 합니다. 일반적으로 청소는 초저녁에 시작하여 새벽 2-3시 정도에 마치는 경우가 많지만, 때로 건물이 클 경우에는 밤을 새면서 일하기도 합니다. 그리고 밤잠을 못자면서 일을 해도 다음 날 낮에는 여전히 학교에 가서 공부를 해야 하고 많은 숙제들도 해야 합니다.

VIEW에 재학 중인 60여명의 학생들은 대부분 자녀들이 있는 기혼자들로서, 생활비와 학비 등의 경제적 부담 없이 공부할 수 있는 사람들은 열손가락으로 꼽을 정도입니다. 특히 절반이 넘는 목회자 학생들은 대체로 경제적으로 어려워서 어떤 형태로든지 아르바이트를 하고 있습니다. 물론 많은 학생들이 지역 한인교회에서 주일학교 지도나 찬양 인도 등의 아르바이트를 하지만, 일부는 앞에서 언급한 건물 청소를 하기도 하고, 사모님들은 식당이나 일반 가게에서 일을 하기도 합니다.

흥미롭게도 교회나 기독교 계통의 기관이 아닌 다른 곳에서 아르바이트를 하는 사람들은 하나 같이 허드렛일을 하면서 성도들을 많이 이해할 수 있게 되었다고 말합니다. 이것은 세속 직장에서의 경험, 특히 밑바닥의 육체노동 경험이 이후 목회할 때 성도들을 이해할 수 있는 자산이 될 것임을 의미합니다. 그런 의미에서 이들은 경제적인 어려움 때문에 일을 하지만, 또한 목회 실습을 하고 있는 셈이기도 합니다. 그래서 저는 학생들에게 가능하면 VIEW에 적을 두고 있는 동안 그런 경험을 일부러라도 해 볼 것을 권합니다.

세계관적 목회의 기본은 직업적 소명 혹은 직업의 신성함과 관련되어 있습니다. 목회나 선교의 일도 거룩하지만, 청소나 다른 세상에서의 일들도 거룩하고 또한 거룩해야 한다는 것입니다. 하지만 그런 것들은 자신이 그런 일들을 직접 해 보지 않고는 배우기가 어렵습니다. 아마 그래서 수년 전, 세상을 떠나신 예수원의 대천덕 신부님도 젊은 시절에 선원으로 수년간 일한 것을 늘 자랑스럽게 말씀하셨던 것 같습니다. 청소일이 하나님 앞에서 거룩한 일이 될 수 있다고 생각할 수 있을 때, 바른 영성, 건강한 영성이 만들어질 수 있습니다.

진정한 영성은 교회나 신학교, 또는 하와이의 아름다운 해변이나 호젓한 산속에 있는 기도원이나 훌륭한 강사들의 영성 집회에서보다 도둑놈과 사기꾼, 탈세범들이 우글거리는 치열한 삶의 현장에서 더 잘 드러난다고 할 수 있습니다. 온실에서만 잘 자라는 식물을 강하다고 할 수 없듯이, 그리스도인들로 둘러싸인 곳에서만 큰 소리를 치고 세속 사회에 나가서는 기를 쓰지 못하는 영성은 건강한 영성이라고 할 수 없습니다.

그리스도인의 영성은 음식을 먹는 것에 비유할 수도 있습니다. 육체적으로 건강하게 되려면 적절한 영양을 섭취하는 것이 필수적입니다. 그러나 많이 먹는다고 반드시 건강하게 되는 것은 절대 아닙니다. 하루에 세끼 먹는 것보다 다섯끼 먹는 것이 건강에 더 좋다고 말 할 수 없습니다. 때로는 너무 많이 먹어서 비만이 되고 도리어 건강을 해치기도 합니다. 건강을 잘 유지하기 위해서는 적절한 음식을 섭취하는 것에 더하여 반드시 적절한 운동을 해야 합니다. 그래야 섭취한 자양분들이 지방으로 쌓이지 않고 단단한 근육이 될 수 있습니다.

이것은 영적 건강의 유지에도 중요한 점을 시사해 줍니다. 곧 좋은 설교나 강의를 많이 듣는다고, 좋은 책을 많이 읽는다고 반드시 영적으로 건강해지는 것은 아니라는 겁니다. 아무리 좋은 설교를 많이 듣고 좋은 책을 많이 읽어도 그것을 영적 근육으로 바꿀 수 있는 행함이 뒤따르지 않는다면, 영적 비만이 될 수밖에 없습니다. 이것은 저와 같이 글을 쓰고 강의나 설교를 자주하는 사람들에게도 마찬가지입니다. 멋진 글을 쓰고 감동적인 강의나 설교를 하는 것이 절대로 그 사람의 영적 건강을 보증해 주지 않습니다. 설교를 하는 사람이건 듣는 사람이건, 글을 쓰는 사람이건 읽는 사람이건 말씀이 삶의 현장에서 실천을 통해 근육으로 바뀌지 않은 영성은 거품 영성일 뿐입니다.

13. 모성애와 하나님의 사랑

조미애 자매는 남들에 비해 신장이 2/3 정도 밖에 되지 않는 곱사등이였습니다. 이런 자신의 장애를 생각하면서 자매는 장애자들을 돕는 일을 하기 위해 중앙대학교 사회복지학과에 입학하였습니다. 하지만 대학생이 된 기쁨도 그리 오래 가질 못했습니다. 어릴 때부터 아이들에게 놀림을 받으면서 자랐음에도 불구하고, 자매는 싱싱한 젊음들로 가득 찬 캠퍼스에서 팔짱을 끼고 쌍쌍이 걸어가는 남녀들의 모습을 보면서 절망의 나락으로 떨어지곤 했습니다. 자매는 보면 볼수록 초라한 자신의 외모를 비관하면서 한없는 열등감에 시달릴 수밖에 없었습니다.

그러다가 하나님의 은혜로 대학 내 기독학생회를 통해 예수님을 만났습니다. 그 후 자매는 이 불완전한 생명, 곱사등이 생명이 아닌 다른 영원하고도 완전한 생명이 있음을 알고 너무나 기뻤습니다. 그 동안 자신의 처지를 비관만 했던 자매였지만, 예수님을 영접한 후에는 자신의 삶의 모습을 완전히 바꾸었습니다. 오랫동안 자기를 따라다니면서 괴롭히던 열등의식으로부터 완전히 벗어났고, 하나님의 형상으로서의 자존감도 회복되었습니다. 그래서 불편한 몸을 가지고도 매사에 열심이었고, 이런 자매의 모습은 주변의 많은 사람들에게 큰 감동을 주었습니다. 후에 자매는 회사에 다니는 좋은 형제를 만나 결혼도 하였습니다. 장애의 몸으로 결혼한 것도 축복이었지만, 결혼한 지 얼마 되지 않아 자매는 임신의 축복까지 받았습니다.

하지만 행복에 겨웠던 시절은 오래 지속되지 않았습니다. 임신한 지 8개월 정도 되었을 때, 출산을 앞두고 병원에 간 자매는 의사로부터 청천벽력 같은 말을 들었습니다. 아이를 살리면 산모가 죽고, 산모를 살리려면 아이를 죽일 수밖에 없다는 것이었습니다. 많은 고민을 하다가 자매는 당시 기독학생회 지도교수였던 최재선 박사님을 찾아갔습니다. 물에 빠진 사람이 지푸라기라도 잡는 심정으로….

하지만 자초지종을 들은 최 박사님도 뭐라고 조언을 해줄 수가 없었습니다. 결국 딱 부러지게 말씀하시기가 곤란했던 최 박사님은 자매에게 "그래, 하나님은 네게 뭐라고 하시든?" 하고 되물을 수밖에 없었습니다. 그러자 마음을 정리한 듯 자매는 "하나님이 제가 기대할 수도 없는 중에 결혼을 하게 해 주셨고, 제 몸으로 이렇게 아이까지 임신할 수 있는 축복을 주셨으니 더 이상 바랄 게 없습니다. 저는 하나님께 모든 것을 맡기고 수술하기를 원합니다"라고 말했습니다. 이 말을 듣고 최 박사님은 왈칵 쏟아지는 눈물을 참지 못하고 자매를 위해 간절히 기도해주셨습니다.

드디어 예정된 날짜가 되어 자매는 수술대에 올랐고 산모와 아이를 살리기 위한 대수술이 시작되었습니다. 여러 시간의 수술 끝에 건강한 남자아이가 태어났습니다. 의사들은 혹이라도 산모를 살릴 수 있을까 싶어서 최선을 다했지만, 아쉽게도 자매는 아이에게 생명을 내어주고 끝내 회생하지 못한 채 떠나버리고 말았습니다. 이 소식을 전해들은 최 박사님은 도대체 자매를 향하신 하나님의 뜻이 무엇인지를 소리쳐 물으면서 눈이 퉁퉁 붓도록 울었지만, 떠난 사람은 영영 돌아올 수 없었습니다.

이제 그 살신성인(殺身成仁)의 사건이 일어난 지 18년의 세월이 지났고, 엄마의 생명을 딛고 세상에 태어났던 그 아이는 18세의 건장한 청년으로 자라났습니다. 지난 2월, 한국을 방문하는 동안 최 박사님으로부터 이 가슴 저미는 조 자매의 얘기를 전해 들으면서 저는 이 위대한 사랑이 인류를 세상에 있게 했다는 생각을 하게 되었습니다. 조 자매의 희생은 단순히 모성애라는 말로 평가절하될 수 없습니다. 하나님께서 인간의 DNA 어딘가에 묻어두신 모성애는 가장 위대하고도 거룩한 창조 본능입니다. 자녀를 위해 기꺼이 생명을 내놓을 수 있는 사랑의 본능, 그것은 바로 타락한 인간에게 남겨진 지울 수 없는 하나님의 형상이라고 할 수 있을 것입니다.

또한 조 자매의 희생적 사랑은 죄인들을 향하신 하나님의 사랑을 생각나게 합니다. 수술대 위에서 아들에게 생명을 주기 위해 자신의 생명을 내놓는 고귀한 엄마의 사랑과 같이 하나님은 우리에게 부활의 생명을 주시기 위해 독생자를, 아니 바로 자기 자신을 죽이셨습니다. 만물이 생동하는 계절을 맞아 우리를 살리기 위해 천 번의 죽음과 같다는 십자가의 처절한 고통을 묵묵히 짊어지시고 갈보리 언덕에서 운명하신 예수님을 생각해 봅니다.

14. 철들게 하는 병

지난 방한 기간 중에는 제한된 몇 가지 건강검진을 받았습니다. 아버지와 큰 누님이 암으로 세상을 떠난, 소위 '암 가계'에 속한 저로서는 늘 암에 대한 약간의 부담을 가지고 살아갑니다. 그리고 언젠가 저도 암으로 세상을 떠날지 모른다는 생각에 빠지곤 합니다. 그래서 형편이 되는 대로 1년에 한번 정도는 건강검진을 받으려고 노력하고 있습니다.

지난 건강검진에서는 초음파, 위내시경, 혈액검사 등의 검사를 했습니다. 이 중 위내시경에서는 마취를 한 채 수면 내시경을 하기 때문에, 깨어난 후에야 비로소 저는 담당 의사로부터 위에 '약간 미심쩍은' 것이 있어서 조직검사를 했다는 얘기를 들었습니다. 이전에도 저는 캐나다에서 갑상선에 혹이 생겨 조직검사를 해 본 적이 있기 때문에 조직검사라는 것 자체가 처음은 아니었지만, 그래도 혹시나 하는 의구심을 떨쳐버릴 수가 없었습니다. 그래서 담당 의사로부터 조직검사 결과를 들을 때까지 이번에도 죽음에 대한 묵상을 할 수 있었습니다.

현대의 세속적 세계관에서는 죽음을 존재의 소멸이라고 말합니다. 정말 한 번도 가 본적이 없는 캄캄한 산등성이를 지나 차디찬 시체들만이 누워있는 공동묘지나 납골당이 우리의 영원한 종착역이라면, 인생은 더 이상 살 가치가 없겠지요. 하지만 예수님을 믿는 이들에게 죽음은 마치 겨울을 맞는 것과 같습니다. 춥고 음울한 겨울이 지나면 소망의 봄이 오듯이, 죽음이라는 겨울이 지나면 새로운 생, 다시는 내시경도, 암에 대한 공포도 없는 봄이 올 것입니다. 앙상한 나뭇가지에 잎새 하나 없는 겨울이지만 얼마 지나지 않아 꽃피고 새우는 봄이 오듯이, 예수님께 붙어있는 사람들은 어두운 죽음의 터널을 지나고 나면 마치 깊은 잠에서 깨어나듯 새 생명의 희열 가운데 다시 깨어날 것입니다.

하지만 예수 그리스도께 붙어 있지 않다면, 죽음은 생명을 가진 모든 존재들에게 가장 큰 저주요 원수일 수밖에 없습니다. 사람이 지구의 공전과 자전을 조절할 수 없듯이, 우리는 이 육신에 사는 동안 세월의 흐름을 막을 수 없습니다. 그리고 그 세월의 끝에는 절망의 나락이 기다릴 뿐입니다. 지금은 푸르고 윤기 나는 사람인 듯해도 생명나무 되시는 예수 그리스도에게 연결되어 있지 않다면, 오래지 않아 북풍한설(北風寒雪)이 몰려올 때 속절없이 나뒹구는 칙칙한 낙엽처럼 스러져갈 것입니다. 우리가 바라는 것이 다만 이생 뿐이면, 우리는 모든 사람들 가운데 더욱 불쌍한 사람들일 뿐입니다.

우리는 모두 몇 십번의 크리스마스를 지나면 예외 없이 이 육신의 껍질을 벗어버려야 하는 엄연한 현실을 앞에 두고 있습니다. 아무리 윤달 수의(壽衣)를 준비하고 명당(明堂) 묘지를 마련해 둔 다 해도, 죽음은 절대로 우리를 피해가지 않습니다. 아무리 멀리 두고 외면하려고 해도 우리는 얼마 지나지 않아 아무도 동행할 수 없는 어두운 죽음의 골짜기를 혼자 걸어가게 될 것입니다. 인생은 아침 햇살에 쉬 사라지는 안개나 곧 시들어버리는 봄의 꽃과 같기 때문입니다. 그때 우리의 시신을 담은 관 두껑의 닫힘과 함께 모든 희망의 문도 닫힌다면, 죽음은 그야말로 공포요 절망일 것입니다.

그러면 어떻게 우리는 공포와 절망이 아니라 기쁨과 기대 가운데 죽음을 맞을 수 있을까요? 그것은 이 육신의 생기가 다하기 전에, 인생의 잎새가 모두 사라지고 말라비틀어지기 전에 생명나무 되시는 예수님께 접붙임을 받는 방법 밖에 없습니다. 자신을 부활이요 생명이라고 말씀하신 바로 그 분께 접붙임을 받는 것만이 죽기를 무서워하므로 일생에 매여 종노릇 하는 인생의 유일한 소망이 됩니다. 그럴 때에야 비로소 우리도 사도 바울처럼, "사망아 너의 이기는 것이 어디 있느냐 사망아 너의 쏘는 것이 어디 있느냐"(고전 15:55)고 죽음을 조롱할 수 있게 될 것입니다.

사망의 권세를 이기고 부활하신 예수님께 접붙임을 받은 사람에게 죽음은 가벼운 쉼표일 뿐 마침표가 아닙니다. 그런 사람은 죽더라도 예수님처럼 늙지도, 썩지도 않는 육체로 부활하게 될 것입니다. 그에게 있어서 죽음은 마치 헌옷을 벗고 새옷을 갈아입는 것처럼, 꿈틀거리던 번데기가 가벼운 나비가 되어 날아가는 것처럼, 후패(朽敗)하는 육체가 영생으로 진입하는 것에 불과합니다. 이처럼 죽음에 대한 묵상이 많은 것들을 배우게 하기 때문에 사람들은 암을 '철들게 하는 병'이라고 하는 것 같습니다.

15. 항법장치(GPS)의 교훈

지난 5월 유럽을 여행할 때, 저는 몇몇 외진 곳을 방문하기 위해 차를 빌렸습니다. 고급차는 아니었지만, 신형이어서 차에는 인공위성에서 오는 신호를 받아 길을 안내해주는 항법장치(navigation system, GPS)가 달려 있었습니다. 익숙하지 않은 장치였기 때문에 처음에는 항법장치(GPS)보다 정속주행(cruise) 장치를 달아놓았으면 더 좋았을 텐데 하는 생각을 하기도 했습니다. 하지만 시간이 지나면서 지리를 모르는 곳에서는 GPS가 정속주행 장치보다 훨씬 더 유용하다는 사실을 알게 되었습니다. 또한 GPS를 사용하면 할수록 이것이 하나님의 인도하심과 흡사한 면이 있음을 알게 되었습니다.

첫째, GPS는 상식보다 말씀에 순종해야 한다는 점을 가르쳐줍니다. 낯선 곳에서 구름이 끼거나 어두운 밤에 알프스 산중처럼 구불구불한 길을 운전하다보면 느낌으로는 남쪽으로 가는데 GPS는 북쪽을 가리키고 있을 때가 있습니다. GPS가 사람의 느낌과는 무관하게 정확하게 진로를 알려준다는 사실은, 때로 인간의 생각으로는 바른 듯이 보이는 길이지만 전혀 하나님의 뜻이 아닌 경우가 있을 수 있음을 말해줍니다.

사람들에게 상식화 되어 있는 사실이라도 때로는 전혀 하나님의 뜻이 아닌 경우도 있다는 뜻이지요. 한 예로 많은 사람들이 낙태를 가볍게 생각하거나 여자의 권리인 것처럼 생각하지만, 성경이라는 GPS는 분명히 그것이 살인임을 가리키는 것과 같습니다.

둘째, GPS를 통해 상황 속에서 말씀을 적용하며 사는 것이 필요하다는 점을 배울 수 있습니다. GPS가 정확하고 좋기는 하지만 그것만 들여다본다고 운전을 안전하게 할 수는 없습니다. 아무리 좋은 GPS가 있어도 결국 운전대를 잡고 기어를 바꾸면서 가속장치와 제동장치를 사용하는 것은 운전자의 몫입니다. 우리는 GPS를 보면서도 주변 환경과 지나가는 다른 차들을 살피면서 순간순간의 상황에 대처하며 운전해야 합니다. 이와 마찬가지로 성경 역시 사람이 살아가는 데 필요한 모든 지혜와 규칙을 담고 있지만, 그것만 들여다봐서는 세상을 바르게 살 수 없습니다.

오직 성경만 고집하면서 다른 양서들을 멀리 하는 것도 비슷한 오류를 범할 수 있습니다. 이것은 성경 본문도 중요하지만 그것이 적용되는 상황, 즉 삶의 현장에 말씀이 구체적으로 적용되도록 노력해야 한다는 말입니다. 필요할 때는 기도원에 들어가 기도와 묵상에 전념할 수도 있지만, 그것이 모든 사람들의 일상이 될 수는 없습니다. 도둑놈과 사기꾼들이 들끓고, 포르노와 탈세가 불의 혀처럼 날름거리는 세상에 살면서도 하나님의 인도하심을 받기 위해 영적인 안테나를 세우고 살아가는 것, 우리는 그것을 진정한 영성이라고 할 수 있을 것입니다.

셋째, 하나님의 침묵을 허용으로 오해하지 말아야 한다는 점입니다.

GPS를 보고 가더라도 복잡한 도회지나 고속도로 분기점 등에서는 자칫 길을 지나치거나 잘못 들어갈 수 있습니다. 그러면 GPS는 '부드러운 젊은 아가씨의 음성으로 U-턴해서 돌아오라고 경고합니다. 그것도 한 번이 아니라 두 번, 세 번 친절하게 일러줍니다. 몇 m 가서 직각으로, 혹은 대각선으로, 때로는 U-턴하라고 지시합니다. 이런 지시에도 불구하고 '배 째라'는 식으로 지시를 계속 무시하면, 차는 결국 GPS가 더 이상 작동하지 않는 회색지대로 들어서게 되고, 나중에는 아무런 지시도 하지 않게 됩니다.

이것은 하나님의 침묵을 허용으로 생각하고 '계속 죄를 짓는다면, 우리는 완전히 잃어버린 자가 될 수 있음을 말해줍니다. 결국 양심에 화인 맞은 자가 되어 하나님이 '그 상실한 마음대로' 내버려 둘 수 있다는 말이지요.

넷째, 어떤 경우에도 스스로 영적 안테나를 접지 말아야 한다는 점입니다. 운전하다가 실수로 길을 지나치거나 잘못된 길로 들어서더라도 GPS는 재빨리 다시 계산해서 바른 길로 갈 수 있는 우회로를 알려줍니다. 중간에 주유소나 식당, 휴게소 등에 들러서 엔진을 끄고 쉬더라도 엔진을 켜면 다시 인도함을 받을 것인지의 여부를 묻습니다. 그리고 운전자가 지시를 따르겠다고 허락하기 전까지 GPS는 절대로 강요하지 않습니다. 반복되는 지시를 성가신 간섭으로 생각해서 스위치를 꺼버린다면, GPS는 더 이상 지시하지 않습니다.

마찬가지로 영적인 안테나가 열려있는 한 하나님은 꾸준히 우리의 삶에 간섭하십니다. 때로는 우리의 영안이 어두워졌을 때에도 성령님은 부드럽고 세미한 음성으로 인내심을 가지고 우리의 마음 문을 두드립니다. 하지만 우리가 영적 안테나를 접고 그 분의 지시를 받지 않기로 작정한다면, 하나님도 침묵하실 것입니다.

비유나 예화, 혹은 상징은 진리의 빛이 들어오는 창문과 같습니다. 때로는 창문을 빛과 동일시하거나 창틀에 색유리를 끼워서 빛의 색깔을 변조할 수 있는 가능성이 있습니다. 하지만 창문 그 자체는 빛이 아니고 다만 빛이 들어오는 통로일 뿐임을 명심한다면, 창문은 귀중한 역할을 할 수 있습니다. GPS가 하나님의 인도함에 대한 귀중한 교훈을 깨닫게 하는 좋은 비유요 창문이 될 수 있음을 발견한 것은, 이번 유럽 여행의 생각지 않은 보너스였습니다.

16. 믿음과 사업의 공통점

믿음은 원격조정과 흡사한 면이 있습니다. 믿음은 보이지 않는 하나님을 보는 것처럼 그 분 앞에서 행하는 것입니다. 우리말로 '하나님의 면전에서' 혹은 줄여서 '신전의식'(神前意識)이라고 번역되는 '코람데오'라는 말은 일종의 원격의식을 가리킨다고 할 수 있습니다. 흔히 우리는 그것을 영안이라고도 하고 때로는 믿음이라고도 말합니다. 결국 보이지 않는 것을 보이는 것처럼, 얼마나 생생하게 생각하고 받아들일 수 있는가 하는 것이 신앙의 정도입니다.

히브리서 기자가 "믿음은 바라는 것들의 실상이요 보지 못하는 것들의 증거"라고 정의한 것은 믿음의 본질을 날카롭게 지적한 것이라고 할 수 있습니다. 히브리서 기자는 계속해서 그러한 믿음의 정의대로 충실하게 살아간 여러 사람들의 예를 제시합니다. 아벨은 눈에 보이지 않는 하나님을 마치 보는 것처럼 제사를 드렸습니다. 에녹은 눈에 보이지 않는 하나님을 보는 것처럼 기쁘게 하였습니다. 노아는 한 번도 보지 못한 대홍수의 경고를 믿고 오랜 세월 동안 실제로 방주를 예비하여 자기 가족을 구원했습니다. 아브라함은 하나님의 부르심을 받았을 때, 목적

지도 모른 채 장래 기업으로 받을 땅이 있음을 믿고 자기 고향을 떠났습니다. 이런 믿음의 사람들의 공통적인 특징은 바로 보이지 않는 하나님을 보이는 것처럼, 가보지 않은 천국을 가 본 것처럼, 이루어지지 않은 일을 이미 이루어진 일처럼 생각하는(믿는) 것입니다.

이러한 믿음의 태도는 신약에서도, 그리고 오늘날 우리들의 신앙생활에서도 그대로 이어집니다. 하나님이 보이지 않지만 마치 눈앞에 계시는 것처럼, 자신의 숨은 죄를 고백하고 눈물을 흘리며 회개하는 것이 신앙입니다. 나아가 삶의 여러 가지 일들을 마치 하나님이 옆에 계시는 것처럼 순간순간 그 분과 '상의하는' 것이 신앙생활입니다. 예수님도 보이지 않는 것을 보는 것처럼 믿는 것에 관해 말씀하셨습니다. 자신의 손에 있는 못 자국과 허리에 있는 창 자국을 보고 믿는 도마를 보시고 예수님은 보지 못하고 믿는 자가 더욱 복되다고 하셨습니다.

십계명의 제2계명은 어떻습니까? 하나님은 비록 자신을 나타내는 것이라고 해도 절대 어떤 형상을 만들지 말 것을 명령하셨는데, 이는 보이지 않는 하나님에 대한 믿음이 진정한 믿음임을 나타낸 것입니다. 기독교 역사에서 많은 믿음의 선각자들이 성상숭배를 엄격하게 경계했던 것도 눈으로 보지 않거나 손으로 만져보지 않고도 믿는 믿음의 본질 때문입니다.

눈으로 보지 못하고 손으로 만지지 못하지만 마치 눈앞에 있는 것처럼, 손으로 만져지는 것처럼 믿는 것은 일이나 사업을 하는 데도 그대로 적용할 수 있습니다. 일반적으로 한국인들은 얼굴과 얼굴을 맞대고 일하는 것에는 익숙하지만, 멀리 떨어진 채 문서나 이메일 등으로 일하는 것에는 익숙하지 않습니다. 만나서는 큰 소리 치지만 돌아서면 금방 잊어버리는 우리들의 습관 때문에, 이것을 아는 외국인들은 한국인들을 잘 신뢰하지 않습니다. 국제적인 사업이나 일에서 신뢰는 생명과 같은 것인데, 신뢰가 부족하게 되니 큰일을 도모하기가 어렵습니다. 일을 할 때 신용이 없으면 훨씬 더 까다로운 보증이 요구됩니다. 그래서 우리는 직접 만나서 할 수 있는 작은 규모의 일이라면 모를까 문서로 해야 하는 국제적인 규모의 일은 잘하지 못합니다.

멀리 떨어져서 보지 못한 상태에서 일하는 것에 서툰 것은 우리의 체면문화 때문이 아닌가 생각합니다. 그래서 우리는 사람들의 면전에 있을 때는 모든 일이 금방 될 것처럼 얘기하면서도, 정작 헤어져서 자기 장소로 돌아가면 쉽게 마음에서 멀어지고 책임감을 느끼지 않는 것 같습니다. 만났을 때는 금방이라도 뭔가 할 것처럼 말해 놓고서는, 후에 집에 돌아가서 이메일이나 문서로 무슨 일을 하려고 하면 일이 진행되지 않는 것입니다. 바쁘다는 핑계로 이메일에 대한 회신도 빨리 하지 않습니다. 결국 지리적으로 멀리 있는 일은 우선순위에서 밀리게 됩니다. 보이지 않는 하나님을 보는 것같이 믿는 것처럼, 보이지 않는 상대방을 면전에 있는 것처럼 신뢰하고 책임감을 갖지 않는다면, 국제적인 큰 프로젝트를 수행하기는 어려울 것입니다.

요즘 국제적으로 화상회의라는 것이 점점 확산되고 있습니다. 이것은 멀리 떨어져 있지만 인터넷을 이용하여 마치 옆에 있는 것처럼 실시간으로 상대방의 영상을 보면서 회의하는 것입니다. 화상회의가 보이지 않는 사람들과 일하는 것에 익숙하지 않은 한국인들에게 어떻게 받아들여질지는 미지수입니다. 만일 영상으로 만나는 사람들이라도 마치 옆에 실제로 있는 사람들과 동일하게 받아들일 수 있다면 빨리 일하는 것에 익숙한 한국인들의 경쟁력은 굉장할 것입니다. 보이지 않는 사람을 마치 앞에 있는 것처럼 생각하고 일하는 전통은 하나님을 섬기는 믿음의 사람들이 누리는 또 하나의 부가적인 축복이라고 할 수 있습니다. 결국 믿음의 원리도 사업이나 그 외 여러 일들의 원리와 크게 다르지 않다고 생각합니다.

17. 해방된 도예가

김윤숙 자매는 대학에서 도예가로서 훈련을 받았지만, 선교사가 되기 위해 밴쿠버로 어학연수를 왔습니다. 그리고 일 년 정도 영어 공부를 하는 중에 인터넷 마케팅 컨설턴트인 캐나다인 신랑 멜을 만났습니다. 멜은 신앙이 좋은 사람이었지만, 윤숙 자매처럼 외국으로 선교사로 나가는 것에 대한 부담은 갖고 있지 않았습니다. 윤숙 자매는 영어 훈련 말고는 선교와 관련된 직접적인 훈련을 받은 적이 없었으며, 멜 역시 선교사가 되기 위한 전문적인 훈련을 받지 않았습니다.

하지만 결혼한 후에도 윤숙 자매의 마음에 있는 큰 부담은 사라지지 않았습니다. 자기는 선교사가 되어야 하는데 그렇지 못하고 도자기만 굽고 있다는 자책감이 납덩어리처럼 자신의 마음을 짓누르고 있으니 결혼생활도 행복할 수가 없었습니다. 더군다나 언젠가 선교사가 되어야 한다는 자책감에 시달리다보니 착하기 이를 데 없는 남편과도 다툴 때가 점점 많아지게 되었습니다.

그러던 중 자매는 어떤 분으로부터 밴쿠버기독교세계관대학원(VIEW)을 소개 받았고, 혹시나 선교사가 될 수 있을까 싶어서 공부를 시작했습니다. 하지만 늘 손으로 도자기를 만드는 것에 익숙한 자매로서는 세계관대학원에서의 성경적 세계관에 입각한 사고 훈련과 강도 높은 글쓰기 훈련이 쉽지만은 않았습니다. 남편의 적극적인 지지와 도움으로 공부를 하면서도 도예가로서 학문적, 이론적 훈련을 받는 것이 해병대 훈련처럼 힘들었습니다.

하지만 자매는 한 과목씩 공부를 해 나가면서 눈에서 비늘이 벗겨지는 경험을 하게 되었습니다. 목회나 선교사가 되는 것도 거룩하지만 도예가가 되는 것도 얼마나 거룩한지를 깨닫게 된 것입니다. 도예가의 길에서도 얼마든지 거룩한 삶이 가능하며 또 거룩해야 한다는 세계관적 가르침은 자매에게 일종의 충격이었습니다. 도예가로서 자신의 활동이 거룩한 것은 십자가를 비롯한 소위 기독교적 상징이 담긴 작품을 제작해서가 아니었습니다. 도예가로서 돈을 벌어서 교회에 헌금을 하기 때문도 아니었습니다. 도예가로서의 재능을 주신 하나님의 부름에 충성하며, 자신의 재능을 통해 이웃을 섬기고(유급이든, 무급이든), 나아가 그렇게 번 돈을 하나님의 뜻에 합당하게 사용하면서 산다는 것이 얼마나 거룩한지를 깨닫게 된 것입니다.

윤숙 자매는 이제 크지는 않지만 자기 집 뒤뜰에 작은 전기 가마를 설치하고 작업을 하고 있습니다. 그리고 이렇게 제작된 도자기들은 일 년에 두어 차례 도예전을 통해 판매되고 있습니다. 해가 거듭될수록 윤숙 자매의 도자기를 찾는 손님들도 늘고 있습니다. 이제는 이웃들 뿐 아니라 먼 곳에 있는 사람들도 광고를 보고 찾아와서 윤숙 자매의 수제품 도자기들을 사가고 있습니다. 물론 자매는 이 일을 통해 돈을 벌어서 교회에 헌금만 하는 것이 아니라 자신의 살림에 보태기도 하고 학비에도 보탭니다. 자신의 일이 돈을 버는 일이든, 자원봉사든 관계없이 이웃을 섬기는 일이라는 확신, 나아가 그것이 하나님께서 자신에게 하나님과 이웃을 섬기라고 주신 소명이라는 확신은 자매를 이원론의 굴레로부터 해방시켜 주었습니다. 아내가 소명을 발견하고 나니 행복한 아내를 둔 남편 멜도 저절로 행복해졌습니다.

얼마나 많은 경건한 그리스도인들이 지금의 '세속적인' 일이 아닌, 소위 종교적인 냄새가 나는 일이라야 하나님을 위해 헌신하는 것이라는 강박관념을 갖고 살아가는지 모릅니다. 물론 어떤 사람들은 목사나 선교사가 되어 하나님의 부름에 순종하는 사람들도 있습니다. 하지만 어떤 사람들은 자신의 현 직업에서 하나님의 부름에 순종할 수 있으며, 그것이 성직이라는 것을 깨달음으로 인생의 가치와 보람을 느끼며 살아갈 수 있습니다. 교회와 관련된 직업들만 거룩한 것이 아니라 그렇지 않은 직업들도 동일하게 거룩할 수 있고, 또 거룩해야 한다는 확신은 성경적 직업윤리의 기초가 됩니다. 목사나 선교사만 성직자가 아니라 도예가도, 사업가도, 전업주부도 성직자일 수 있고 성직자여야 한다는 확신은 얼마나 많은 사람들을 이원론이라는 이방 사상의 굴레로부터 해방시키는지 모릅니다.

자신의 은사가 분명히 확인되었는데도 불구하고 지금까지 훈련 받은 전문분야를 제쳐두고 이보다 더 '거룩한' 일을 해야 한다는 강박관념을 갖고 사는 것은 차라리 창살 없는 감옥 생활이라고 할 수 있습니다. 그것은 신앙에서 나온 거룩한 부담이 아니라 우리의 무속전통, 더 거슬러 올라가면, 인간의 타락으로 인한 죄성에 기인한 것이라고 할 수 있습니다. 하나님은 우리를 죄의 사슬로부터 해방시키기 위해 독생자를 십자가에서 죽게 하셨습니다. 그런데 사탄은 이렇게 구원받은 하나님의 사람들을 이원론의 족쇄로 다시 얽어매고 있습니다. 그리고 여기에는 성경적이지 않은 설교들도 한 몫을 하고 있습니다.

윤숙 자매는 비싼 학비를 내고 VIEW에서 공부했지만 만날 때마다 고맙다는 말을 합니다. 그리고 지금도 자신이야말로 세계관 공부를 통해 가장 많은 덕을 본 사람이라고 자랑하고 다닙니다(물론 가장 많은 덕을 봤다는 졸업생들은 그 외에도 여럿이 있지만). 그리고 자매의 자랑은 그 일을 섬기는 제게 이 '업'이 다만 저의 생업일 뿐 아니라 이웃을 섬기라는 거룩한 하나님의 소명임을 깨닫게 하는 데 일조하고 있습니다. 이원론의 감옥으로부터 해방되는 사람들을 보는 것, 그것은 하나님이 세계관 사역자들에게 주시는 가장 큰 월급이요 보람입니다.

18. 어리석은 자의 용기

푸르고 싱싱한 여름이 언제까지나 지속될 것 같더니만 어느 새 가을의 문턱으로 접어들고 있습니다. 이제 얼마 있지 않아 산야는 단풍으로 물들 것이고, 이어 밀려오는 동장군의 위세에 단풍들은 말 그대로 '추풍낙엽'(秋風落葉)이 되어 대지 위에 뒹굴면서 스러져 갈 것입니다. 철학자의 계절에 접어들면서 인생의 가을과 진정한 인간의 용기를 생각해 봅니다.

흔히 사람들은 슈바이처 박사나 테레사 수녀, 손양원 목사와 같은 분들을 용기 있는 사람들이라고 말합니다. 물론 이들은 보통 사람들에 비해 훨씬 큰 용기를 지닌 분들임에 틀림없습니다. 하지만 세상에는 이들보다도 더 용감한 사람들이 많습니다. 그 중 한 부류가 바로 하나님이 존재하지 않는다고 주장하는 무신론자들이요, 또한 만물은 스스로 존재하게 되었다고 주장하는 진화론자들입니다.

이들은 작가를 옆에 세워둔 채 그가 만든 작품이 저절로 생겨났다고 주장하는 사람들과 같습니다. 어떤 유명한 조각가가 여러 해에 걸쳐 심혈을 기울여 만든 작품들을 모아 전시회를 하는데, 그곳에 온 관람객들 중에 그 작품들이 저절로 되었다고 주장하는 사람이 있다면 그 조각가는 얼마나 황당해 할까요! 이는 마치 부모님 앞에서 자기는 부모가 없이 스스로 존재했다고 주장하는 개망나니와 같습니다. 그나마 사람들이야 그런 일을 당해도 마음이 몹시 상하거나 벌컥 화를 내는 정도로 끝날지 모르지만, 천지를 지으신 전능하신 창조주 앞에서 그렇게 한다면 문제가 심각합니다. "나는 창조주의 도움 없이 자연 내적인 동인에 의해 스스로 존재하게 되었다"고 주장한다면 하나님이 어떻게 하실까요?

파스칼이 구원문제에 확률 개념을 적용하여 제시한 '파스칼의 내기'는 무신론자들의 용기가 얼마나 대단한가를 잘 말해줍니다: "그리스도인이 되기로 선택한 사람들이 손해 볼 것은 무엇일까? 설사 그가 죽어서 하나님도 없고, 그의 믿음이 헛된 것이었다고 판명되더라도 그는 잃을 것이 없다. 사실상 그는 믿지 않는 친구들보다 더 행복하게 산 사람이다. 그러나 만의 하나 하나님도 계시고 천당과 지옥도 있다면 그는 천국을 얻을 것이지만, 무신론자들은 지옥에서 모든 것을 잃을 것이다."

파스칼은 하나님의 존재를 믿는 것은 마치 동전을 던져서 앞면이 나오면 유신론을, 뒷면이 나오면 무신론을 믿기로 하는 일종의 내기와 같다고 했습니다. 이 내기의 확률은 어쩔 수 없이 50:50이지만, 유신론자는 어떤 경우라도 크게 낭패를 당하지 않습니다. 하나님이 없다면 본전이고, 있다면 영원한 복을 받을 것이기 때문입니다. 하지만 무신론에 내기를 걸었다가 만의 하나 하나님이 존재한다면, 그는 영원히 천벌을 받을 것입니다. 그래서 파스칼은 자신은 그런 내기에서는 반드시 유신론에 돈을 걸겠다고 했습니다.

가을이 오면 곧 겨울이 오듯이 아무리 좋은 화장품을 사용해도 문드러지는 젊음은 되살릴 수 없습니다. 비싼 성형수술이나 보톡스 화장품으로도 어쩔 수 없이 주름은 늘어만 가고, 얼굴에는 서리가 내리고, 이곳저곳에는 저승사자라는 검버섯이 늘어만 가는데…, 여전히 천년만년 살 것처럼 하나님이 없다고 주장하면서 자기 고집만 부리거나, 아직도 끝없이 모으고 움켜쥐는 것에만 관심이 있는 사람들의 이 큰 용기는 도대체 어디서 오는 것일까요?

하지만 이런 용기는 불신자들만의 전매특허는 아닌 듯합니다. 예수님을 믿는 사람들 중에도 그 못잖게 용감한 사람들이 많습니다. 말은 그럴 듯하고 기도도 청산유수(青山流水) 같은 데, 정작 하나님이 없는 것처럼, 있어도 주무시는 것처럼 생각하면서 사는 용감한 사람들이 있습니다. 내 해석과 주장은 도무지 틀릴 수 없다고 주장하는 사람들이나 장로나 권사로 뽑히지 못했다고 해서 교회에서 온갖 분란을 일으키는 사람들은 어떻습니까! 그렇게 많은 사람들이 말려도 기어이 자식에게 교회를 세습하는 사람들이나 버젓이 교육부에서 인가해준 정원이 있는데도 그것을 초과해서 마구 학생들을 뽑는 교단이나 신대원 지도자들의 용기도 인생의 유한함과 하나님의 공의를 생각한다면 분명 보통 용기는 아닙니다.

모세는 인생의 짧음을 말하면서 우리의 평생이 일식(一息) 간에, 다시 말해 숨 한번 쉴 동안에 지나간다고 했습니다. 야고보 사도는 인생을 해가 떠오르면 소리 없이 사라지는 안개나 쉬이 피었다가 스러지는 풀의 꽃과 같다고 했습니다. 성경을 읽지 않았던 옛 선현들도 인생의 덧 없음을 생각하면서 일장춘몽(一場春夢)이란 말을 사용했습니다. 요즘은 이러한 얘기들이 평균수명이라는 통계 숫자로 구체적으로 증명되고 있습니다. 인간의 평균 수명을 생각한다면, 우리는 어렵지 않게 자신의 남은 날을 계산할 수 있습니다. 물론 사람마다 평균 수명보다 좀 더 살 수도 있겠지만 평균 수명을 못 채울 가능성도 그만큼 있으니 평균 수명이 자신의 수명이라 생각하는 것이 합리적입니다. 그래서 시편 기자는 하나님께 자기의 남은 날을 계산하면서 살아가는 지혜를 구했습니다.

온 세계가 하나님의 손길로 가득 차 있기 때문에, 시인은 "하늘이 하나님의 영광을 선포하고 궁창이 그 손으로 하신 일을 나타내는도다"라고 했는데, 아직도 하나님이 어디 있느냐고 삿대질을 해대는 사람들을 보면, 도대체 저런 기가 막힌 용기는 어디서 나올까 하는 의문이 듭니다. 때로 그 용기가 부럽기조차 합니다. 다불과 수년 혹은 수십 년 후에는 지상에서의 삶을 마감하고 하나님 앞에 서야 하는 유한한 인생을 살면서도 계속 하나님이 없다고 주장하거나 하나님이 없는 듯이 사는 사람들을 가리켜 시편 기자는 '어리석은 자'라고 했습니다. 가을의 문턱에 서서 겨울을 생각지 않는 어리석은 자는 차라리 용기라도 없는 것이 나을 텐데….

19. 세계관적 영성

여러 해 전에 맏이가 운전을 시작할 때의 일입니다. 처음 운전면허를 받고 교회에 갈 때 연습도 시킬 겸 운전대를 맡겼습니다. 아, 그런데 놀랍게도 교회 가는 길을 잘 모르는 것이 아닙니까! 물론 저희 집이 교회에서 멀리 떨어져 있고, 또 가는 길이 좀 복잡하긴 해도 수백 번을 다닌 길인데 어떻게 그 길을 모를까…, 참 신기했습니다. 그런데 둘째, 셋째가 운전을 배울 때도 비슷한 것을 보고 비로소 저는 부모가 운전하는 차를 타고 다니는 한 아이들은 스스로 길을 익히지 못한다는 사실을 알게 되었습니다.

이것은 왕초보 운전자들만의 문제가 아닙니다. 요즘 보급되고 있는 자동항법장치(GPS)를 사용하는 능수능란한 운전자들도 가끔 그런 경우가 있습니다. 제가 아는 어떤 목사님은 교회 집사님 댁에 심방을 갈 때 늘 GPS의 도움을 받았답니다. 그런데 어느 날 GPS를 사용할 수 없게 되자 그렇게 여러 차례 다녔던 길을 제대로 찾을 수가 없었답니다. 대충은 알겠는데 결정적인 한두 군데서 어디로 가는지 헷갈리더라는 것입니다.

이것은 공부할 때도 마찬가지입니다. 스스로 공부하는 것보다 과외에 익숙해진 학생들은 많이 아는 것 같으면서도 실전문제에 부딪치게 되면, 어디서 시작해야 될지를 모릅니다. 끙끙거리면서 스스로 배운 지식이 아니라 귀로 배운 지식, 눈으로 익힌 공부는 지방 덩어리 같아서 실제로 힘을 써야 할 때가 오면 아무런 소용이 없게 됩니다. 힘을 쓸 수 있는 근육이 없기 때문이지요.

한국의 교육 시스템을 이해하지 못하는 외국인들은 아침 6시부터 밤 12시까지 학원과 학교에서 공부만 하는 한국 학생들이 왜 실력이 없는지를 도저히 이해하지 못합니다. 부모들조차 자녀가 그렇게 엄청난 돈과 시간을 드려서 많은 과외를 받는데도 왜 그렇게 실력이 없는지를 이해하기가 어렵습니다. 아쉽게도 과외를 많이 할수록 마약에 중독되듯 자녀들은 스스로 공부하는 힘을 잃어버리게 된다는 사실을 부모들이 잘 모르는 것 같습니다. 물론 공부할 때 다른 사람의 도움이 전혀 필요치 않다고 말하는 것은 아닙니다. 알고 싶어서 안달하는 아이에게 문제 해결에 도움이 되는 원리나 혹은 문제가 무엇인지를 스스로 깨닫도록 옆에서 도와주는 소위 '코칭'은 큰 도움이 됩니다. 하지만 하나에서 열까지 미주알고주알 다 가르쳐주게 되면, 과외 선생은 실력이 늘지 모르지만 학생은 시간만 낭비하게 됩니다.

이것은 초중등 교육에서만의 문제가 아니라 대학원 수준에서도 마찬가지입니다. 선진국에서 유학하는 한국 학생들 중에는 학부나 대학원 과정의 강의 학점이 탁월해서 교수들이 장학금을 주고 뽑아가는 경우가 종종 있습니다. 그런데 참 이상하게도 학점이 좋은 학생들 중에 막상 연구에 들어가면 바닥을 기는 경우가 있다는 사실입니다. 실력보다는 점수에만 신경 쓰면서 공부하는 것에 익숙한 학생들에게 실제 과제를 주고 연구를 시키니 어쩔 줄을 몰라 하는 것입니다. 실력이란 점수를 받는 능력이 아니라 문제를 해결하는 능력이기 때문에, 사실 이런 학생은 실력이 없는 것이지요.

핵무기 실험은 어떨까요? 아무리 핵무기를 만드는 원리를 알아도, 나아가 핵무기를 제조했다고 해도 실험해보지 않은 핵무기는 크게 위협적이지 않습니다. 사실 핵무기 이론은 학부 수준의 핵물리학 기초만 공부해도 누구나 알 수 있는 간단한 것입니다. 그러나 그 이론에서 출발하여 농축 우라늄을 만들고, 핵무기를 제조하는 것은 전혀 다른 문제입니다. 게다가 제대로 성능을 발휘하는 핵무기를 만든다는 것은 또 다른 차원의 문제입니다. 북한이 핵무기를 소유하는 것에 그치지 않고 기를 쓰고 핵무기 실험을 하려는 것도 그 때문입니다. 실험해 보지 않은 핵무기는 믿을 수 없으니까요.

영적인 훈련도 이와 같습니다. 이스라엘 백성들이 출애굽 과정을 통해 하나님의 백성으로 다져졌던 것처럼, 실전 훈련은 모든 영적 성장의 원리입니다. 그래서 바울은 디모데에게 "망령되고 허탄한 신화를 버리고 오직 경건에 이르기를 연습하라"(딤후 4:7)고 했습니다. 실제 생활에서 연습하고(train), 연단하고(exercise), 훈련하지(discipline) 않은 경건은 망령되고 허탄한 신화가 될 수 있습니다. 아무리 수영의 원리를 배워도, 아무리 영어 잘 하는 법을 알아도 실제로 자기가 연습해 보지 않으면 실력이 늘지 않는 것처럼, 아무리 영적인 원리를 많이 배워도 실제로 그렇게 살아보지 않는다면 믿음은 자라지 않습니다.

그런 의미에서 시장 노점에서 대통령 집무실에 이르기까지 모든 일터는 그리스도인들의 제자 훈련 교실이라고 할 수 있습니다. 만일 자신이 조상 때부터 예수님을 믿고, 수십 년 간 교회를 다니면서 들은 설교만도 그 수를 헤아릴 수 없고, 좋다는 책은 얼추 다 읽어봤는데도 여전히 신앙이 제자리걸음을 하고 있다면, 그는 자신이 아는 것을 일터에서 실천하는데 얼마나 많이 노력했는지를 돌아봐야 할 것입니다. 아무리 정직에 대해서 설교를 많이 들었다 해도 입국 신고할 때나 세금을 낼 때 실천해보지 않으면, 정직함의 영성은 길러지지 않습니다. 책이나 설교를 통해 알면서도 실천하지 않는 일이 반복되면 오히려 듣지 않음만 못할 수도 있습니다. 행치 않는 것 자체가 습관이 되어서 "아하, 신앙이란 이런 것이구나"라는 잘못된 메시지가 구렁이처럼 머릿속에 똬리를 틀 수 있기 때문입니다.

진정한 영성은 기도원에서, 수도원에서, 강의실에서 길러지는 것이 아닙니다. 그곳에서는 하나님의 뜻을 묵상하며 이론을 배울 뿐입니다. 오히려 진정한 영성은 삶의 현장에서 길러지는 것입니다. 공부나 묵상을 통해 얻은 깨달음이 현장 경험을 통해 내면화 되는 것, 이것이 세계관적 영성 훈련의 원리입니다. 결국 세계관 운동은 기독교 신앙을 일관성 있는 체계로 이해하고 이 체계를 삶의 전 영역에서 실천하자는 운동입니다. 좀 더 구체적으로 창조-타락-구속이라는 성경의 큰 체계를 일터의 현장에 적용, 실천하자는 운동입니다. 삶에서 실천되지 않는 경건은 비만 경건이요, 삶으로 드러나지 않는 영성은 가공 영성일 뿐입니다.

교회와 신학

20_ 입학 정원 유감

21_ 교회와 건물

22_ 이상이 보이지 않는 시대

23_ 언어의 성육신

24_ 터키 회교도들로부터 배운 교훈

25_ 장로 준칙제

26_ 볼모로 잡힌 교회

27_ 생명 윤리 논쟁

28__ 유급 봉사 단상

20. 입학 정원 유감

근래에 저는 어떤 한 국내 목사님과 제가 밴쿠버에서 책임을 맡고 있는 기독교세계관대학원(VIEW)의 입학상담을 한 적이 있습니다. 그 분은 자신은 교육부 인가는 받았지만(각급학교) 학사학위를 주지 않는 신학교를 졸업했고, 신대원도 교육부 정원 외로 입학해서 교단에서만 인정하는 목회학 석사학위를 받았다고 하면서, 그래도 VIEW에 지원할 수 있는지를 질의했습니다. 저는 이전에도 이와 비슷한 질의를 몇 번 받은 적이 있습니다. 그러면서 저는 일부 대형 신학교들의 정원 외 입학은 한국 사회에서 교회가 지도력을 발휘할 수 없게 만드는 '원죄'라는 생각을 하게 되었습니다.

한 때 우리나라에서는 무인가 신학교들의 난립이 큰 사회적인 문제가 된 적이 있었습니다. 하지만 지금은 대학 지원자들에 비해 대입 정원이 더 많고, 또한 정규 신학교 졸업자들도 사역지를 구하기 어렵기 때문에 무인가 신학교들이 많이 정비된 상태입니다. 하지만 일부 대형 교단 신학교들은 여전히 입학의 문이 좁아, 그 틈바구니 속에서 교육부 정원 외 입학이라는 불법을 자행하고 있습니다. 이제 정원 외 입학은 교육부에서 인가해준 입학정원도 못 채우는 군소 신학교들의 문제가 아니라, 지원자들이 넘치는 주요 교단 신학교들의 문제이기 때문에 더 심각합니다.

우리나라에서 대학이나 대학원의 입학 정원은 교수 확보율이나 시설, 도서관 규모 등을 종합적으로 고려하여 정부에서 결정합니다. 북한이나 모슬렘 국가들처럼 기독교 지도자 양성 기관을 원천적으로 설립할 수 없는 곳에서 불가피하게 지하에서 이들을 교육시킬 수밖에 없는 것과는 상황이 전혀 다릅니다. 불가피하게 국가의 법을 어길 수밖에 없는 경우도 있을 수 있습니다. 하나님의 법이 상위법이기 때문에 때로는 그보다 하위 권위를 갖는 국가의 법을 어기는 것이 하나님께 순종하는 행위가 될 수 있습니다. 그러나 한국의 경우에는 전혀 형편이 다릅니다. 모두가 알다시피 우리나라에서는 종교의 자유가 완전하게, 아니 때로는 지나칠 정도로 보장되어 있습니다.

만일 일반 대학에서 교육부의 입학정원을 지키지 않고 정원 외 학생들을 뽑는다고 하면 당장 고발 조치될 것이고, 교육부로부터 징계를 받을 것입니다. 그렇지만 신학교가 정원 외 입학생을 받는 것에 대해서는 교육부에서도 마음대로 할 수가 없습니다. 이를 징계하겠다고 하면 종교 탄압이라고 항의하거나 교인들 중 유관 공무원들을 동원하여 압력을 가하기 때문에 정부에서도 골치가 아프지만 그냥 지나갈 수밖에 없습니다.

그렇다고 우리나라 목회자가 부족합니까? 국내의 경우 연간 목회자 배출 숫자는 적정 숫자의 3배에 이른다고 말합니다. 대부분의 신학교

학생들이 지역 교회에서 부교역자를 하던 시절은 옛말이고, 이제는 소수의 학생들만이 재학 중 부교역자 자리를 구할 수 있을 뿐입니다. 도회지 교회에서 부교역자를 구한다는 광고를 내면 때로 수십 대 일의 경쟁률을 보이기도 합니다.

물론 어떤 나라에서는 우리처럼 신학교 입학정원에 예민하지 않은 경우도 있습니다. 예를 들어 북미주에서는 신학교의 학위 개설을 정부보다 신학교협의회(ATS) 같은 기관에서 엄격히 심사해서 인가합니다. 아울러 ATS 인가를 받은 신학교들은 스스로 자격이 되는 지원자들만을 선발하는 분명한 기준을 갖고 있습니다. 또한 목회자가 되려는 사람들의 절대 숫자가 부족한 일본과 같은 나라에서도 신학교 입학정원은 우리들과 같이 예민한 문제가 아닙니다.

그러면 왜 이처럼 신학교들이 정원 외 학생들을 뽑는 걸까요? '세상의 빛이 되는 젊은 지성'을 한 사람이라도 더 많이 키우기 위해서일까요? 아닙니다. 여기에는 복잡한 성경적, 신학적 논의가 포함되어 있는 것도 아닙니다. 전도하는 숫자가 아니라 목회자의 숫자가 곧 교세라고 믿는 잘못된 생각과 더불어 한 사람이라도 더 입학생을 받아서 학교의 등록금 수입을 늘리려는 것이 그 이유입니다. 쪽수를 늘려서 세를 불리겠다는 전형적인 세상의 방법을 그대로 따라가는 것이지요. 그러니 "전통적 개혁주의에 입각한 경건한 신앙인격과 신학의 기초를 형성"한다는 모토는 처음부터 앞뒤가 맞지 않습니다. "청교도적 경건성과 칼빈주의 개혁사상에 입각한 학문을 겸비하여 시대적 사명에 부응할 수 있는 유능하고도 신실한 목회자와 신학자를 양성함"을 목적으로 한다면, 가장 기초적인 국가의 법부터 지켜야 합니다. 우리나라처럼 종교의 자유를 보장하는 한 정부는 '하나님의 사자'가 되어 우리들에게 선을 이루는 수단이 되기 때문입니다(롬 13:4).

21. 교회와 건물

지난 수년 동안 저는 지역 한인교회에서 설교할 기회가 자주 있었습니다. 또한 VIEW 재학생들 중에 지역 한인교회에서 부교역자로 일하는 학생들이 30여명에 이르다보니 본의 아니게 지역 교회의 내부적인 얘기들, 특히 교회 내의 다툼과 분열에 대한 얘기를 많이 듣습니다. 이제는 외국인들 중에도 한국교회나 교민교회가 많이 싸우고 자주 분열하는 것을 아는 분들이 많습니다.

제가 밴쿠버에 온 이래 온 교민사회가 다 알 수 있을 정도로 심하게 싸운 교회들이 몇몇 있습니다. 이들은 여러 차례 지역 한인신문에 대문짝만하게 자신들이 옳다는 주장을 유료 광고로 게재하기도 했습니다. 소송으로 인해 판사가 교회 강단에 올라와서 공청회를 한 적도 있었습니다. 말할 필요도 없이 양측은 비싼 변호사 비용을 지출하면서까지 법정 공방을 벌였고, 아직까지 법정 공방이 끝나지 않은 교회도 있습니다.

그런데 근래 저는 교회 분쟁과 관련하여 흥미로운 사실을 하나 발견했습니다. 그것은 건물이 있는 교회일수록 심하게 싸운다는 점입니다. 물론 건물이 없는 교회라고 해서 다툼이 없는 것은 아니지만, 그런 경우에는 비교적 쉽게 분쟁이 해결됩니다. 목회자나 교회의 다른 지도자들이 자기 마음에 들지 않으면 분쟁의 중심에 선 사람들이 쉽게 교회를 옮깁니다. 또 그룹을 지어서 분쟁하더라도 밀리는 쪽이 교회를 떠나서 새로운 교회를 만들면 적어도 외형적인 갈등은 지속되지 않습니다. 물론 때로는 목회자가 교회를 사임함으로 문제가 해결되기도 합니다.

그러나 건물이 있는 교회에서 다툼이 생기면 사정이 다릅니다. 어느 쪽도 쉽게 갈라져 나가지 않고 예배당에 죽치고 앉아서 죽기를 각오하고 싸웁니다. 교회 건물이 비싸고 좋을수록 더욱 심하게 싸웁니다. 결국 싸움이 장기화 되고 심해지는 것은 신앙적 열정보다는 건물에 대한 애착 때문임을 부인할 수 없습니다. 하나님의 교회를 사수하는 것이 아니라 부동산을 사수하는 것이지요. 실제로 수년간 심하게 싸우던 역내 어느 교회에서는 싸움의 중심에 선 장로님 한 분이 심장이 터져서 세상을 떠나기도 했습니다.

어쩌면 초대교회 때 분열이 적었던 것은 소유한 부동산이 적어서 그랬던 것은 아닌가 생각됩니다. 초대교회는 4세기 초까지, 즉 로마의 콘스탄틴 대제가 기독교를 공인하고 기독교인들을 회유하기 위해 건물을 지어줄 때까지 건물을 갖지 않고 가정교회 체제를 유지했습니다. 교회 건물을 소유하게 된 후에도 초대교회 지도자들은 하나님을 건물 속에 제한할 수 있다는 생각을 철저히 경계했습니다. 그래서 그들은 구약적인 '성전 모델'을 따라 별도의 건물을 짓기보다 '회당 모델'을 따라 공동체의 기초가 되는 가정교회를 유지하려고 노력했습니다.

구약의 성전이 이방인들에 의해 파괴된 이후 등장한 회당은 유대인

공동체의 중심이었습니다. 초대교회 지도자들은 구약의 성전 개념처럼 그 건물 속에 하나님이 계신다고 보기보다 흩어진 하나님의 백성들이 모인 공동체 가운데 계신다고 믿었습니다. "두 세 사람이 내 이름으로 모인 곳에는 나도 그들 중에 있느니라"고 할 때, '그들 중'은 개별 신자들 마음 속(within)이 아니라 신자들의 교제 가운데(in the midst of) 예수님이 계신다는 의미였습니다(마 18:20). 초대교회 지도자들에게 있어서 교회 건물은 성도들 간의 교제를 위한 실용적이고 기능적인 가치 외에 다른 것은 없었습니다. 따라서 교회 건물 때문에 분쟁과 다툼이 생긴다면, 그래서 성도들 공동체의 하나 됨이 훼손된다면, 이것은 주객이 전도된 것입니다. 아이러니컬하게도 교회 건물 때문에 교회가 파괴되는 것이지요.

한국에 있는 많은 교회들도 그러하지만, 현재 밴쿠버 지역에 있는 대부분의 한인교회들도 자기 건물이 없습니다. 아마 전체 200여 한인교회들 중 자기 건물을 갖고 있는 교회는 5% 내외일 것입니다. 건물이 없는 교회들은 지상 과제가 독자적인 예배당 건물을 갖는 것이지만, 막상 건물을 갖게 되면 다툼의 가능성도 그 만큼 커집니다. 그렇다면 건물 없이 교회를 유지하는 것도 교회의 하나 됨을 위해 좋은 방법이 될 수 있지 않을까 생각해 봅니다. 예배당이 없는 교회는 얼마든지 있을 수 있지만, 예배당이 있는 교회들 중에는 실제로 성도들의 교제, 즉 교회가 '없는 곳'이 있을 수 있습니다. 이처럼 건물 없는 교회는 존재할 수 있지만, 교제 없는 교회는 존재할 수 없습니다.

22. 이상이 보이지 않는 시대

일전에 학교에서 가르친 제자 목사로부터 추천서를 써 달라는 부탁을 받았습니다. 서울에 있는 어느 교회에서 담임목사를 청빙하는데 지원해 보고 싶다는 것이었습니다. 학생들을 가르치는 사람에게 있어서 추천서를 쓰는 일은 일상사이기 때문에 저는 기쁘게 허락하고 정성스레 추천서를 써 주었습니다. 특히 지난 몇 년 동안 가르치면서 보니 그 제자는 설교가 탁월할 뿐 아니라, 똑똑하면서도 복음에 대한 열정이 있고, 겸손하면서도 리더십이 있으며, 가정이 화목하고 대인관계도 원만한 사람이라 저는 조금도 주저하지 않고 최상의 추천서를 써 주었습니다.

그리고 몇 주가 지났습니다. 추천서를 써 주었으니 결과가 궁금해서 어떻게 되었는지 물어봤습니다. 그랬더니 제자는 좀 주저하다가 자초지종을 얘기했습니다. 오라고는 하는 데 조건이 있다는 것입니다. 무슨 조건이냐고 물으니 3억 원을 교회에 헌금하는 조건이라고 했습니다. 교회가 새로운 예배당을 신축하느라 많은 빚을 졌는데 교인들 숫자나 헌금은 늘지 않고 이자 부담은 늘어가니 새로 오는 목회자에게 돈을 받기로 했다는 것입니다. 그래서 그 돈으로 수년간 은행이자를 갚는 동안 교회를 부흥시켜서 남은 전체 빚을 갚자는 것이 교회 지도자들의 생각이었습니다.

저는 그 얘기를 듣는 순간 망치로 뒤통수를 한 대 맞은 듯한 충격을 받았습니다. 어쩌면 교회 지도자들의 머리가 그렇게 밖에 돌아가질 않는지…. 설사 목회자에게 3억의 거금이 있다고 해도 그 돈을 내고 '취직'을 해서 도대체 교인들에게 무슨 설교를 어떻게 할까? 그리고 무슨 권위로 성도들을 이끌 것이며, 목회자가 리더십을 발휘할 수 없는데 교회가 어떻게 부흥할 것인가? 또한 교인들에게는 목회자가 돈 내고 '취직한' 것을 비밀로 한다고 해도 돈을 요구했던 교회 지도자들과는 무슨 낯으로 대면할 것이며, 이들 사이에 어떤 인간관계가 맺어질 것인가?

저는 한참을 생각하다가 제자에게 청빙위원회 앞으로 다시 한 번 편지를 보내보라고 했습니다. 돈을 내고 담임목사가 될 수는 없으나 교회의 사정을 생각해서 1년간 사례를 받지 않고 자신의 생활비를 스스로 모금해서 충당하는 것은 어떻겠냐는 제안을 해 보라고 했습니다. 제자는 좋은 생각이라고 하면서 그렇게 해보겠다고 했습니다. 그런데 얼마 후에 얘기를 들으니 그렇게 제안하기도 전에 이미 돈을 내고 그 교회 담임목사로 간 사람이 있다고 했습니다.

비슷한 얘기를 이곳 밴쿠버에서도 들은 적이 있습니다. 신학교를 졸업하고 저와 같은 교회를 출석하던 어느 자매님의 얘기입니다. 몇 해 전에 자매님은 역내 어느 교회에서 주일학교를 맡을 여 전도사를 청빙한다는 광고를 보고 지원했습니다. 그런데 서류를 제출하고 얼마 지난 후에 교회 담당자로부터 연락을 받았습니다. 내용인 즉 교회에서 사역은 하되 15,000불을 내고 오라는 것이었습니다. 전도사님은 너무 기가 막혀서 교회가 이렇다면 내가 교회에서 사역을 한다는 것이 무슨 의미가 있을까 싶어서 목회자로서의 꿈을 접었다고 합니다. 지금 그녀는 시내에서 미용실을 경영하고 있습니다.

저는 이전에도 담임목사 자리를 놓고, 혹은 교회를 '물려받는' 대가로 몇 억이 왔다 갔다 한다는 얘기를 들은 적은 있지만, 좀 과장되었거나 극히 드문 일일 거라고 생각했습니다. 그런데 가까이 있는 분들로부터 직접 자신들이 겪었던 경험담을 들으니 이것이 그렇게 드문 일은 아닌 것 같다는 생각이 듭니다. 예배당을 건축할 때는 거룩한 하나님의 전을 짓자고 성도들을 독려했을 텐데, 어쩌다가 은행 빚에 쫓겨 신임 목회자들에게 거액의 뒷돈을 요구하기에 이르렀을까? 저는 그것이 다만 어떤 한 미친 사람의 아이디어이기를 바라지만 안타깝게도 교회 청빙위원회 대표로부터 받은 요구임을 생각한다면, 그 교회 지도자들의 공통된 생각인 듯 보입니다. 그리고 그런 요구가 지금도 끊이지 않는다는 것은 거액을 내고서라도 담임목사가 되려는 사람이 있음을 방증(傍證)하는 것은 아닐까 하는 생각도 해 봅니다.

그렇다면 담임목사 청빙에만 검은 거래들이 이루어질까요? 조금만 생각해보면 교회를 운영하면서 생기는 비리들은 그 외에도 얼마든지 있을 수 있습니다. 교회 건축과 관련해서 각종 인허가를 받아야 하거나, 버스나 주차장 관리, 유치원이나 유아원 운영 등 이권이 있는 일을 하는 교회들은 항상 뇌물수수의 유혹을 받을 수 있습니다. 게다가 큼직한 교육관이나 수양관, 기도원이나 공동묘지 등을 계획하고 있거나 소유한 교회들은 더더욱 비리의 유혹을 받을 가능성이 많아집니다. 그리고 담임목사를 청빙하면서 뒷돈을 요구하는 지도자들에게서 그런 일들이 바르고 적법하게 처리될 것을 기대하는 것은 고양이에게 생선을 맡기는 것보다 더 어리석은 일일 것입니다. 작금 우리 교회를 보면서 "여호와의 말씀이 희귀하여 이상이 흔히 보이지" 않았던 엘리 시대가 생각나는 것은 혼자만의 기우(杞憂)일까요?

23. 언어의 성육신

은어(隱語)란 "어떤 특정 집단 안에서 내부의 비밀을 유지하기 위해, 다른 사람들이 알아듣지 못하도록 만들어 사용하는 말"이라고 할 수 있습니다. 그래서 비밀스런 조직일수록 은어들이 많습니다. 예를 들면 조직폭력 집단에서는 불량배를 '어깨', 여자를 '냄비', 교도소를 '큰집', 소매치기를 '회사원'이라고 한답니다. 요즘 네티즌들 사이에서 사용되는 강추, 남친, 여친, 몰카, 알바, 저격, 즐통 등도 일종의 은어라고 할 수 있습니다.

어떤 은어들은 시간이 지나면서 자기 단체나 조직의 한계를 넘어 일반인들 사이에 통용되기도 합니다. 좀 오래 되었지만 꼽사리, 깡다구, 끝발, 꼬봉, 땡땡이, 짭새, 만땅, 신삥, 짠밥, 통밥, 대빵 등은 다소 비속어에 속하면서도 어느 정도 사람들에게 알려진 은어들입니다. 근래에 매스컴이 만들어낸 짝퉁, 얼짱, 몸짱, 웰빙 등 역시 더 이상 은어가 아닌 신조어로 버젓이 사용되고 있습니다. 은어는 어느 정도 암호의 성격을 띠기 때문에 외부에 알려지면 은어로서의 기능을 잃어버립니다.

이런 은어들은 세속 사회에서만의 현상이 아닙니다. 선교회에서 사용하는 QT, 학사, DTS, 셉시(SFC), 순, 목장, 목자 등도 그 조직 바깥의 사람들이 알아듣지 못하는, 혹은 그들의 이해와는 다른 의미로 사용되는 일종의 은어라고 할 수 있습니다. 교회에서 흔히 사용하는 '은혜'라는 말도 일종의 은어입니다. 기독교인들은 '은혜 받았다'고 하지만, 세상 사람들은 '감동을 받았다'고 합니다. 어느새 이제는 '소망'이라는 말도 주로 기독교인들만 사용하고, 세상에서는 대신 '희망'이라는 말을 사용합니다. '급여' 혹은 '월급'이라는 말도 구태여 의미의 차이를 강조하면서 교회에서는 '사례'라는 말을 사용합니다.

어느 조직이나 단체라도 시간이 지나고, 나름대로 전통과 체계, 규칙 등을 갖는 과정에서 조직원들 사이에서만 통용되는 은어들을 만들게 됩니다. 때로 이런 은어들은 자기 조직의 정체성을 위해, 그리고 조직원들의 결속을 위해 필요하기도 합니다. 하지만 은어는 폐쇄적인 성격이 강해서 집단 구성원에게는 결속력을 주지만, 집단 외의 사람들에게는 소외감과 고립감을 준다는 점이 문제입니다. 특히 자신들의 사상이나 신념을 남들에게 전달하려는 사람들은 의도적으로 조직 외부의 사람들이 알아들을 수 있는 말을 사용하는 것이 필요합니다. 아마 사도 바울이 여러 사람들이 모이는 집회 때 통역할 수 없는 방언을 하지 못하도록 한 것도 그런 뜻이 있었을 것입니다.

기독교적 용어의 은어화는 성경 번역과도 관련이 있습니다. 처음에는 그 시대 사람들이 사용하는 용어로 성경을 번역했지만, 세월이 지나면서 세상에서는 더 이상 그런 용어들을 사용하지 않는데 교회 내에서만 여전히 그 용어들을 사용함으로 은어가 된 경우도 있습니다. 언어의 의미는 끊임없이 변하는데 그에 따라 자주 성경을 번역하지 못하게 되면 교회에서는 세상에서 이미 사라진 말들, 즉 은어화 된 용어들을 사용할 수가 있습니다. 예를 들면 성경에 나오는 '송사'나 '평강'이라는 말도 이제는 '소송' 혹은 '평화'라는 말의 기독교적 은어가 되어가고 있습니다. 성도들 간의 '교제'라는 말도 세상에서는 의미가 전혀 다른 '원조 교제' 따위의 의미로 사용될 뿐입니다.

물론 복음을 표현하기 위해 세상에는 없는 독특한 용어들을 만들어 사용할 수밖에 없는 경우도 있습니다. 부활, 세례, 구원, 하나님, 삼위일체 등은 세상에서 동일한 개념을 가진 용어들을 찾을 수 없습니다. 오히려 이러한 용어들을 억지로 세상의 용어로 바꾸려고 할 때는 원래의 의미가 훼손될 수도 있습니다.

타문화 선교를 할 때 이런 문제가 항상 중요하게 대두됩니다. 그 나라 사람들이 이해할 수 있는 용어로 복음을 전하려고 노력하다보면, 때로 복음의 원래 의미가 훼손될 위험이 있습니다. 이것을 상황화의 한계라고 할 수 있습니다. 그래서 복음을 기존의 용어로 표현하려고 노력하다가도 불가피할 때는 도리 없이 새로운 용어를 만들어낼 수밖에 없습니다. 하지만 이미 그 시대 사람들이 사용하는 용어들이 있는 경우에는 가능하면 빨리 복음을 그 시대의 용어로 표현하려는 노력이 필요합니다.

교회의 '은어들'이 많을수록 세상 사람들은 점점 더 교회의 문턱을 높게 생각할 것입니다. 은어를 많이 사용함으로 교회의 신비감을 높이려는 것은 오히려 복음의 정신을 훼손할 수 있습니다. 그래서 종교 개혁자들은 라틴어가 아닌 보통 사람들이 이해할 수 있는 자국어로 성경을 번역해야 한다고 믿었습니다. 루터가 보통 사람들이 시장에서 사용하는 독일어로 성경을 번역하려고 노력한 것도 그 때문입니다. 결국 하나님의 아들이 성육신 하신 뜻도 바로 죄인 된 우리들이 알아들을 수 있는 '말'로 자신을 드러내시기 위함이라고 할 수 있습니다. 그러므로 '언어의 성육신'은 '말씀의 성육신'의 한 부분이라고 할 수 있습니다. 세계관 운동가들이 '말씀의 성육신'을 모토로 삼는 이유도 이와 다르지 않습니다.

24. 터키 회교도들로부터 배운 교훈

저는 지난 4월 24일부터 5월 7일까지 처음으로 터키를 방문했습니다. 오래 전부터 연구와 관련해서 꼭 한번 터키를 방문하고 싶었는데, 마침 유럽 한인기독실업인회(CBMC) 연례 대회 강사로 초청을 받아서 가는 길에 창조론 및 성경과 관련된 지역들을 방문했습니다. 서울 사랑의 교회에서 온 관광단과 더불어 터키 동쪽 끝에 있는 아라랏산으로부터 시작하여 서쪽 끝에 있는 에베소에 이르기까지 9일 간 여행했고, 그 후 6일 동안은 대회에 참가하면서 혹은 혼자서 여행을 했습니다.

터키에 있는 동안 혼자 택시를 두 번 탔고, 약간의 기념품과 서적들, 그리고 성지와 관련된 DVD와 CD 등을 샀습니다. 그러면서 저는 터키에는 진실이 없다는 느낌을 강하게 받았습니다. 호텔은 호텔대로, 상점은 상점대로 관광객들을 속이고 바가지를 씌우는 것에 이골이 난 것 같았습니다. 호텔 직원은 전화요금으로 바가지를 씌웠고, 상점의 대부분의 물건들은 적어도 60% 이상을 깍지 않으면 바가지를 썼다고 보면 되었습니다. 택시 기사들도 틈만 나면 손님들에게 바가지를 씌웠습니다. 떠나는 날 이스탄불에서 주일예배에 참석하기 위해 택시를 탔는데, 기사는 미터기를 조작해서 바가지를 씌웠습니다. 그 날 오후 공항에 가기 위해 택시를 탔을 때, 기사는 달러로 지불한 택시요금에 대해 거스름돈을 위조지폐로 주었습니다.

전 국민의 99.8%가 회교도인 나라, 날마다 새벽이면 대형 확성기를 통해 온 동네가 떠나가라고 기도문을 읊어대기 때문에 호텔 방에서조차 잠을 설치게 하는 나라, 하루에도 다섯 번씩 정해진 시간에 기도를 하는 나라, 온 국민이 매년 알라로부터 죄를 용서 받고 축복을 받기 위해 라마단이라는 금식 절기를 지키는 나라, 아무리 깊은 산골이라도 미나렛(모스크의 뾰족탑)이 보이지 않는 곳이 없는 나라. 지상에서 이보다 더 종교적인 나라를 찾아볼 수 있을까? 그런데 아이러니컬하게도 터키는 가는 곳마다 바가지와 거짓으로 가득 찬 땅이었습니다. 가장 종교적이면서도 가장 거짓된 나라! 뭔가 앞뒤가 맞지 않는 것 같지만 사실이었습니다.

터키를 방문하면서 저는 한 가지 중요한 것을 깨달았습니다. 그것은 종교가 생명이 없어지고 의문(儀文)만 남게 되면 무종교 상태보다도 더 파렴치해질 수 있다는 점이었습니다. 양심은 인간에게 남아있는 중요한 하나님의 형상이지만, 바로 그 양심이 인간이 만든 종교적 형식에 의해 질식되면, 차라리 무신론자들보다 더 저질이 될 수 있다는 사실이었습니다. 생명은 사라지고 의문만이 남은 종교는 공산주의자들이 말하는 바 인민의 아편이 될 수밖에 없습니다.

터키 회교도들의 모습은 그리스도인들에게도 시사하는 바가 많습니다. 아무리 예수님을 믿는 사람이 많아도, 방언하는 사람이 많아도, 성령이 깨닫게 하시는 역사와 하나님의 공의와 ...천하려는 의지적인 노력이 없다면, 기독교도 회교와 크게 다를 바가 없다는 점입니다. 아무리 십일조와 건축헌금을 많이 해도, 아무리 새벽기도와 금식기도에 열심을 내어도 순간순간 성령의 인도하심을 따라 살려는 끊임없는 의지적 결단이 없다면, 그리스도인들도 회교도들과 같이 형식종교의 온갖 오염물질들을 배출하면서 살아갈 것입니다.

흥미롭게도 기독교가 형식종교화 될 때 어떤 일이 일어나는지는 바로 터키 그 자체로부터 볼 수 있습니다. 사실 터키는 세계 어느 나라보다도 성경에 나오는 지명을 많이 가지고 있는 나라입니다. 구약에서 에덴동산이 있었다고 추정하는 엘라지, 에덴동산에서 흘러나오는 힛데겔강, 유브라데강, 노아의 방주가 머물렀다고 하는 아라랏산, 아브라함이 살았던 하란 등이 모두 터키에 있습니다.

또한 신약에서 사도 바울의 1, 2, 3차 전도여행은 모두 터키에서 출발했거나 터키 땅을 통과했기 때문에 터키는 초대교회의 중심지로서, 다른 어떤 지역보다도 신약성경의 지명이 많이 남아있는 곳입니다. 소아시아 7대 교회[에베소(현 셀주크), 서머나(현 이즈밀), 버가모, 두아디라, 사대, 빌레델비아, 라오디게아]가 모두 터키 땅에 있고, 골로새, 이고니온(현 콘야), 히에라볼리, 비시디아 안디옥(현 얄바치), 더베, 루스드라, 아달리아, 드로아와 같은 성경의 도시들도 터키에 있습니다. 또한 사도 바울의 고향인 길리기아 다소, 선교의 요람이자 사도 바울의 세 차례 전도여행의 출발지였던 수리아 안디옥(현 안타키야), 사도 요한의 유배지였던 밧모섬, 사도 요한이 마지막으로 목회를 하면서 예수님의 어머니 마리아를 모셨던 에베소도 터키에 있습니다. 그 외에도 갈라디아, 갑바도기아, 밤빌리아, 비두니아,

본도, 비시디아, 밤빌리아, 구브로에 이르기까지 신약성경에 언급된 수많은 지역들이 바로 터키에 있습니다.

뿐만 아니라 터키는 교회사에서도 가장 중요한 나라입니다. 예루살렘, 갑바도기아, 콘스탄티노플(현 이스탄불), 로마, 알렉산드리아 등 초대교회 5대 기독교 중심지 중에 유독 터키에만 갑바도기아와 콘스탄티노플 등 두개 도시가 있습니다. 또한 삼위일체 교리를 확립한 니케아(현 이즈닉) 종교회의(두 차례)를 비롯하여, 네스토리우스를 이단으로 정죄했던 제3차 에베소 종교회의(431년), 네 차례의 이스탄불 종교회의(2, 4차 회의는 아이렌 교회에서, 6, 8차 회의는 인근 소피아 교회에서) 등도 모두 터키에서 회집되었습니다. 그래서 터키는 이슬람 국가임에도 불구하고 가는 곳마다 기독교 유적들로 가득 차 있습니다.

그런데 그처럼 비옥했던 복음의 땅이 도대체 어떻게 지금은 세계에서 가장 기독교에 대해 적대적인 복음의 불모지가 되었을까요? 그것은 바로 생명이 없는 종교, 의문 종교의 결말을 보여준다고 할 수 있습니다. 초대교회 시절, 성도들이 짐승들에게 무참히 찢겨 죽임을 당하면서도, 불에 타 죽으면서도 순수한 생명의 복음을 지켰을 때, 기독교는 능력과 생명 그 자체였습니다. 그러나 기독교가 로마의 국가종교가 되면서 기득권 세력이 됨과 동시에 영적 생명 또한 질식하기 시작했습니다. 결국 엄청난 규모의 기독교 관련 건물들이 많이 만들어졌지만, 살아계신 성령의 역사는 오히려 축소되기 시작했습니다.

기독교의 온갖 전통과 의식, 용어들이 난무해도 그곳에 살아계신 성령의 역사, 손해와 희생을 감수하면서라도 하나님께 순종하겠다고 하는 그리스도인들이 없으면, 현대의 '기독교 국가'도 결국 생명 없는 이슬람의 땅과 다를 바가 없게 될 것입니다. 인정하고 싶지 않지만 좌파 논객 이영희씨가 『대화』에서 지적한 한국 교회의 모습이 실제 상황이 될 수도 있습니다. 성령의 역사가 없는 교회, 생명이 없는 교회는 결국 쓸모없는 비개 덩어리, 기득권 유지에 급급한 이익집단, 건강한 사회를 만드는데 가장 큰 애물단지가 되고 말 것입니다. 성령이 없는 교회의 위험, 그것은 오늘 우리 모든 그리스도인들이 한 때 기독교의 중심지였다가 복음의 황무지로 변한 터키 회교도들로부터 배워야 할 가장 큰 교훈이라고 할 수 있을 것입니다.

25. 장로 준칙제

　제가 아는 어떤 분은 서울의 대형 교회에 여러 해 출석했지만 장로가 되질 못했습니다. 국내 유수 대학 교수인데다 나름대로 사회적으로도 꽤 알려진 분이었지만, 교회에서 장로로 뽑힐 형편은 되지 못했는가 봅니다. 사실 그 교회 담임 목사님도 그 분을 꼭 장로로 세우고 싶었지만, 교인들에게서 표가 나오질 않으니 도리가 없었습니다. 그 분은 자기와 비슷한 나이에 사회적 지위가 있는 분들이 대부분 장로가 되었는데 자기만 장로가 되지 못한 것으로 인해 마음에 적잖은 부담을 느꼈나 봅니다. 그래서 그 분은 담임 목사님과 장로가 될 수 있는 방안을 강구하다가 기발한 아이디어를 하나 생각해 냈습니다. 그것은 옛날에 유학하던 외국 대학에 안식년을 가서 그곳에 있는 학생 교회에서 장로로 임직을 받아 국내로 들어오는 방법이었습니다.

　다행히 그 학생 교회가 속한 교단은 장로 임기제를 시행하고 있었습니다. 그 교단에서의 장로 임기는 3년이기 때문에 그 교회에서 장로가 되는 것은 국내 교회의 서리 집사와 안수 집사 중간쯤의 비중으로 보면 됩니다. 물론 투표도 없이 추천위원회에서 추천만 하면 됩니다. 그러니 학생 교회 담임 목사님도 안식년으로 1년밖에 머무르지 않는 분이었지만 큰 어려움 없이 그 분을 장로로 세울 수 있었습니다. 게다가 한국에 있는 큰 교회 담임 목사님이 친히 부탁까지 하시니 가난한 학생 교회를 담임하는 목사님으로서는 거절할 수가 없었습니다. 하여튼 그 분은 그곳에서 '성공적으로' 임기제 장로직을 받아 국내로 들어왔고, 국내 교회에서는 약간의 협동장로 기간을 거쳐 지금은 버젓이 임기가 없는 항존직 장로가 되었습니다.

이처럼 장로가 되기 위해 해외에 나오는 사람도 있지만, 반대로 장로가 되기 위해 한국에 들어갔다 오는 사람도 있습니다. 일전에 역내 어떤 분은 장로 안수를 받기 위해 한국에 갔습니다. 그 분은 별로 크지 않은 교민 교회에 출석하고 있었지만, 자기 교회에서 장로로 선출될 형편이 못되니 한국에라도 가서 장로를 받겠다고 생각했었나 봅니다. 하지만 그 분은 캐나다에 이민 온지 십년이 지났고, 캐나다 시민권까지 취득하였으며, 생활 터전도 모두 이곳에 있었습니다. 그런데 어떻게 그런 분이 국내 교회에서 장로가 될 수 있을까? 참 희한하다는 생각을 했지만, 어쨌든 그 분은 장로가 된 후 얼마 전에 '금의환향' 했습니다.

다른 지역 교민 교회들과 마찬가지로 밴쿠버 지역에서도 장로 선출과 관련하여 웃지 못할 사건들이 종종 일어납니다. 몇 년 전에 역내 어떤 분은 담임 목사님이 자기를 밀어주지 않아 장로가 되지 못한다고 하면서, 결국 그 목사님을 쫓아내고 남은 사람들을 동원하여 스스로 장로가 되었습니다. 그런데 안타깝게도 그 교회는 그 일로 인해 분쟁에 휘말리게 되었고, 급기야 문을 닫게 되었습니다. 물론 그 분은 재빨리 배를 바꿔 타서 지금은 다른 교회에서 장로를 하고 있습니다. 그 교회 외에도 밴쿠버에는 지금도 장로 선출 문제로 분쟁을 하고 있는 한인 교회가 있습니다(물론 표면적으로는 다른 이슈들을 내세우지만). 이 외에도 국내외를 막론하고 도회지의 큰 교회에서는 장로가 되기 어려워 변두리 작은 교회로 교회를 옮겼다는 사람들의 얘기를 심심찮게 들을 수 있습니다.

이런 부류의 장로들은 한국 교회에서 극소수라고 생각하지만, 한 가지 분명한 것은 한국 교회의 직분이 계급화 되어 있다는 사실입니다. 서리 집사가 승진하면 장립 집사, 그 다음에는 권사나 장로, 그리고 제일 높은 사람이 담임목사 등등. 머리가 희끗희끗하고 꼬박꼬박 교회 출석하면서 제대로 헌금을 한 지 10년 이상 된 남자들이라면, 대부분 자신이 교회에서 장로가 아니라는 것 때문에 상당한 스트레스를 받습니다. 게다가 사회적인 신분이라도 있는 분이면 더 큰 스트레스를 받습니다. 이들은 장로가 되지 못하면 사회적인 성공도 반쪽의 성공에 불과하다고 생각합니다. 그런 분들은 뭔가 자신의 신앙생활에 심각한 문제가 있는 것처럼 스스로 자책하기도 합니다. 자신은 물론 부인과 온 가족들이 스트레스를 받기도 합니다. 이런 스트레스를 받다가 오기가 발동해서 아예 뒷골목(통신, 야간, 무인가 등) 신학교를 졸업하고, 군소 교단에서 목사 안수를 받는 사람도 있습니다. 집사에서 장로를 '월반해서' 곧 바로 목사가 되는 것이지요. 그렇게라도 해야 오랜만에 만나는 친구들로부터 "아니 자네 아직 장로 안 됐나?" 하는 민망한 인사를 피할 수 있습니다.

조금만 친하면 성도 생략하고 이름을, 그것도 애칭을 부르는 서구 사회나 교회에서는 상상도 할 수 없는 일이 한국 교회에서는 너무나 당연하게 자리를 잡고 있습니다. 유교적 서열을 영적 서열과 혼동하는 곳이 우리 교회입니다. 그래서 때로 사람들의 이름 뒤에 붙이는 교회 직분을 사회적 타이틀보다 더 선호하는 사람들도 있습니다. 교회 바깥에서 직업적인 일로 만나더라도 '박사님', '부장님', '원장님' 따위의 직함보다 '장로님' 직함을 더 매력적으로 생각하는 사람들이 있습니다. 그래서 50세가 넘었는데도 여전히 집사 '꼬리표'를 달고 다니는 사람들의 마음의 부담은 엄청납니다. 그러니 장로나 여자 장로에 해당하는 권사가 되기 위해 온갖 방법들이 동원되고, 돈 권사, 불고기 장로가 사라지지 않고 있는 것입니다. 이러한 것들은 유교적인 위계문화가 지배하고 있는 한국 교회에서만 볼 수 있는 진풍경입니다. 어쨌든 이것이 종으로 섬기기 위해 이 세상에 오셔서 죽기까지 복종하신 예수님을 주님으로 고백하는 사람들의 모습이라면, 불신자들은 그런 우리들의 모습을 보고 절대로 교회에 오지 않을 것입니다.

한국 교회의 장로제가 갖고 있는 문제를 해결하기 위해 여러 사람들이 이런 저런 아이디어를 많이 냈습니다만, 아직까지 제대로 시행되어 장로제의 폐해들을 제어할 수 있는 방법은 없는 것 같습니다. 어떤 사람들은 외국의 일부 교단에서 시행하고 있는 장로 임기제를 하자는 의견을 제시하기도 하지만, 다른 쪽에서는 목사 임기제를 들고 나와서 물타기(장로는 '직'이고 목사는 '생업'인데)를 합니다. 일부 선교 단체 출신들은 아예 교회에서 모든 사람들을 형제, 자매로 부르자는 의견을 제시하기도 했지만, 이것은 한국인들의 위계 문화를 전혀 이해하지 못하는 철딱서니 없는 아이들의 소꿉놀이로 치부되고 있습니다. 개중에는 아예 모든 교회 직분을 없애자는 극단적인 사람들도 있지만, 그렇게 시행하려면 '순교'를 각오해야 합니다.

그래서 저는 근래 장로 준칙제라는 것을 생각해 봤습니다. 이는 디모데전서 3장에 나오는 감독(성경에서 말하는 감독이 장로와 같은 직임인지는 좀 더 생각해 봐야겠지만)의 자격이 구체적으로 무엇을 의미하는 지를 잘 풀어서 체크리스트를 만들고, 그것에 더해 교회나 교단 형편에 맞게 자격 요건(교회 출석 연한, 헌금, 교회 내외 봉사, 나이, 가정생활, 직장생활 등)이나 1-2년 정도의 제대로 된 훈련 과정을 정한 후, 이를 만족하는 사람들을 모두 장로가 되게 하면 어떨까 하는 생각입니다. 성경에 기초하여 교단 차원에서 분명한 자격 요건이나 엄격한 훈련 과정을 만든다면, 장로 숫자도 조정할 수 있고, 선발하는 과정에서 제대로 훈련된 장로가 배출될 수 있지 않을까 생각합니다. 이처럼 선거를 통해 선출하지 않으면 장로가 되기 위한 불필요한 경쟁이나 운동도 사라질 것이고, 자신이 교인들을 대표한다는 생각 때문에 목회자와 반목, 갈등하는 일도 줄어들 것입니다. 물론 목회자는 자격이 안 되는 사람들을 장로로 뽑아야 한다는 압력도 받지 않을 것입니다.

26. 볼모로 잡힌 교회

한국 국내도 그렇지만 해외에 있는 주요 교민 사회에는 교회가 지나치게 많아서 여러 가지 문제들이 발생하고 있습니다. 제가 살고 있는 밴쿠버는 말할 것도 없고, 한인들이 많이 살고 있는 LA, 뉴욕, 시카고, 런던, 시드니 등도 상황이 비슷합니다. 수많은 교회들이 끝없이 핵분열을 하고 있는 것이지요. 밴쿠버의 경우 한인들이 어느 정도 거주하는 지역에는 대부분 캐나다인 교회에 한인 교회들이 세를 들고 있습니다. 때로는 한 교회에 두 개 교회가 세를 들고 있기도 합니다. 하지만 이것이 교인들이 넘쳐나서 그렇다면 얼마나 좋을까요.

교민 사회에서 교회가 늘어나는 것을 보면, 불신자들이 "교회가 복음을 전하기 위해 존재하는 것이 아니라 목회자들의 생계를 위해 존재하는구나"라고 비난하기에 딱 맞겠다는 생각이 듭니다. 물론 규모가 작거나 건물을 임대하더라도 바른 목회자가 사역하는 건강한 교회가 얼마든지 있을 수 있습니다. 하지만 외형과는 무관하게 만일 목회자들의 생계를 위해 존재하는 교회라면, 그런 교회는 더 이상 세상에 대한 선지자적 지도력을 발휘할 수 없습니다. 그런 교회는 깜깜한 세상에서 등대처럼 빛나는 교회가 아니라 세상보다 더 깜깜한 교회가 될 수 있기 때문입니다. 그러면 왜 교인들이 늘지 않는데도 교회들은 끝없이 분열하고 우후죽순처럼 생기는 것일까요?

그 배경에는 신학생들의 과다배출과 이로 인한 목회자들의 자질 저하라는 구조적인 문제가 도사리고 있습니다. 현재 국내외 신학교들에서는 국내외 한인 교계가 필요로 하는 목회자 숫자의 세 배를 배출하고 있다고 합니다. 그러니 목회지를 구하지 못하는 목회자들이 대량으로 생길 수밖에 없습니다. 이를 반영하듯 교민 사회에는 목회를 하고 있는 목회자들에 비해 근 세 배에 이르는 목회자들이 기회만 생기면 목회를 시작하려고 준비하고 있다고 합니다. 아마 그 사정은 국내라고 해서 크게 다르지 않을 것입니다.

세속 직업 시장에서는 시장 논리에 의해 자연적으로 인력 수급이 균형을 이룹니다. 때로 수요가 공급에 미치지 못할 때도 있고, 그 반대 현상이 일어나기도 하지만, 대체로 수요와 공급이 어느 정도의 균형을 이룹니다. 만일 공급에 비해 수요가 30%만 더 많아도 심각한 구인난이 생기고, 반대로 공급이 30%만 더 많아도 심각한 구직난이 생깁니다. 이러한 심각한 구인난이나 구직난이 일어나게 되면, 얼마 지나지 않아 정부나 대학에서는 직업시장의 수요에 맞게 탄력적으로 대학 입학정원을 조절합니다.

그런데 국내외 한국 교계에서는 목회자 수요에 비해 공급이 300%를 초과하고 있음에도 불구하고, 그리고 그런 공급 과초과 현상이 일어난 지 근 10여년이 지났음에도 불구하고 교단과 신학교들은 자율적으로 정원 조절을 하지 않고 있습니다. 아니 조절을 못하고 있습니다. 그러니 큰 교회가 분쟁에 휘말리면 그 주변에는 순식간에 몇몇 교회들이 생기게 됩니다. 전도를 통해서 늘어난 교인들이 아니라 분쟁하는 교회로부터 떨어져 나온 교인들임은 말할 필요도 없습니다.

국내에서는 크지 않은 아파트 상가에도 두 개, 세 개의 교회가 들어서 있는 것을 어렵잖게 볼 수 있습니다. 저의 처가가 있는 아파트 단지는 별로 크지도 않고, 아파트 상가도 30개 미만의 점포만 있을 뿐입니다. 그런데도 그 상가 5층에는 교회가 둘이나 있습니다. 그래서 어쩌다가 처가에 갔다가 교회를 가려면 불과 몇 미터밖에 떨어지지 않은 두 교회 입구에서 양쪽 안내 위원들이 주보를 주며 서로 오라고 '호객 행위'를 하는 통에 여간 곤혹스러운 것이 아닙니다.

많은 교회가 생기는 것과 더불어 해마다 많은 교회가 문을 닫는 것도 문제입니다. 예상만큼 교인들이 늘지 않아 건물세나 그 외 교회 유지비를 감당할 수 없게 되어 문을 닫는 것입니다. 그래서 음향시설이나 사무기기를 파는 중고품 인터넷 경매장에는 문을 닫는 교회들이 내놓는 매물들이 가장 많다는 얘기도 들립니다. 한 교회가 생겼다가 문을 닫게 되면 목회자는 물론 몇몇 중심적인 성도들은 심각한 경제적인 타격을 받게 되고, 그로 인해 영영 교회를 떠나는 사람들도 있습니다. 그러면 이렇게 목회자들의 숫자가 넘쳐나기 시작한 지가 어제 오늘이 아닌데 왜 주요 신학교들은 아직도 졸업생을 과다배출하고 있을까요?

여기에는 첫째 목사를 많이 배출해야 교단의 교세가 커진다고 믿는 교단 지도자들의 오해가 있습니다. 전도를 많이 해야 교세가 커지는 것이 아니라 목사를 많이 길러야 교세가 커진다고 하는 것은 잘못된 생각입니다. 전도는 되지 않는데 목회자만 많이 길러내면 그 결과는 분열과 다툼뿐이라는 것은 불을 보듯 뻔합니다. 그런 교단에는 소수의 스타들이 운영하는 부유한 몇몇 '대형 할인매장'과 그 외 수많은 미자립 '구멍가게들'이 난립할 뿐입니다. 목회자들의 기본 생활비조차 감당할 수 없는 교회들이라도 일단 교단 내 교회 숫자만 많으면 '장자 교단'이라고 목에 힘을 줄 수 있다고 믿는 지도자들의 생각이 바뀌지 않는 한, 지금과 같은 악순환은 멈추지 않을 것입니다.

둘째는 학교 재정의 대부분을 학생들의 등록금에만 의존하고 있는 신학교들 때문입니다. 어차피 교단 신학교라고 해봐야 교단으로부터 재정적인 지원을 많이 받지 못하기 때문에 신학교들은 재정의 대부분을 학생들의 등록금에 의존할 수밖에 없습니다. 그러니 학생들을 많이 모집해야 신학교 재정이 풍성해지고 교직원들 월급도 많이 줄 수 있습니다. 결국 한 사람이라도 신입생을 더 뽑아야 등록금 수입이 많아지기 때문에 신학교들은 '고객' 유치에 혈안이 되어 있는 것입니다.

심지어 교육부에서 지정해준 숫자만으로는 성이 안 차는 몇몇 주요 교단 신학교들은 불법으로 정원 외 입학생들까지 뽑고 있습니다. 만일 일반 대학에서 그렇게 했다가는 당장 교육부로부터 징계를 받겠지만, 종교의 자유가 120% 보장된 대한민국에서는 교회나 신학교들이 나라의 법을 겁내지 않습니다. 정부에서 징계라도 하려 하면 교회 내 정, 관계 유력 인사들을 동원하여 강력하게 압력을 가하거나 종교의 자유를 침해한다면서 교인들을 동원하여 벌 떼처럼 들고 일어납니다. 결국 신학교는 학생들에게, 좀 더 정확하게 말하면, 학생들의 등록금에 볼모로 잡혀 있고, 교회는 목회자들에게, 즉 목회자들의 생계에 볼모로 잡혀 있는 경우가 많습니다.

그러면 어떻게 해야 교회가 이러한 볼모로 잡힌 형국에서 풀려날 수 있을까요? 이를 위해서는 신학교 졸업생들이 결사적으로 전도해서 많은 사람들이 예수님을 믿게 하든지, 아니면 교회가 졸업생들을 선교사로 훈련시켜 필요한 지역으로 대거 파송하든지, 아니면 다른 직업들도 목회나 선교처럼 거룩한 소명일 수 있음을 인식시켜서 전직 훈련을 받게 해야 합니다. 만일 이도 저도 아니라면 남은 한 가지 방법은 신학교 학생들의 숫자를 줄이는 길뿐입니다. 지금 당장이라도 신학교 정원을 줄이지 않는다면, 한국 교회는 심각한 정체성의 위기에 직면할 것입니다(이미 그 위기에 들어선 징후가 곳곳에서 감지되고 있습니다).

갑자기 정원을 줄이기가 어렵다면 우선 몇몇 주요 신학교들이 불법으로 뽑고 있는 정원 외 입학이라도 중단해야 합니다. 그래서 목회자들의 자질을 높이고 교회의 권위를 회복해야 합니다. 교회가 그리스도의 몸으로서의 권위를 상실하고, 목사가 목회자로서의 사명감을 갖지 못하고, 신학교가 선지학원으로서의 자존감을 회복하지 못한다면, 세상 사람들은 더 이상 우리들에게 '소망에 관한 이유'를 묻지 않을 것입니다(벧전 3:15). 그리고 교회는 "아무 쓸 데 없어 다만 밖에 버리워 사람에게 밟히는" 애물단지가 될 것입니다(마 5:13).

27. 생명 윤리 논쟁

생명 윤리와 관련된 기본적인 질문은 다음 세 가지로 요약할 수 있습니다. 첫째는 "생명이란 무엇인가?"라는 질문입니다. 복제인간의 윤리성이 바로 이 질문에 결부되어 있습니다. 둘째는 "생명이란 언제 시작되는가?"라는 질문입니다. 이것은 임신 후 언제까지 낙태할 수 있는가 하는 질문과 결부되어 있습니다. 셋째는 "생명이란 언제 끝나는가?"라는 질문입니다. 이 질문에는 안락사 문제가 결부되어 있습니다.

이 세 가지 질문들은 어떤 의미에서는 서로 연결되어 있기도 합니다. 특히 "생명은 무엇인가?"에 대한 해답은 "생명이 언제 시작되는가?"에 대한 질문과 직결되어 있습니다. 생명이 언제 시작되는가에 대한 의견도 사람들마다 분분합니다. 낙태 논쟁이 첨예한 이슈로 등장한 이래 낙태 찬성론자들, 즉 산모의 선택을 옹호하는 프로 초이스(pro-choice) 입장에 있는 사람들은 수정 이후 1개월 혹은 3개월이 지나야 비로소 생명이라는 식의 주장을 펴고 있습니다. 그러면 금방 그 이전까지는 생명체가 아니므로 어른이 마음대로 할 수 있다는 논리가 따라 나오게 됩니다. 그러나 낙태 반대론자들, 즉 태아의 생명을 귀중히 여기는 프로 라이프

(pro-life) 입장에 있는 사람들은 수정되는 순간에 생명이 시작된다고 주장합니다.

생명이 무엇인지에 대해서는 정확하게 대답할 수 없다고 해도, 생명이 있다면 어떤 특징을 가질 것인가에 대해서는 어느 정도 대답할 수 있습니다. 아마 사전적으로 생명체의 특징이라고 한다면, 성장, 번식, 운동을 하는 존재라고 말할 수 있을 것입니다. 그러면 정자와 난자를 생명이라고 말할 수 있을까요?

명백히 정자나 난자에게도 생물학적인 생명이 있다고 할 수 있습니다. 수정에 사용할 수 없는 죽은 정자와 죽은 난자가 있는 것을 본다면, 수정될 수 있는 '살아있는' 정자와 '살아있는' 난자가 있습니다(비록 수일간의 짧은 기간만 생존하더라도). 이들은 성숙할 수 있고 어느 정도 운동성도 있기 때문에 정말 단세포 생명체라고도 볼 수 있습니다. 하지만 정자와 난자는 스스로를 복제, 번식할 수 없기 때문에 생명체라 하더라도 사람과 같은, 혹은 수정란과 같은 지위는 가질 수 없습니다.

다음에는 수정의 단계입니다. 수정이란 살아있는 두 개의 생식세포가 결합하여 분열할 수 있는, 다시 말해 동일한 독립된 개체를 만들어낼 수 있는 존재로 성숙해갈 수 있는 존재의 시작입니다. 난자와 정자는 성숙하더라도 더 이상 자신과 동일한 것을 만들어낼 수 없지만, 이들이 결합하여 수정란이 되면 이것은 세포분열을 통해 성장하기 시작합니다.

그렇다면 영혼은 언제 개체 속에 깃드는 것일까요? 수정 순간에 생물학적인 생명과 더불어 영혼도 시작되는 것일까요? 아니면 임신 중 어느 단계나 출산하는 순간에 생기는 것일까요? 영혼을 가진 존재가 된다면, 그리고 그 영혼이 물질적인 존재가 아니라면, 영혼은 어디서 오는 것일까요? 이것은 많은 신학자들의 고민거리였습니다. 초대교회 교부 오리겐은 하나님께서 영혼 창고를 운영하고 계시다가 한 개체가 발생하기 시작하는 순간에(남녀가 결합하는 순간에) 하나씩 집어 넣어주신다고 믿었습니다.

그러면 수정을 생명의 시작이라고 보는 사람들의 논리는 무엇일까요? 수정란이 개체의 모든 유전적인 정보를 갖고 있기 때문이라고 한다면, 역시 개체의 모든 유전자를 갖고 있는 체세포는 왜 생명체가 아닐까요? 만일 수정란이 자랄 수 있기 때문에 생명이라고 한다면, 난자핵을 제거하고 대신 체세포 핵을 치환한 것도(물론 여러 가지 처리를 해야 하지만) 자랄 수 있지 않을까요? 분명히 난자핵을 제거하고 남은 난황과 난자의 미토콘드리아 등만 가지고는 생명체라고 할 수 없습니다. 그런데 핵이 제거된 난자 속에 체세포 핵을 집어넣고 적절한 처리를 하면 그것은 자라고 분화할 수 있는, 다시 말해 수정란과 같은 세포가 되는 것입니다. 그렇다면 생명은 세포핵, 그것도 개체의 유전적인 정보를 모두 갖고 있는 체세포 핵 속에도 존재하는 것이 아닐까요? 만일에 수정을 생명의 시작이라고 본다면, 낙태는 물론 착상을 방지하는 사후 임신약 복용조차 생명을 해하는 행위가 됩니다.

마지막으로 줄기세포 단계를 넘어 다양한 세포로 분화되기 시작하는 단계를 생명의 시작이라고 볼 수 있을까요? 줄기세포란 수정란이 세포분열을 해 가는 과정에서 구체적인 신체 기관으로의 분화가 시작되는 최초 단계의 수정란을 말합니다. 수정란은 2→4→8→16→32개 등의 세포로 분열되어 가는데, 일반적으로 8개 세포 단계를 지나면, 각 세포들은 분화되기 시작하여 고유한 기능을 가지게 됩니다. 그러므로 줄기세포 단계에서는 분열된 세포들을 여러 개로 분리, 착상시키면 여러 개체가 생길 수 있지만, 이 단계를 지난 수정란 세포들을 떼어서 착상시키면(마치 사람의 사지를 찢는 것과 같아서) 죽어버립니다. 그래서 많은 사람들이 수정의 순간부터 줄기세포가 되기 전까지는 생명체가 아니라고 생각합니다. 그리고 이것이 몇몇 나라에서 줄기세포를 가지고 배아복제 연구를 하는 것을 허용하는 법을 만드는 배경이 됩니다.

이런 몇 가지 생명에 대한 견해 중 저는 다음과 같은 이유로 수정을 생명의 시작으로 보는 견해를 지지합니다(아직 공식적인 성공 보도는 없지만, 체세포 복제로 태어난 인간을 인간으로 볼 수 있는가에 대해서는 좀 더 논의가 필요하리라 생각됩니다).

첫째는 과학적이거나 신학적인 이유가 아니라 논리적인 이유입니다. 사람들은 나름대로 생명이 언제 시작된다고 주장은 하지만, 정확하게 언제 생명이 시작되는지를 아는 사람은 아무도 없습니다. 그리고 이것은 앞으로도 알기 어려울 것이라 생각됩니다. 생명이 무엇이며, 생명이 정확하게 언제 시작되는지를 잘 모른다면, 생명일지도 모르는 가장 초기 단계를 생명의 시작점으로 보는 것이 가장 '안전'합니다. 정자와 난자를 인간으로 간주하지 않는다면(정자와 난자를 인간으로 본다면, 남자는 매일 수천만의 생명을, 여자는 한 달에 한 개의 생명을 죽어가도록 '유기하는' 결과가 됨), 그 다음으로 생명일지 모르는 단계는 수정란입니다. 언제 생명이 시작되는지를 정확히 모르기 때문에 수정란을 생명으로 보는 것은, 마치 숲속에 사람이 있을지 없을지 모르는 산에서는 아무리 멧돼지가 많아도 사냥을 하지 않는 것과 같은 논리입니다.

둘째는 수정으로부터 분만에 이르는 생명발생이 연속적이기 때문입니다. 발생과정에서 어떤 새로운 정보나 물질이 주입되지 않아도 수정란은 영양분만 제공되면 성체로 자랍니다. 정자와 난자는 수정란과 명확하게 불연속적인 면이 있지만, 수정란과 성체 사이에는 어디에도 이런 불연속적 단계가 보이지 않습니다. 생명의 기준으로 임신 후 한 달, 혹은 3개월 등의 기준을 제시하는 낙태 찬성론자들은 태아보다는 산모의 건강을 기준으로 생명 여부를 결정하는데, 이는 남의 생명을 자기 마음대로 하는 것에 지나지 않습니다.

셋째는 미끄러운 경사(slippery slope) 논리 때문입니다. 위의 논리를 확장하여 수정란으로부터 성체로 자라는 과정이 연속적이라고 한다면, 태아를 보는 견해가 그 이후의 생명에 대한 견해에도 직접적인 영향을 미칠 수 있습니다. 수정을 생명의 시작으로 보지 않는다면, 그 다음 단계인 착상을 생명의 시작으로 볼 수 있을까요? 착상된 수정란을 생명으로 보지 않는다면, 수정 후 1개월 된 태아를 생명으로 볼 수 있을까요? 그러면 3개월 된 태아는? 분만 직전의 아기는 어떻습니까? 그렇다면 생후 1개월 된 신생아는 인간이라고 할 수 있을까요? 이런 미끄러운 경사는 끊임없이 확장될 소지가 충분히 있습니다. 그러므로 아예 미끄럼틀의 경사로에 들어서지 않는 것이 안전합니다. 생명이 아닌 것을 잘 몰라서 귀중히 여기는 것은 문제가 없지만, 생명인 것을 잘 몰라서 마음대로 처리한다면 살인 가능성이 있기 때문입니다.

마지막으로 생명에 대한 경외심 때문입니다. 저는 하나님께서 생명과 그것의 발생 과정을 신비의 영역에 두신 것은, 이를 통해 우리들로 하여금 생명에 대한 경외심을 잃지 말도록 하기 위함이 아닐까 생각합니다. 어떤 사람들은 남녀 간의 육체적 결합으로 '쉽게' 생명체가 만들어진다고 생각하기 때문에, 생명에 대한 경외감을 갖지 못함은 물론, 심지어 생명을 자기 소유처럼 생각하기도 합니다. 그래서 산모의 건강에만 문제가 없으면, 마음대로 생명을 없앨 수도 있다고 생각합니다. 하지만 생명은 수정되기까지는(피임 등을 통해) 부모가 마음대로 할 수 있는 것 같지만, 일단 수정된 순간부터는 부모는 그 생명을 돌보는 청지기일 뿐입니다. 비록 엄마의 몸속에서 자라지만, 태아의 주인은 하나님입니다. 그러므로 어떤 경제논리나 과학논리도 태아의 인권을 침해할 수는 없습니다.

또한 생명에 대한 경외는 성윤리하고도 직접적인 관련이 있습니다. 자신의 행위가 천하보다 귀한, 하나님의 형상을 닮은, 영원불멸의 한 인간을 만드는 행위라고 생각한다면, 책임 없는 성관계를 해서는 안 됩니다. 천하를 주고도 바꿀 수 없는 귀한 생명을 만들 수 있는 행위가 상업적 목적이나 관능적 쾌락의 통로가 되어서도 안 됩니다. 또한 적절한 피임을 하더라도 성행위는 생명을 만들 수 있는 행위이기 때문에 합법적인 관계 내에서만 이루어져야 합니다. 성경이 성적 순결을 그렇게 강조하는 것도 그것이 생명의 탄생과 직결되어 있기 때문입니다. 생명에 대한 경외가 성윤리의 기본이 되어야 합니다.

28. 유급 봉사 단상

일반적으로 복음주의 그리스도인들이 터부시 하는 대표적인 세 가지를 든다면, 죽음과 성(性)과 돈이라고 할 수 있습니다. 사실 이 세 가지는 인간에게 있어서 가장 중요한 것들임에도 불구하고, 사람들은 이것을 공개적으로 언급하는 것을 꺼립니다. 아마도 죽음은 모든 사람들이 가장 피하고 싶은 것이기에, 그리고 성은 모든 사람들에게 가장 내밀한 것이기에 그럴 거라고 생각됩니다. 그런데 돈은 왜 그럴까요? 온 세상이 돈에 미쳐서 살아가고 있는데, 더군다나 그리스도인들도 돈이 없으면 살 수가 없는데, 왜 그리스도인들, 특히 경건한 그리스도인들은 돈에 대해 언급하는 것을 꺼려할까요?

이는 그리스도인들이 돈이나 돈 버는 것과 관련된 일들을 세속적인 것이라고 간주하기 때문이 아닐까 생각합니다. 그래서 아래에서는 돈과 돈 버는 일, 그리고 일을 통한 봉사의 의미에 대해 기독교 세계관적인 견해를 살펴보고자 합니다.

돈에 대한 이중적 태도

어느 나라나 복음주의 그리스도인들이 대부분 그러하지만, 특히 한국의 복음주의 그리스도인들은 더욱 돈에 대해 이중적인 태도를 갖습니다. 모두들 돈, 돈 하면서도 정작 돈 버는 일에 대해 언급하는 것을 거룩하지 않은 것으로 생각합니다. 그 중에서도 목회자나 선교사 등 소위 '거룩한 일'에 종사한다는 사람들은, 마치 돈에 대해 모르는 것이 더 거룩한 것처럼 생각하는 경우가 많습니다. 교인들은 목회자들이 돈에 대해서, 나아가 세상 물정에 대해서 무지할수록 더욱 경건한 것으로 생각하기도 합니다. 그러면서도 정작 자신들은 돈으로 인해 엄청난 고민을 하고 때로는 시험에 들기도 합니다. 그런데 이와 같은 돈에 대한 이중적이고 투명하지 않은 태도가 교회를 허무는 경우가 많습니다.

성경에는 돈이나 돈 버는 일과 관련된 구절들이 매우 많습니다. 또한 이를 전문적으로 다루는 책들이나 강의들 역시 셀 수 없을 만큼 많습니다. 그럼에도 불구하고 돈에 대한 그리스도인들의 터부는 사라지지 않고 있습니다. 목회자들의 월급을 사례라고 부르는 것에도 성직으로서의 목회관과 돈에 대한 이원론적 사고가 배어있는 것이 아닌가 생각됩니다. 저는 이렇게 된 배경에는 몇몇 돈에 대한 성경 구절과도 무관하지 않다고 생각합니다.

사도행전 8장에는 성령의 은사를 돈으로 사려다가 저주를 받은 박수 시몬의 얘기가 있습니다:

"시몬이 사도들의 안수함으로 성령 받는 것을 보고 돈을 드려 가로되 이 권능을 내게도 주어 누구든지 내가 안수하는 사람은 성령을 받게 하여 주소서 하니 베드로가 가로되 네가 하나님의 선물을 돈 주고 살 줄로 생각하였으니 네 은과 네가 함께 망할찌어다 하나님 앞에서 네 마음이 바르지 못하니 이 도에는 네가 관계도 없고 분깃 될 것도 없느니라 그러므로 너의 이 악함을 회개하고 주께 기도하라 혹 마음에 품은 것을 사하여 주시리라 내가 보니 너는 악독이 가득하며 불의에 매인바 되었도다"(행 8:18-23)

이 외에도 사도행전 5장에는 집을 팔고 그 값의 절반을 숨긴 죄로 죽임을 당한 아나니아와 삽비라의 얘기가 있습니다. 또한 민수기 22장에는 돈을 받고 이스라엘을 저주하려고 하다가 당나귀의 꾸지람을 들은 발람 선지자의 얘기가 소개되고 있습니다. 사도 바울 역시 사랑하는 디모데에게 "돈을 사랑함이 일만 악의 뿌리가 되나니 이것을 사모하는 자들이 미혹을 받아 믿음에서 떠나 많은 근심으로써 자기를 찔렀도다"(딤전 6:10)라고 했습니다. 이 외에도 성경에는 돈에 대해 경고하는 말씀들이 많이 있습니다.

자원봉사의 의의와 한계

우리는 흔히 돈을 받고 무엇을 파는 행위를 상행위(商行爲)라고 합니다. 영업이란 직업적 상행위를 말하는데, 우리는 전통적으로 이런 상행위를 천시했습니다. 상행위는 물건을 팔기도 하지만 서비스를 팔기도 합니다. 하지만 무엇을 팔던 남에게 돈을 받고 파는 것을 우리는 천하게 여겼습니다. 그래서 시장에 쌀을 팔러갈 때도 쌀을 사러간다고 했습니다. 직업적인 귀천을 얘기할 때도 사농공상(士農工商)이라고 말하면서 상인들을 천시했고, 장사하는 사람들을 장사치, 장사꾼 따위의 말로 비하했습니다. 지금도 상점이나 식당, 다방 등에서 물건이나 서비스를 파는 사람들을 하인 부리듯 하는 사람들을 볼 수 있습니다.

하지만 뭔가 파는 사람들과는 달리 자원봉사자들에 대해서는 상당히 고상하게 생각합니다. 돈을 받지 않는다는 점으로 인해 자원봉사자들은 깨끗하고 고상한 사람들이라고 생각하면서 존경하는 마음을 갖기도 합니다. 뭔가를 파는 사람들과는 달리 자원봉사자들은 정말 다른 사람들을 위해 헌신하고 있다고 생각합니다. 그런데 정말 자원봉사는 귀중한 반면, 돈을 받고 파는 상행위는 천한 것일까요?

돈을 받지 않고, 다시 말해 임금을 받지 않고 하는 봉사는 말할 것도 없이 귀중하며 거룩합니다. 교회 내에서 뿐 아니라 사회에서도 자원봉사는 귀중합니다. 그래서 어떤 사람은 자원봉사가 얼마나 활성화되어 있는가가 곧 민주주의의 척도라고까지 말하기도 합니다. 그러면 모든 일들이 자원봉사로 이루어질 수 있을까요?

교회나 사회에는 자원봉사로 감당할 수 있는 수준의 일들이 있지만, 반면 그렇지 않은 일들도 엄연히 있습니다. 아니 사실 우리 사회에는 돈을 받고 제대로 일을 해야 하는 경우가 훨씬 더 많습니다. 예를 들어서 경찰을 포함해서 모든 공무원들이 자원봉사를 한다고 생각해 보십

시오. 그러면 아마도 사람들은 불안해서 살아갈 수 없을 것입니다. 근래 캐나다에서는 마리화나 재배를 단속하던 4명의 경찰관들이 총격전을 하다가 순직했습니다. 만일 국방이나 경찰 업무, 소방대원들의 일과 같이 위험 부담이 큰 일들을 자원봉사로 한다면, 사회는 곧 큰 혼란에 빠지게 될 것입니다.

교파들 중에서도 브레드런 교회(Brethren church)는 목회자들이 자원봉사를 하는 오랜 전통을 갖고 있습니다. 토요일까지는 쟁기를 들고 들에서 농사일을 하다가 주일이 되면 교회에서 설교를 하는 분들이 많이 있었습니다. 그러나 이것은 산업화 되지 않은 사회의 작은 교회에서나 가능한 일입니다. 이미 교인들이 200명을 넘어서고 전문적인 경영이 필요한 단계가 되면, 더 이상 자원봉사만으로는 감당하기 어려워집니다. 현대의 도회지에 있는 대형 교회를 자원봉사자들만으로 운영할 수 있을 거라고 생각하는 것은 현실적이지 않습니다.

제가 출석하는 윌링돈 교회도 브레드런 교회이지만, 20여명에 달하는 유급 교역자들이 있습니다. 윌링돈 교회 목회자들은 전임으로 일할 경우 주당 50시간 일하는 것을 원칙으로 하고 있습니다. 다른 직장에서와 같이 이 교회에서도 전임 교역자라면 법적으로 주당 40시간을 일하도록 되어 있습니다. 하지만 일반 교인이라면 누구나 주당 10시간 정도까지는 자원봉사를 한다는 것을 가정해서 목회자들에게는 주당 50시간 일할 것을 요구하는 것입니다. 목사도 목회자이기 전에 교회의 멤버로서 자원봉사를 해야 한다는 것입니다.

제가 윌링돈 교회에서 통역 자원봉사를 시작한 지 오래지 않았을 때의 일입니다. 당시 담임 목사님이었던(지금은 은퇴하신) 칼린(Carlin Weinhauer) 목사님과 한인 지도자들이 식사할 기회가 있었는데, 우연히 통역에 대한 얘기를 하게 되었습니다. 그 때는 제가 밴쿠버에 온지 오래되지도 않았고, 외환위기로 인해 VIEW와 관련되어 별로 할 일도 없었을 뿐 아니라, 통역에도 익숙하지 않을 때였습니다. 그래서 제가 통역준비를 위해 매주 20여 시간을 사용한다는 얘기를 했더니 목사님이 깜짝 놀라시면서 자원봉사로는 너무 많은 시간을 일한다고 하면서 그렇게 하지 말라고 하셨습니다. 그것은 자원봉사의 수준을 넘어선다는 것이었습니다. 물론 그 후에 통역하는 일이 점점 익숙하게 되어서 20시간이 10시간으로, 다시 5시간으로, 그리고 지금은 대략 2-3시간 정도를 통역 준비에 사용하고 있습니다.

자원봉사는 귀중한 것이며 하나님의 교회는 가능하면 자원봉사자가 많아야 합니다. 어떤 분은 자원봉사자가 적어지고 유급 사역자들이 많아질수록 교회는 타락한다는 얘기를 하기도 합니다. 그러나 결국 자원봉사는 한계가 있으며, 길어야 주당 10시간을 넘을 수가 없습니다. 자원봉사란 자신의 생업을 위한 일에 종사하고 남는 시간을 투입할 수 있을 뿐입니다. 물론 은퇴한 분들의 경우에는 거의 전일제 사역자처럼 자원봉사를 할 수 있지만, 정상적인 생계의 책임을 지고 있는 사람이라면 그럴 수가 없습니다. 그리고 그렇게 해서는 남을 섬기는 일에 한계가 있을 수밖에 없습니다.

유급 봉사의 거룩함

사회나 단체가 자원봉사에 의해서만 운영될 수가 없다면 돈을 받고 일하는 것을 어떻게 보아야 할까요? 흔히 돈을 받고 일하는 사람들 스스로도, 또한 그런 사람들을 보는 주변 사람들도 유급 봉사자들의 일을 섬김으로 생각하지 않는 경우가 많습니다. 그러나 우리는 유급 봉사도 얼마든지 거룩하며 귀중할 수 있다고 말해야 할 것입니다. 많은 사람들이 돈을 받고 하는 일은 봉사가 아니라고 생각하지만, 자원봉사자들만으로는 사회나 단체가 정상적으로 운영되기가 어렵습니다.

물론 돈을 받고 물건을 팔거나 일하는 것이 모두 선한 것은 아닙니다. 터무니없는 가격으로 바가지를 씌우는 악덕 상행위는 봉사라고 할 수 없습니다. 그러나 적정 이윤을 붙여서 판매할 때 더 나은 양질의 제품을 지속적으로 개발, 공급할 수 있으며, 이것은 지속적으로 다른 사람들을 섬길 수 있게 합니다. 경영 개념이 들어가지 않은 섬김의 행위는 결코 오래 지속될 수 없습니다. 그리고 오래 지속되지 않는 섬김의 행위는 좋은 봉사라고 할 수 없습니다.

물론 돈 자체가 목적이 되는 행위는 거룩하지 않습니다. 돈 자체가 목적이 되면 우리는 돈 버는 일, 즉 그것을 통해 다른 사람들을 섬기는 일의 보람과 거룩함을 찾을 수가 없습니다. 섬김이 첫째 목적이요, 또한 더 잘, 더 오래도록 섬기기 위해 적정한 이윤을 남긴다고 생각할 때, 그 상행위는 거룩한 일이 될 수 있습니다. 물론 섬김만을 위해 일하지는 않습니다. 그것을 통해 자신과 가족들의 생계를 해결하는 것은 섬김에 이은 중요한 일입니다. 생계를 해결하지 못하는 일을 통해서는 결코 다른 사람들을 지속적으로 섬길 수 없기 때문입니다. 그러므로 만일 돈 버는 것이 유일한 혹은 가장 중요한 목적이라면, 적어도 그리스도인들에게 있어서 그 상행위는 거룩한 것이 아닙니다.

또한 돈을 받고 일하더라도 하나님의 말씀에 어긋나는 일은 거룩할 수 없습니다. 그리스도인들에게는 대부분의 직업이 신성하지만, 다른 사람들에게 해가 되는 행위는 아무리 그 동기가 선하다고 해도 거룩할 수 없습니다. 직업에는 귀천이 없지만, 술이나 담배를 팔거나 룸살롱이나 카바레 등의 유흥업소를 운영하는 것은 거룩한 상행위로 보기 어렵습니다.

결국 돈을 받고 일하더라도 다른 사람들을 섬기는 것이 일차적인 목표라면, 그것은 거룩한 행위가 될 수 있습니다. 유급 혹은 무급에 관계없이, 일의 종류에 무관하게 그 마음의 동기와 목적이 중요합니다. 사도 바울이 디모데에게 말한 것처럼 "하나님의 지으신 모든 것이 선하매 감사함으로 받으면 버릴 것이 없습니다"(딤전 4:4). 하지만 섬김이 우선순위의 첫째가 아닌 일을 한다면, 그것은 거룩한 일이라고 할 수 없습니다. 물론 이것은 흔히 세상에서 이루어지는 상행위에서만이 아니라, 목회나 선교에서도 마찬가지입니다.

유급 봉사의 당위성

좁은 의미의 프로라고 한다면 전문직에 종사하는 사람들을 지칭하지만, 넓은 의미의 프로는 돈을 받고 일하는 모든 사람을 지칭합니다. 사회는 프로로서 일을 하는 사람들로 이루어진 공동체입니다. 자신이 돈을 받고 일을 하지만, 그것이 또한 다른 사람들을 섬기는 일이기 때문에 사회는 굴러갈 수가 있는 것입니다. 그러므로 돈을 받고 일을 한다고, 혹은 돈을 받고 물건을 판다고 해서 그것을 섬김이 아니라고 생각하는 것은 잘못입니다. 그러면 왜 돈을 받고 일하는 것, 즉 프로로서 일하는 것이 필요할까요?

1) 봉사의 수준 : 돈을 받고 일을 해야 수준 있게 다른 사람들을 섬길 수 있습니다. 운동선수들도 프로와 아마추어의 수준 차이가 크듯이, 다른 사람들을 섬기는 데서도 프로와 아마추어(자원봉사)는 차이가 날 수밖에 없습니다. 돈을 받고 일을 해야 아마추어 수준으로서가 아니라, 프로 수준으로 다른 사람들을 섬길 수 있습니다.

여러 해 동안 저는 창조과학회 일들을 도우면서 돈을 받고 일하는 프로들을 키워야 한다고 주장했습니다. 직설적으로 표현하자면, "창조론으로 밥 먹고 사는 사람을 키우지 않으면 효과적으로 진화론에 대항할 수 없다"는 것이 저의 생각이었습니다. 돈을 받고 제대로 일을 하는 박사급 일꾼들이 있었으면, 아마 지금쯤 더 좋은 창조론 책이나 자료들이 많이 개발되었을 것입니다. 또한 창조론이 좀 더 건강한 과학적, 신학적 기초 위에 세워졌을 것이며, 더 나은 봉사를 할 수 있는 사람들을 모집했을 것입니다. 초기에 돈이 없으니 도리 없이 강사들이 강사료를 전액 헌금해서 창조과학회가 운영된 것은 거룩한 일이긴 했지만, 계속 그렇게 하니까 프로가 없고, 때문에 기껏해야 다른 나라 자료들을 번역하거나 '설사하는' 수준을 넘어설 수가 없었던 것입니다.

물론 창조과학회도 제대로 된 일을 한 적이 있었습니다. 그것은 노아 방주의 안전성에 관한 연구였습니다. 하지만 이것은 한국기계연구원 산하에 있는 선박연구소의 홍석원 박사팀에게 3,000만원의 연구비를 주었기 때문에 가능했던 것입니다. 결국 이것은 프로에게 연구비를 지급했기 때문에 가능한 일이었습니다.

2) 봉사의 지속성 : 제대로 돈을 받고 일을 해야 오랫동안 사람들을 섬길 수 있습니다. 제품을 공급하는 사람들이 제품 개발과 생산, 유통에 소요되는 비용을 제품 판매를 통해 다시 회수할 수 있어야 지속적으로 다른 사람들을 섬길 수 있듯이 말입니다.

대학생들을 대상으로 사역하는 한국의 많은 선교 단체들의 수준이 높아지지 않는 것은 제대로 월급을 받고 사역하는 간사들이 별로 없기 때문입니다. 다른 사회적인 일이 그러하듯이 선교회 사역에서도 경험과 인맥이 중요한데, 현재와 같이 자원봉사에 가까운 월급으로는 전문 간사들을 길러내기가 어렵습니다. 지금과 같은 보수로는 간사들이 대학을 졸업하고 신학교나 유학을 가기 전, 혹은 제대로 된 다른 직장으로 옮겨가기 전, 자매들의 경우에는 결혼하기 전까지 잠깐 사역을 할 수 있을 뿐입니다. 그러니 좀 일을 할 만 하면 떠나게 되는 악순환이 반복되게 됩니다.

VIEW를 시작하면서 DEW는 이 사역을 위해 약 3억원 정도의 돈을 모금했습니다. 그리고 그 돈에서 아직까지 저의 사례의 상당 부분을 지원하고 있습니다. 그 때 어떤 사람들은 "하나님의 일을 한다면서 모금해서 돈을 쌓아두느냐?"고 비판하기도 했습니다. 그러나 그렇게 모금하지 않았다면, VIEW는 지금쯤 문을 닫았을 것입니다. 우리는 하나님께서 필요한 모든 것을 공급하실 것을 믿지만, 그 공급하심이 모금을 통한 것이라고 생각하지 않을 이유가 없습니다. 경영 개념이 없는 봉사는 아무리 거룩하고 선한 봉사라도 지속적인 봉사를 할 수 없습니다. 비둘기 같은 순결함과 뱀과 같은 지혜로움이 필요한 것입니다.

만일 VIEW에서 등록금을 받지 않고 그 돈으로 운영한다고 생각해 봅시다. 그러면 2-3년 이내에 VIEW는 문을 닫아야 하고 더 이상 사람들을 섬길 수 없게 될 것입니다. 현재 VIEW에서는 학점 당 385불의 비싼 등록금을 받고 있지만, 이런 수준의 등록금을 받지 않으면 현재와 같은 수준의 대학원 프로그램을 운영할 수가 없습니다. 그리고 VIEW가 문을 닫게 되면 학점 당 3,000불을 주고도 VIEW에서 제공하는 것과 같은 세계관 공부나 훈련은 받을 수 없을 것입니다.

3) 봉사자의 자존감 : 돈을 받고 일을 해야 봉사하는 사람이 자신의 존재 가치를 느끼면서 일을 할 수 있습니다. 돈은 하나님과 경쟁할 수 있을 만큼 귀중한 것입니다. 그런데 사람들이 그 귀중한 돈을 내면서

어떤 제품이나 서비스를 산다는 것은, 그것을 파는 사람으로 하여금 자신의 존재 가치를 깨닫게 해 줍니다. 즉 돈을 받고 일하는 행위는 자신의 행위가 남들이 돈을 받고 살 수 있을 만큼 귀중하다는 것을 의미하기 때문에 자존감을 세우는 데 도움을 주는 것입니다.

책을 쓰는 사람들에게는 그 책이 다른 사람들을 섬기는 것이 되었음을 확인하는 것이 가장 큰 보람입니다. 돈으로 지급되는 인세보다도 저자들의 가장 큰 인세는 독자들로부터 그 책을 읽고 도움을 받았다거나, 그로 인해 믿음을 버렸다가 다시 돌이키게 되었다는 얘기를 듣는 것입니다. 말할 필요도 없이 저자는 책을 기증 받는 사람들보다 사 주는 사람들이 있을 때 뿌듯함을 느낍니다. 그 귀중한 돈보다도 자신의 책이 더 귀하기 때문에 산다고 생각하는 것은 저자로 하여금 큰 보람과 기쁨을 느끼게 합니다. 자신의 존재나 자신의 일이 다른 사람들에게 축복이 된다고 생각할 때, 우리는 하나님의 형상으로서의 자존감을 회복하게 됩니다.

돈을 받고 섬기는 것은 개인적 사역뿐만 아니라 단체의 사역에서도 중요합니다. 개원 후 처음 몇 년간 VIEW에서는 VIEW 학생들이나 배우자들에 대해서 청강비를 받지 않았습니다. 그런데 청강비를 받지 않으면 사람들이 몰려올 것으로 기대했지만 그렇지 않았습니다. 공짜로 들을 수 있는 강의는 은혜라고 생각하기보다 싸구려라고 생각했기 때문입니다. 아무리 귀해도 청강을 하는 학생들이 거의 없음을 보고, 그리고 청강을 하는 사람들조차도 중도에 쉽게 그만 두는 경우가 많음을 보고, 저는 청강료를 받기로 했습니다. 강의의 값을 생각하면 훨씬 더 비싸게 받아야 하지만, 그래도 섬기는 마음으로 깎아주어서 3학점 강의를 기준으로 VIEW 가족들이나 선교사들은 100불, 그 외의 사람들은 200불로 결정했습니다. 그런데 놀랍게도 돈을 받으니까 청강하는 사람들의 숫자가 증가하기 시작했습니다. 그리고 돈을 받기 시작하니까 등록한 사람이 중간에 그만두는 일이 거의 없게 되었습니다.

저는 지난 2월 14-18일에 강화도 성산예수마을에서 '기독교 세계관 기초' 강의를 진행했습니다. 그리고 그 강의를 보급하기 위해 그 때 모든 강의를 MP3 파일로 녹음했습니다. 그 강의에 참가한 사람들 중에도 다시 한 번 녹음으로 강의를 듣고 싶다는 사람들이 있었습니다. 녹음 강의의 가격을 결정하면서(강의를 준비한 유경상 간사님은 좀 싸게 보급하고 싶은 마음이 있었지만), 저는 23시간의 강의(약 440MB)가 녹음된 CD 1장과 116면에 이르는 강의록을 합쳐서 9만원에 받기로 추천했습니다. 저는 이미 월급을 받고 있기 때문에 여비를 위한 최소한의 강사료만 받으면 되지만, 그것을 위해 뒤에서 보이지 않게 허구한 날 수고하는 간사들과 DEW의 운영을 위해서는 반드시 제대로 돈을 받아야 했기 때문입니다. 또한 자신의 것을 자기가 귀중히 여기지 않으면, 아무도 귀중히 여기지 않을 것이기 때문입니다.

5) 제사장으로서의 유급 봉사자 : 저는 VIEW를 운영하면서 이것은 돈을 벌기 위해서나 몇 사람의 생활을 해결하기 위해서가 아니라 섬기기 위해서라고 담대하게 말할 수 있습니다. 그렇기 때문에 공부에는 별 관심이 없이 등록금을 낼 테니 학생으로 받아만 달라고 하는 제안들에

대해서 유혹을 느끼지 않습니다. 물론 우리가 살아있는 동안 돈 문제는 항상 우리를 따라다닐 것입니다. 하지만 돈을 버는 것이 가장 중요하다면, 저는 VIEW가 존재할 이유가 없다고 믿습니다. VIEW가 제대로 된 프로그램을 하지 못한다면, 다시 말해 하나님 나라를 위해 제대로 봉사하지 못한다면, 그 즉시로 VIEW는 존재가치가 없다고 생각합니다. 그래서 청소년 세계관 캠프나 교회를 섬기는 세계관 사역 등 VIEW가 섬길 수 있는 영역이 있다면 어떻게든 섬기려고 합니다. 그러면서도 우리는 늘 몇 가지를 유의해야 합니다.

먼저 섬김의 동인이 탐욕으로 변질되지 않도록 늘 유의하는 것이 필요합니다. 섬김의 사역에서 돈은 매우 중요한 요소입니다. 재정적인 면에 대한 치밀한 계획 없이 시작하는 사역은 아무리 그럴듯한 사역이라도 얼마 있지 않아서 문을 닫든지 아니면 변질되어 하나님 나라에 해를 끼치게 됩니다. 실제로 성령으로 시작한 사역들도 육체로 마치는 일이 종종 있습니다. 그러므로 우리는 돈을 받고 섬김의 사역을 하면서도 그것이 탐욕으로, 다시 말해 사역의 주요한 동인이 돈으로 변질되지 않도록 극도로 조심해야 합니다.

둘째, 섬김에 대한 확고한 자세만 견지하고 있다면, 우리는 목회가 거룩한 것처럼 다양한 비즈니스도 거룩한 제사장적 소명임을 기억하는 것이 필요합니다. 우리는 자원봉사를 하거나 돈을 받고 일을 하거나 자신을 섬기는 제사장으로 생각해야 합니다. 돈을 받고 판다는 것은 더 나은 섬김을 위한 방법일 뿐입니다. 물론 우리는 소비자의 입장에서 파는 사람들을 거룩하게 생각해 줄 수도 있어야 합니다.

저는 제가 관심이 있는 세계관이나 창조론 운동에서도 프로, 즉 전업 사역자가 나오기를 기대합니다. 이 사역으로 자신의 생계를 이어가는 그런 유급 사역자들이 나와야 이런 운동들이 지속적으로 사람들을 섬길 수 있는 수준 높은 사역으로 발전해 갈 것입니다. 그런 유급 봉사자들이 있어야 교회나 그 외 기관에서 사람들을 훈련할 수 있는 제대로 된 자료들을 제작할 수도 있습니다. 그럴 때 우리가 공부하고 훈련받는 바가 하나님 나라를 위한, 하나님 나라의 백성들을 위한, 나아가서 하나님을 위한 진정한 봉사가 될 수 있을 것입니다. 그럴 때 우리는 "각각 은사를 받은 대로 하나님의 각양 은혜를 맡은 선한 청지기 같이 서로 봉사하라"(벧전 4:10)는 말씀대로 살 수 있을 것입니다.

창조론 논쟁

29_ 한 창조론자의 회개

30_ 진리에 대한 확신과 도그마에 대한 옹고집

31_ 단일격변에서 다중격변으로

32_ 창조방법 논쟁

33_ 천년이 하루 같고

34_ 기독교적 지성의 무덤

35_ 아담 이전의 죽음

36_ 창조연대 논쟁

37_ 지적설계운동

29. 한 창조론자의 회개

하나님! 창조의 신비를 풀어보겠다고 동분서주한 지난 세월들을 아픈 마음으로 돌이켜봅니다. 창세기의 충격을 경험한 지 28년, 그리고 창조론 공부에 저의 인생을 드리기로 작정하고 제대로 된 창조론 책을 써 보려고 마음을 정한 지 25년. 하지만 창조의 신비를 풀기는커녕 도리어 혼란을 더 가중시켰음을 고백합니다. 저는 열심히 공부하려고 했습니다. 하나님 앞에서 겸비한 자가 되고 싶었습니다. 또 충성된 진리의 증인이 되고 싶었습니다. 하지만 뿌리 깊은 저의 죄성으로 인해 오히려 악하고 교만한 삶을 살아온 것을 회개합니다. 제가 뭘 잘못했는지도 모른 채 자고하며 자랑하며 살아온 것을 회개합니다.

하나님! 제가 옳다고 생각하며 주장해 온 것들을 생각할 때도 부끄러울 뿐입니다. 독선과 아집, 교만과 자기 의로 눈이 멀어 저와 다른 주장을 하는 사람들을 비난하고 정죄했습니다. 하나님의 형상대로 지음 받은 사람들, 그리스도께서 십자가에서 피 흘려 구속하신 하나님의 자녀들을 단지 저와 생각이 다르다는 이유로 무시하고 미워한 것을 회개합니다. 사랑 안에서 참된 것을 말하지 않고 도리어 참된 것을 말한다는 명분으로 사람들의 마음을 상하게 한 것을 회개합니다. 짧은 세 치의 혀로, 네 치의 필로 많은 사람들의 마음에 비수를 꽂았으니, 저는 교만한 자요, 진리의 걸림돌이었음을 고백합니다.

하나님! 지난 25년간 저는 잘 알지도 못하면서 많은 사람들을 가르쳤습니다. 성실하게 공부하지도 않았으면서 열심히 공부한 척했습니다. 물리학의 좁은 한 분야의 박사가 마치 지질학이나 생물학, 천문학, 화학, 때로는 성경과 신학 등 모든 분야의 박사인 것처럼 남을 속인 것을 회개합니다. 자신은 진지하게 연구하지도, 고민하지도 않았으면서 다른 사람들이 오랫동안 성실하게 연구한 결과들을 쓰레기처럼 취급한 파렴치한 저의 행동을 회개합니다. 사랑 없이 말하는 진리는 차라리 침묵만도 못하다는 것을 알지 못한 채, 예수님께서 피 흘려 사신 하나님의 백성들을 진리를 빙자하여 정죄하고 판단하였으니, 저는 정말 어찌할 수 없는 죄인이요, 진리에 대해 눈이 먼 자였습니다.

하나님! 그동안 교만한 마음으로 사람들을 가르쳐온 자신을 돌아봅니다. 저의 이론과 주장에 불리한 증거들을 애써 은폐, 왜곡, 축소시켰습니다. 때로는 대중들의 갈채에 눈이 어두워서 양심의 소리를 무시한 채 인기에 영합했습니다. 틀린 것을 진리인 양, 확실하지 않은 추측을 증명된 진리인 양 뻔뻔스럽게 주장한 것을 회개합니다. 자신의 이론을 위해 있는 증거를 없다고 하기도 하고, 없는 증거를 있다고 하기도 한 것을 고백합니다. 저는 성경이 무오하다고 믿는 것이 아니라 저의 성경 해석이 무오하다고 믿었습니다. 그리고 내 해석은 도무지 틀릴 수가 없다는 교만한 마음으로 다른 사람들을 정죄한 것을 회개합니다. 자연의 증거를 자세히 살펴보지도, 성경의 문맥을 깊이 연구해 보지도 않고, 하나님의 지혜를 겸손하게 구하지도 않은 채, 자기 의와 인간의 얕은 지혜로 진리의 빛을 가린 죄를 고백합니다. 저는 교만하고 무지한 말로 하늘의 이치를 가린 자였습니다.

하나님! 영원에 비추어보면 하루살이만도 못한 제가 지구와 우주의 역사를 다 아는 것처럼 건방을 떨며 창조 연대 논쟁을 했습니다. 잘 알지도 못하면서 지구와 우주의 연대를 두고 많은 사람들을 정죄한 것을 회개합니다. 처음에는 확실한 증거도 없이 지구와 우주가 오래 되었다고 주장하는 자들을 진화론자로, 나아가 무신론자로 매도했습니다. 그리고 후에는 지구와 우주의 연대가 6천년 밖에 되지 않았다고 주장하는 사람들을 무지하고 교만한 맹신주의자라고 비난했던 것을 회개합니다. 그래서 우주와 지구의 역사보다도, 대폭발 이론보다도, 날-시대 이론보다도 비교할 수 없이 귀중한 형제 사랑을 버렸습니다. 천하보다 귀한 생명을 지푸라기 같은 과학적 사실들과 바꾸었으니, 저는 처음 사랑을 버린 자요, 하나님의 심판을 피할 수 없는 자였습니다.

하나님! 제가 저와 다른 세계관을 가졌던 사람들은 어떻게 대했는지 생각할 때도 부끄러울 뿐입니다. 진화론이 아니라 진화론자들을 미워했고, 무신론이 아니라 무신론자들을 미워한 것을 회개합니다. 진화론자들 중에도 당신의 자녀들, 천국에서 다시 만날 당신의 백성들이 얼마나 많은데…. 어쩌면 무신론자들 중에도 당신의 은혜를 깨닫고 돌아와 천국에서 영원히 함께 살 사람들이 있을 텐데…. 저는 교만하게도 하나님의 자리에 앉아서 당신의 형상대로 지음 받은 사람들을 판단하고 정죄한 것을 회개합니다. 저는 조급해서 저들을 기다리지 못했고, 저들의 마음에 다툼과 분노의 마음을 심었습니다. 저는 하나님의 사랑과 복음의 능력을 왜곡했습니다.

하나님! 겉으로 보기에 거룩한 듯하고 하나님 나라를 위한다는 명분을 내세우는 일들조차 부끄러운 동기를 가졌을 때가 많았음을 고백합니다. 때로 아이들이 부모님에게 뭔가를 해드리기 위해 노력하다가 도리어 더 많은 일거리들을 만드는 것처럼, 제가 하나님 나라를 위해 뭔가를 하려고 했던 것들 중에도 도리어 교회를 해치고 하나님 나라의 쓰레기 내지 골칫거리들을 만든 적이 많았음을 회개합니다. 복음에 합당한 자로 살려고 노력하는 듯이 보였던 것들조차도 돌아보니 냄새나고 흉한 자취들뿐이고, 은밀하게 저의 욕심을 채운 적이 많았음을 고백합니다. 저는 창조론을 공부하면서 많은 사람들과의 관계를 깨뜨렸습니다. 저들의 마음에 대못을 박았으며, 많은 오해를 만들어낸 장본인이었습니다.

하나님! 제가 그동안 쏟아낸 많은 말들과 저의 실제 삶을 비교해 봐도 부끄러울 뿐입니다. 저는 니체나 마르크스와 같이 말과 글로서 하나님의 존재를 부정하는 이론적 무신론자는 아닙니다. 그리고 주변 사람들에게 무신론자로 알려져 있지도 않습니다. 하지만 삶의 구석구석을 살펴보면 도무지 하나님이 안 계신 것처럼 사는 실천적 무신론자일 때가 많았음을 고백합니다. 하나님이 계신다고, 하나님의 심판이 분명히 있다고 외치면서도 때로 하나님도, 심판도 없는 것처럼 살았던 것을 회개합니다. 저는 바리새인과 같은 위선자로서 하나님 나라에 많은 해를 끼친 자였습니다.

하나님! 창조 신앙을 전한다는 거창한 명분을 내걸고 좌충우돌하면서 살아온 지난 세월들을 회한의 마음으로 돌아봅니다. 진리를 수호한다고 떠들면서 얼마나 날카로운 가시와 쓴 뿌리들을 많이 만들어냈으며, 얼마나 많은 독기와 독소들을 뿜어냈는지, 그로 인해 얼마나 많은 사람들을 넘어지게 했는지 모릅니다. 다만 앞으로 저의 살 날이 이미 산 날보다 적게 남았고, 그래서 저의 어리석음으로 인해 실족하며 분쟁 가운데 빠질 사람들이 많지 않음을 감사드릴 뿐입니다. 한 사람의 소자가 아니라 그 많은 당신의 자녀들을 혼란과 실족과 분쟁에 빠지게 했으니, 저는 연자 맷돌을 목에 달고 깊은 바다에 열백 번 던져져야 마땅할 죄인입니다. 오, 하나님, 저의 무지와 교만을 언제까지 참으시겠습니까? 언제까지 이 악하고 파렴치한 자를 버려두시겠습니까? 이 악하고 게으른 종을 용서해 주옵소서.

하나님! 이제 이 땅 위에서 저의 남은 날들을 바라보며 당신의 은혜를 구합니다. 영원한 영혼이 유한한 육체에 거함으로 인해 맞닥뜨리는 인생의 허무를 저의 힘으로는 극복할 수 없습니다. 예수님의 희생과 보혈의 공로가 아니라면, 그래서 영원하시고 무한하신 하나님께 잇닿지 않는다면, 저는 도무지 소망이 없는 자입니다. 저는 다른 사람들을 위해 제 아들의 손가락 하나도 자를 수 없는데, 창조주이신 하나님께서는 어떻게 이 벌레와 같은 죄인을 위해 아들을 십자가에 못 박아 죽이기까지 사랑하셨습니까? 정말로 그와 같은 하나님의 은혜와 사랑이 아니었다면, 저는 세상에 존재할 수도, 존재할 가치도 없는 쓰레기에 불과합니다. 이 땅에 살았던 지난 반세기의 삶을 돌아보며 하나님과 사람들 앞에 범한 많은 죄와 잘못의 작은 부분이나마 보상할 수 있기를 바라면서 두렵고 떨리는 마음으로 이 글을 씁니다.

30. 진리에 대한 확신과 도그마에 대한 옹고집

지난 월요일 아침, 학교에 출근하는데 정문 앞에서 60대 중반쯤 되는 백인 남자 한 분이 피켓을 들고 시위를 하고 있었습니다. 학교로 들어가기 위해 우회전을 하다가 갑자기 보았기 때문에 피켓에 어떤 내용이 적혀 있는지 정확하게 읽을 수가 없었고, 또 출근 시간이라 복잡해서 차를 멈출 수도 없었습니다. 하지만 얼핏 "… Genesis …"라는 단어가 보여서 눈이 번쩍 띄었습니다. 그래서 다음 날 아침, 혹시나 싶어서 주위를 살피면서 학교로 들어가는데, 여전히 동일한 분이 피켓을 들고 시위를 하고 있었습니다. 피켓에는 "TWU Denies Genesis"(트리니티 웨스턴 대학은 창세기를 부정한다)라고 적혀 있었습니다.

저는 그제야 수일 전에 TWU 캠퍼스에서 열렸던 강연을 떠올리면서 그 시위가 부분적으로 저를 향한 것임을 알게 되었습니다. 내용인 즉, 수일 전 과학사(지질학사)를 전공한 몰텐슨(Terry Mortensen)이라는 분이 대학에 와서 창조론 강의를 했는데, 그 분이 강의할 때 저와 다른 세 명의 TWU 교수가 질문한 것이 문제가 된 것이었습니다. 그는 우주의 기원에 대한 얘기를 하면서 현대 천문학이나 우주론에서 제시하는 모든 이론들을 비판했습니다. 그는 달의 기원에 대한 이론도, 태양계 형성에 대한 이론도, 대폭발 이론도 모두 틀렸다고 주장했습니다. 그리고 하나님이 말씀으로 우주와 그 가운데 있는 모든 것들을 창조하셨다고 했습니다.

강의가 끝난 후 질문 시간에 저는 첫 번째 질의자로 일어나서 여러 천문학 이론들이 문제가 많다는 것에는 동의를 하겠는데, 그렇다면 당신의 이론은 무엇이냐고 물었습니다. 그는 현대 과학의 이론은 모두 틀렸으며, 자신은 하나님이 말씀으로 천지를 창조하셨음을 믿는다고 했습니다. 그래서 저는 하나님이 말씀으로 천지를 창조하셨다는 것은 저도 믿는데, 말씀으로 어떻게 창조하셨냐고 물었습니다. 그랬더니 그 분은 성경에 있는 부활이나 기적을 과학적으로 설명할 수 없듯이, 하나님이 말씀으로 우주를 창조한 것은 과학적으로 설명할 수 없다는 얘기를 되풀이 했습니다. 그래서 저는 과학적으로 설명할 수 없는 기적들이 얼마든지 있을 수 있음은 저도 믿지만, 그것이 모든 과학적 접근들을 배격하는 이유가 되어서는 안 된다고 지적했습니다. 그리고 하나님이 말씀으로 창조하셨다는 것은 창조의 방법이 아니라 창조주를 강조하는 말이며, 구체적인 이론이 없이 다만 하나님이 말씀으로 창조했다고 주장하는 것은 일종의 '방법론적 맹신주의'(methodological fideism)일 수 있다고 했습니다.

저의 질문에 이어 지질학과 교수와 신학과 교수가 일어나 질문을 했습니다. 지질학과 교수는 몰텐슨이 지질학에 대해서 너무 모른다고 몰아세웠고, 신학과 교수는 몰텐슨의 창세기 해석에 심각한 문제가 있다고 비판했습니다. 이에 대해 몰텐슨은 자신이 지질학자가 아니라 역사가임을 시인했습니다. 그리고 자신은 시카고 트리니티신학교(TEDS) 출신이지만, TEDS 교수들도 자신의 성경해석에 동의하는 사람이 없다고 했습니다. 또 고든-콘웰 신학교 명예총장이자 유명한 구약학자인 카이저(Walter C. Kaiser) 박사와 다른 여러 주요 신학자들도 자신의 창세기 해석에 동의하지 않는다고 했습니다.

두 교수가 번갈아가면서 질의를 하는 동안 강사는 거의 비슷한 대답을 반복했기 때문에 그들의 질의-응답이 끝날 때쯤에는 절반 이상의 사람들이 나가버렸습니다. 네 번째 질의자와 토론할 때는 예정시간보다 근 한 시간 이상이 지났기 때문에 좌석에는 주로 이번 집회를 주선한 단체에서 온 사람들만이 남아 있었습니다. 언제 끝날지도 모르는 평행선 토론이 너무 지루해서 인내심을 시험하고 있던 저도 결국 일어나서 걸어 나올 수밖에 없었습니다.

저는 이번 일을 통해 우리가 기원에 대해서 무엇을 알 수 있을까를 다시 한 번 생각해 보았습니다. 과학이 더 발달하고 사람들의 지식이 쌓인다고 해서 시간 내적인 유한한 인간이 만물의 기원에 대해 모든 것을 알 수 있을까? 갈릴레오가 말한 것처럼 성경도, 과학도 모두 하나님이 주신 것이라면(그리고 하나님이 신실하신 분이라면), 이 두 가지 '기록'은 서로 상충될 수 없습니다. 그러므로 과학으로 모든 것을 설명할 수 있다는 듯이 주장하면서 성경을 부정하는 것이나, 성경을 과학 교과서로 삼고 (물론 말로는 성경은 과학 교과서가 아니라 하더라도) 그것의 문자적 해석에 집착하여 과학의 모든 이론들을 엉터리라고 주장하는 것은 모두 치우친 태도라고 할 수 있습니다.

중요한 것은 열린 마음, 겸손한 자세입니다. 과학적 증거에 대한 자신의 이론도, 성경에 대한 자신의 해석도 틀릴 수 있음을 인정하는 것이 필요합니다. 노욕과 노익장이 구별되어야 하듯, 진리에 대한 확신과 도그마에 대한 옹고집은 분명히 구별되어야 합니다. 다른 사람이 무슨 얘기를 하든지 내 이론과 해석은 도무지 틀릴 수 없다는 경직된 태도는 진리를 추구하는 사람들이 가장 경계해야 할, 일종의 이데올로기화 된 신앙이라고 할 수 있습니다. 예수 그리스도의 성육신과 대속적 죽음, 육체적 부활과 재림, 심판과 지옥, 천국과 영생 등 기독교 신앙의 근간이 되는 교리가 아니라면(아마 어떤 사람들은 자신의 주장이 모두 기독교의 근본 교리에 연관되어 있다고 주장할지 모르지만), 내 이론과 해석은 틀릴 수 없다는 자세야말로 어떤 틀린 이론이나 잘못된 해석보다도 더 비기독교적이고 진리를 대적하는 태도라고 할 수 있습니다. 그것은 진리에 대한 확신이 아니라 자기 도그마에 대한 옹고집이며, 진리를 수호하는 것이 아니라 자기 도그마를 수호하는 것이기 때문입니다.

31. 단일격변에서 다중격변으로

다중격변설(Multiple Catastrophism)은 2006년 7월, 제가 『창조와 격변』(예영)이라는 책을 통해 제시한 지구 역사에 대한 하나의 이론입니다. 이 이론에서는 현재 지구상의 모든 지층과 화석은 노아 홍수와 같은 한 차례의 격변(단일격변)이 아닌 여러 차례의 전 지구적, 혹은 국부적 격변으로 형성된 것이며, 이 격변들 중 마지막 전 지구적 격변이 노아의 홍수일 거라는 가설입니다.

제가 다중격변설을 생각하게 된 가장 직접적인 출발점은 지구상에 존재하는 수많은 대형 운석공들이었습니다. 지금까지 전 지구적 멸종(격변)을 일으킬 수 있는 직경 100km 이상의 운석공만도 5개, 한 대륙을 멸종시킬 수 있는 직경 30km 이상의 운석공도 27개나 발견되었습니다. 이들은 대부분 지구 표면의 30%를 차지하는 육지에서만 발견되었기 때문에, 만일 지구 표면의 나머지 70%를 차지하는 바다에 떨어진 운석들까지 포함한다면 이보다 3배 이상 늘어날 것이 분명합니다. 이것은 지구 역사에서 전 지구적인 격변이 우리의 생각보다 훨씬 더 많이 일어났음을 말해주고 있습니다.

다중격변설을 생각한 것은 불과 수년 전이지만, 저는 그 이전에도 오랫동안 지구의 역사를 성경적 관점에서 다시 해석할 수 없을까를 고민해 왔습니다. 제가 처음으로 창세기의 과학적 연구에 관심을 갖게 된 것은 1978년, 당시 건국대 물리학과 쥬영흠 교수님의 강연 때문이었습니다. '창세기의 우주과학적 해석'이라는 제하의 강연을 통해, 쥬 박사님은 창세기를 과학적인 연구결과들과 비교하면서 연구할 수 있다는 주장을 하셨는데, 이것은 그 때까지 과학과 창세기의 관계를 심각하게 고민하지 않았던 제게 일종의 충격이었습니다.

하지만 창세기 1장의 창조주간의 '날'(욤, day)을 '시대'(age)로 보았던 전형적인 진행적 창조론자였던 쥬 박사님의 도전은, 6천년/대홍수론자인 모리스(Henry M. Morris)를 위시한 미국 창조과학자들이 인도한 1980년 창조과학 강연을 기점으로 완전히 저의 관심사에서 멀어져 갔습니다. 그로부터 7년간 저는 의심의 여지없는 젊은 지구론자이자 단일격변론자로서 열변을 토하고 다녔습니다.

언젠가 울산대 어느 선교단체 초청으로 창조론 강의를 갔다가 예나 다름없이 젊은 지구에 대한 확신을 토한 적이 있었습니다. 그런데 강연 후 어느 교수님이 조용하게 다가와서 심각하게 "양 교수님은 정말 우주가 6천년 되었다고 믿으십니까?"라고 질문하셨습니다. 물론 저는 주저하지 않고 "네"라고 대답했습니다. 그랬더니 그 분은 더 이상 얘기할 가치가 없다는 듯 아무 얘기도 하지 않으시고 돌아서서 나가셨습니다. 저는 아직도 그 분의 기가 막힌다는 표정을 잊을 수가 없습니다.

1987년까지는 제가 젊은 우주에 대한 확신을 가졌던 시기였습니다.

이 기간 중에 저는 1년간 시카고대학에서 객원학자로 지낼 기회가 있었습니다. 그 동안 저는 시카고 인근에 있는 위튼대학(Wheaton College)이나 트리니티신학교(TEDS) 학자들을 만날 기회가 있었습니다. 그런데 참으로 이상한 것은 복음주의 진영의 본부라고 할 수 있는 이들 학교 학자들(과학자들과 신학자들 모두)이 하나 같이 창조과학을 반과학적일 뿐 아니라 비성경적이라고 비판한다는 사실이었습니다. 당시 저는 '성경을 있는 그대로 믿는 창조과학을 반대하는 학자들이 있다니 이들이 정말 복음주의 학자들이 맞는가!' 라고 분노했습니다. 하지만 그 일로 인해 저는 비로소 근본주의적인 창조과학자들의 문헌에 더하여 복음주의자들의 문헌을 접하기 시작했습니다.

그로부터 2003년까지는 젊은 우주에 대한 저의 확신이 줄어가면서 고민하던 시기였습니다. 이 시기의 가장 중요한 사건은 바로 제가 미국 위스콘신대학(University of Wisconsin-Madison)에서 과학사로 문학석사(MA)를, 위튼대학에서 신학으로 문학석사(MA)를 마친 일이었습니다. 저의 인생에서 처음으로 제대로 인문학적 훈련을 받은 것이었습니다. 그 후 창조론에 대한 과학적, 신학적, 교회사적 공부에 집중하면서 저는 6천년/대홍수설에 기초한 지구 역사 해석이 과학적인 면에 있어서는 말할 것도 없고, 성경해석에서도 심각한 문제가 있음을 천천히 깨닫게 되었습니다. 그리고 주요 복음주의 학자들이 왜 그렇게 강력하게 창조과학에 반대하는지도 조금씩 이해할 수 있게 되었습니다. 그 동안 제가 젊은 우주의 증거라고 생각하면서 주장하던 증거들이 하나씩 반증 내지 부정확함을 알게 되었습니다. 그리고 그동안 잘못된 증거라고 비판하던 오랜 우주의 증거들이 제가 생각하던 것보다 훨씬 더 많은 연구에 기초하고 있음도 알게 되었습니다.

물론 어떤 한두 가지 증거에 의해 제가 갑자기 우주나 지구가 오래되었을 수 있다는 확신을 가진 것은 아니었습니다. 여전히 젊은 지구 문헌을 읽을 때는 그 쪽으로, 오랜 지구 문헌을 읽을 때는 다시 반대쪽으로 기울곤 했습니다. 이렇게 흔들리는 동안 1996년에는 비록 강의록 모음이었지만, 많은 분들의 사랑을 받았던 『창조론 대강좌』를 출판했습니다. 이 책에서 저는 젊은 지구 쪽으로 기울기는 했지만, 오랜 지구의 증거도 동시에 제시하였습니다. 그러면서 그 때부터 2003년까지 저는 정말 밤잠을 설치는 큰 혼돈 가운데 지냈습니다. 창조연대에 관한 한 절망과 불가지론의 늪에서 허우적거렸지요.

그러는 동안 1997년, 저는 기독학술교육동역회(DEW)의 파송을 받아 경북대를 사임하고 밴쿠버로 떠나게 되었습니다. 그리고 밴쿠버에서는 VIEW를 설립하여 창조론을 가르치면서 동시에 미국과 캐나다를 위시한 전 세계 지역에서 수많은 야외 탐사와 수십 개의 자연사 박물관 탐사를 했습니다. 점차 늘어만 가는 오랜 우주의 증거들을 단번에 뒤집을 수 있는 결정적인 증거가 없을까 고민하면서 캐나다와 미국은 물론 영국, 독일을 비롯한 여러 유럽 국가들과 일본, 호주 등 기회가 닿기만 하면, 어디든지 미친 듯이 쫓아다녔습니다. 다행스럽게도 제가 가장 많은 탐사여행을 했던 캐나다와 미국 서부는 격변의 보고라고 할 정도로 수많은 지질학적 증거들로 가득 찬 곳이었습니다.

그러던 중 저는 우연찮게 200여 년 전, 프랑스의 위대한 생물학자이자 창조론자였던 퀴비에(George Cuvier)가 제시한 다중격변설에 관한 (영어로 번역된) 글을 읽게 되었습니다. 그때 마침 1994년 7월 슈메이커-레비 혜성이 목성과 충돌한 사건으로 인해 전 세계적으로 소행성 충돌에 대한 관심이 높아지면서 지구에 떨어진 운석공 연구가 많이 이루어졌습니다. 이어 1978년 노벨물리학상 수상자인 루이스 알바레즈(Luis W. Alvarez, 1911-1988)와 그의 아들 월터 알바레즈 부자(父子)팀이 예측한, 중생대를 끝내게 한 대형 운석공이 멕시코 유카탄 반도(Yucatan Peninsula) 칙술럽(Chicxulub)에서 확인되었습니다. 직경 180km, 깊이 1,600여m에 이르는 이 운석공의 발견과 더불어 이 운석이 지구와 충돌하면서 일으킨 대규모 지진으로 인한 해일(쓰나미)의 흔적이 멕시코만 곳곳에서 확인되면서 과학자들 사이에서는 운석공으로 인한 전 지구적 멸종의 확신이 점차 확산되게 되었습니다.

이런 관심들은 전문적인 연구들로, 그리고 수많은 논문과 책으로 발표되었습니다. 쏟아지는 전문 학자들의 연구 결과들을 접하면서 저는 어쩌면 퀴비에 당시에는 지질학적, 천문학적 증거가 부족하여 단순한 개념에 불과했던 다중격변설이 지구의 역사를 바르게 설명할 수 있는 모델일 수 있겠다는 희미한 확신을 갖게 되었습니다. 2003년에 처음으로 이 모델을 접했는데, 그 후 이 모델을 다듬어가면서 저는 창조과학의 단일격변모델로도, 현대 지질학의 동일과정설로도 설명할 수 없는 것을 다중격변설로 설명할 수 있을지 모른다는 좀 더 큰 가능성을 보게 되었습니다.

다중격변설의 기본적인 골격은 마침 2004년 여름, 제가 근무하고 있는 밴쿠버 인근 Trinity Western 대학에서 개최된 북미주 기독과학자협회(ASA/CSCA) 연차 대회 발표를 통해 다듬었습니다. 그 후 저는 이 모델을 국내외 몇몇 곳에서의 강의와 그리고 VIEW 대학원 학생의 졸업논문 지도를 통해 좀 더 다듬었습니다. 그러는 동안 처음에 과학적으로나 성경해석학적으로 불분명했던 것들을 좀 더 분명하게 설명할 수 있게 되었습니다. 또한 어떤 의미에서는 이 모델이 창조과학의 단일격변설을 포함하면서도 현대 지질학의 여러 문제들을 설명할 수 있다는 확신을 갖게 되었습니다. 과학철학자 라카토스(Imre Lakatos)의 표현을 빌린다면, 다중격변설은 전진적 연구 프로그램(Progressive Research Program)일 수 있다는 확신을 갖게 된 것입니다.

다중격변설에서는 현대 지질학에서 절대연대를 측정하는 표준적인 방법으로 자리 잡은 방사능 연대나 현대 천문학에서 관측하고 있는 먼 우주(deep space), 세계 곳곳에서 발견되는 대규모 운석공 등을 설명하기 위해 젊은 지구론자들이 제시하는 어색한 가정을 하지 않아도 됩니다. 이 외에도 다른 모든 생물들의 화석은 풍부하게 발견되는데, 인류의 경우는 화석이 아니라 유골만이 출토되는지(대홍수 전에 그렇게 많은 사람들이 살았다는데), 왜 석유(해양 기원이라 추정되는)와 석탄(육지 기원)이 같은 지역에서(예를 들면 캐나다 앨버타 주) 생산될 수 있는지, 어떻게 그 단단한 현무암이(워싱턴주 컬럼비아 계곡 등에서 볼 수 있는) 그렇게 깊은 수로로 침식될 수 있었는지, 어떻게 그렇게 깊으면서 여러 지층들이 선명하게 구분되는 그랜드 캐넌이 형성될 수 있었는지, 왜 100억 광년 이상 떨어진 은하들이 지금도 관측되는지 등등을 설명하기 위해 어색한 가정을 하지 않아도 됩니다.

물론 다중격변설로 모든 것을 설명할 수 있는 것은 아닙니다. 이 이론으로도 과학적으로나 성경해석학적으로 설명이 어색한 부분이 전혀 없는 것은 아닙니다. 그러나 창조론에 본격적인 관심을 가졌던 지난 30여년 가까운 저의 경험으로 볼 때, 이 이론은 물밀듯이 쌓이고 있는 과학적 연구 성과들을 성경적 관점에서 해석할 수 있는 가장 나은 모델이라고 생각합니다. 그러면서도 여전히 이 이론은 오늘날 관측할 수 있는 자연과 말씀의 수많은 증거를 바르게 이해하려는 한 그리스도인 학자의 노력일 뿐입니다. 이 이론은 겸손하고 진지한 대화에 활짝 열려있는, 다시 말해 결정적인 반증의 증거가 나온다면, 언제든지 폐기처분할 수 있는 일종의 작업가설(working hypothesis)이라고 할 수 있습니다.

32. 창조 방법 논쟁

지난 수백 년 동안 우주와 그 가운데 있는 생명체들이 어떻게 존재하게 되었는가에 대해 기독학자들과 세속학자들 사이에 날카로운 의견 대립이 있어 왔습니다. 그러나 이런 의견의 대립은 비단 신자와 불신자 사이에서만 존재하는 것이 아니라 신자들 사이에서도 존재합니다. 이것은 하나님의 창조를 믿는 창조론자들 내부에도 다양한 의견이 있음을 의미합니다. 특히 20세기, 창조과학의 등장과 더불어 시작된 복음주의 진영 내에서 창조론 논쟁은 심각한 분열과 다툼으로 치닫고 있습니다. 그래서 혹자는 세속학자들 사이에 존재하는 기원에 대한 의견의 차이나 다양성보다 기독학자들 사이에 존재하는 기원에 관한 의견의 차이가 더 크고 다양하다고도 말합니다. 그러면 왜 같은 성경과 같은 창조주를 믿는 기독학자들 사이에서도 그렇게 다양한 의견들이 존재할까요?

이는 일차적으로 성경이 하나님의 창조 방법이나 기간에 대해 구체적인 언급을 하고 있지 않기 때문입니다. 흔히 하나님이 무에서 창조하셨다고 하는 것은 창조의 방법이 아니라 창조주에 초점이 맞추어져 있는 말입니다. 하나님이 "말씀하시니… 그대로 되었다"는 언급은 창조

기간이나 방법이 아니라 하나님의 전능하심을 표현하는 말입니다. "태초에 하나님이 천지를 창조하시니라"는 언급도 하나님이 천지를 창조하셨다는 사실 그 자체를 선포하는 것이지, 하나님이 언제, 얼마의 기간 동안, 어떻게 창조하셨음을 말하지는 않습니다.

한 예로 "종교개혁자 칼빈이 『기독교 강요』를 썼다"라는 말을 생각해 봅시다. 이 문장을 말로 표현하는 데는 5초 이내의 시간이 소요됩니다. 그렇다고 해서 칼빈이 5초 이내에 이 책을 썼다고 생각하는 사람은 없을 것입니다. 마찬가지로 창세기 1장 1절을 5초 이내에 말할 수 있다고 해서 하나님이 5초 이내에 천지를 창조하셨다고 해석할 필요는 없습니다. 물론 이 두 문장에는 차이가 있습니다. 곧 칼빈은 유한한 인간이어서 5초 이내에 책을 쓸 수 없지만, 하나님은 5초보다 훨씬 짧은 기간으로부터 훨씬 긴 기간까지 자신이 원하시는 기간 동안에 천지를 창조하실 수 있다는 점입니다.

우리는 "종교개혁자 칼빈이…"로부터 책의 저자가 누군지, 책의 제목이 무엇인지 추론하는 것은 가능하지만, 칼빈이 어떤 방법으로, 얼마의 기간 동안 그 책을 썼는지는 전혀 알 수 없습니다. 마찬가지로 "태초에 하나님이…"에서도 누가, 언제(구체적인 연도가 아니라 태초에) 천지를 창조했는지는 알 수 있지만, 창조 기간이나 방법에 대해서는 알 수 없습니다. 성경이 분명하게 말하고 있지 않기 때문에, 사람들은 제2의 성경이라고 하는 자연의 증거로부터 창조의 방법에 대한 다양한 주장을 제시하는 것이지요. 이런 주장들을 창조 방법에 관한 해석들을 기준으로 분류한다면, 크게 다음과 같이 세 가지로 분류할 수 있습니다.

첫째, 하나님이 자연적인 방법으로 우주와 그 가운데 있는 생명을 창조하셨다는 주장입니다. 이들은 현대 과학의 주장들을 모두 받아들이며, 하나님께서는 현대 과학이 말하고 있는 바와 같은 과정을 통해 창조하셨다고 믿습니다. 위스콘신대학(University of Wisconsin-Madison)의 과학사가이자 저의 학위논문 지도교수였던 넘버스(Ronald L. Numbers) 교수의 책 제목이 보여주듯이, '자연법칙에 의한 창조'(Creation by Natural Laws)를 믿는 자들입니다.

이 이론을 받아들이는 대표적인 사람들은 유신론적 진화론자들입니다. 이들은 하나님이 대폭발이라는 과학적인 법칙을 따라 우주를 창조하셨고, 화학진화의 과정을 통해 최초의 생명체가 출현하게 하셨으며, 자연선택이라는 자연의 법칙을 따라 현재와 같은 다양한 생명 세계를 창조하셨다고 주장합니다. 이들은 우주와 그 가운데 있는 모든 생명체의 존재들도 모두 자연적인 법칙으로 설명합니다. 결국 이들의 주장은 창조주를 인정한다는 점을 제외한다면, 자연주의자들의 주장과 동일합니다.

둘째, 하나님이 자연적인 방법과 초자연적인 방법을 둘 다 사용하셔서 창조하셨다는 주장입니다. 이 이론에서는 사람들이 현대의 과학으로 설명할 수 있는 영역은 자연적인 방법으로, 그렇지 못한 영역은 초자연적인 방법으로 설명합니다. 그러나 이들은 자연적인 방법이든, 초자연적인 방법이든 모두 하나님의 창조 방법이라는 것에 동의합니다. 그리고 초자연적 설명의 영역은 과학이 발달함에 따라 점점 줄어갈 것이고, 자연적 설명의 영역은 점차 증가할 것이지만, 아무리 과학이 발달하더라도 초자연적인 영역이 완전히 사라지고 자연적인 영역만 남지는 않을 것이라 믿습니다. 예를 들어 대폭발 이론에 대한 증거가 아무리 많이 쌓이더라도 대폭발을 일으킨 최초의 물질(아일렘)의 기원은 원리적으로 과학적 설명이 불가능하다고 생각합니다.

이런 입장의 창조론은 진행적 창조론이나 지적설계론 등이 있습니다. 18세기 영국에서 유행했던 자연신학적 접근도 여기에 해당한다고 볼 수 있습니다. 하지만 이 주장에는 하나님이 어디까지 초자연적인 방법으로 창조하셨고, 어디서부터 자연 법칙을 따라 창조하셨는지를 판단하는 것이 쉽지 않다는 문제가 있습니다. 또 자연신학의 귀결인 간격의 하나님(God-of-the-Gaps) 개념은 하나님의 창조와 섭리를 설명하는 데 있어 신학적인 문제를 동반합니다. 만일 인간이 이해할 수 없는 현상에만 하나님이 관여하셨다고 한다면, 하나님은 온 우주의 창조주가 아니라, 우리가 이해할 수 없는 영역만을 다스리는 하나님이라는 신관의 문제가 생깁니다.

셋째, 하나님이 초자연적인 방법으로 창조하셨다는 주장입니다. 이들은 하나님이 우주와 그 가운데 생명체를 창조하실 때 우리가 이해할 수 없는 초자연적인 방법을 사용하셨다고 주장합니다. 예를 들면 이들은 지구 역사에서 유일한 전 지구적 격변은 초자연적인 노아의 홍수이며, 이로 인해 전 세계 대부분의 지층과 화석이 형성되었다고 주장합니다. 그리고 이들은 지구를 포함한 우주의 창조가 1만년 이내에 하나님의 초자연적 창조에 의해 일어났다고 봅니다. 이들은 현대 천문학에서 제시하고 있는 달이나 지구, 태양계나 은하계 형성이론도 받아들이지 않습니다. 현대 우주론의 표준 모델인 대폭발 이론도 부정합니다. 현대 과학에서 절대 연대 측정법으로 자리 잡고 있는 방사성 동위원소 연대 측정법도 받아들이지 않습니다.

이 이론의 대표적인 지지자들은 창조과학자들입니다. 이들은 성경의 문자적 해석에 근거하여 현대 과학을 평가하며, 전문 과학자들의 주장을 받아들이지 않습니다. 이들은 대체로 현대 주류 과학계에서 제시하는 것들을 반성경적이라고 비판하며 거부한다는 점에서 반과학주의 내지 맹신주의라는 비난을 받을 소지가 있습니다. 물론 이들도 나름대로 자신들의 과학적인 주장이 없는 것은 아닙니다. 하지만 이들의 핵심 주장들은 대체로 아마추어 과학의 수준을 넘지 못하고 있으며, 실제로 이 주장을 하는 사람들은 대부분 아마추어들입니다(적어도 창조론과 직접 관련된 내용에 있어서는). 이들은 성경이 과학 교과서는 아니라고 주장하면서도 성경에서 과학적인 내용들을 도출할 수 있다고 믿습니다. 그래서 성경의 권위를 인정하는 복음주의 과학자들조차 창조과학을 '나쁜 과학'(bad science)이라고 비판합니다.

위의 세 입장들 중에서 어느 주장이 더 자연을 바르게 연구하고 성경을 정확하게 해석하는 입장인지는 계속 연구해야 할 과제입니다. 그러나 한 가지 기억해야 할 것은 이들 모두가 방법은 조금씩 다를지라도 창조주 하나님과 성경의 권위를 인정하는 복음주의 계열의 창조론자들이라는 사실입니다(유신론적 진화론자들 중에는 복음주의자들이 아닌 사람들도 있지만). 큰 줄기는 같으나 세부적인 창조 방법론의 차이가 있는 것이지요. 이것은 우리들에게 창조론 논쟁에 관한 몇 가지 시사점을 제시합니다.

첫째, 현재 우주의 창조와 운행을 설명하는 자연의 법칙도, 기적이나 초자연적인 사건도 하나님이 만드신 것이고 하나님께 의존되어 있다는 점입니다. 그러므로 자연의 법칙을 따른 창조를 초자연적인 창조와 대립의 개념으로 봐서는 안 됩니다. 이들은 다만 하나님이 일하시는 방법의 차이이며, 때로는 피조세계를 이해하는 데 보완적인 역할을 할 수도 있습니다.

둘째, 하나님이 자연의 법칙을 따라 만물을 창조하셨더라도 하나님은 자연의 법칙에 매여 계시는 분이 아니라, 도리어 자연의 법칙이 하나님께 의존해 있음을 받아들이는 것입니다. 만일 하나님조차 순응해야 하는 자연 법칙이 있다면, 혹은 하나님보다 선재하는 어떤 우주의 질서가 있다면, 성경에서 말하는 하나님은 전지전능하시며 만물을 창조하신 분이 아니라, 플라톤이 말하는 데미우르고스(Demiurgos, 플라톤의 우주 생성론에 나오는 창조신의 별칭으로, 그의 세계창조는 '무(無)로부터의 창조'가 아니며, 그 자신도 전능의 신이 아니다)에 불과합니다.

셋째, 하나님은 우주를 대부분 자신이 제정하신 과학적 법칙에 따라 운행하시지만, 드물게는 초자연적인 방법으로도 역사하신다는 사실입니다. 이것은 예수님의 탄생과 성육신, 부활과 재림 등 인간의 구원과 관련된 일들에서 뿐 아니라, 자연의 운행과 관련된 경우에는 더더욱 그러합니다. 곧 하나님은 출애굽 하던 이스라엘 백성이 아말렉과 전쟁할 때나 히스기야가 목숨을 걸고 기도할 때를 제외하고는 지구의 자전이나 태양계를 뉴턴의 운동법칙이나 중력법칙, 케플러의 행성운동법칙에 의해 운행하신 것으로 생각됩니다.

결론적으로 창조론의 가장 큰 문제는 서로 다른 창조 방법론이 아닙니다. 현대 창조론의 가장 큰 적은 하나님을 비롯한 모든 초자연적인 것을 부정하거나 이들을 자연적인 방법으로만 설명하려는 자연주의입니다. 우주를 인과율의 폐쇄체계 내에서 돌아가는 하나의 거대한 기계로 보는 자연주의적 세계관에는 더 이상 어떤 초월적인 것이 개입할 여지가 없습니다. 하지만 자연주의는 전지전능하지 못한 인간이 주장하기에는 너무 교만한 주장이요, 빈약한 데이터에 기초한 과도한 외삽입니다.

예를 들어 이제 겨우 유전 기작을 이해하기 시작하면서 마치 생명의 본질을 완전히 이해하고 마음대로 생명을 만들 수 있는 것처럼 큰 소리치는 것은 주제 파악을 하지 못한 인간의 교만이라고 할 수 있습니다. 또한 우주 연구에서 이제 겨우 첫 발을 디딘 인간이 광활한 우주를 닫힌 물질계로만 파악하는 것은 지적인 교만을 넘어 불경죄라고 할 수 있습니다. 인간은 마음대로 자연주의적 관점에서 자신의 자존을 주장하기에는 너무 빈약한 존재 기반을 갖고 있습니다. 그러므로 이러한 자연주의의 도전을 뒤로한 채, 창조 방법을 두고 티격태격 싸우는 것은 적전분열(敵前分裂)이라고 밖에 말할 수 없습니다.

33. 천년이 하루 같고

창조과학자들과 복음주의자들의 창조 연대 논쟁이 뜨거운 가운데 미국 창조과학연구소(ICR, Institute for Creation Research) 물리학자 험프리스(D. Russell Humphreys)는 우주의 나이와 관련해서 흥미 있는 이론을 제시합니다. 그는 지구가 우주의 중심 가까이에 있다는 가정에서 출발합니다. 그리고 우주 중심 가까이에 있는 지구에서 엿새의 태양일이 경과하는 동안 우주 외곽에 있는 다른 천체들에서는 100억년 이상의 시간이 경과했다고 주장합니다. 이것은 중력이 큰 곳에서는 시간이 천천히 간다는 일반 상대성 이론에 근거한 주장입니다. 이 이론에 의하면 초기 우주에서는 중심 가까이에 지구와 그 인근의 많은 천체들이 집중되어 있어서 중력이 강했고 따라서 시간이 천천히 경과했지만, 우주의 외곽에는 천체들의 밀도가 낮아서 중력도 약하고 따라서 시간이 빨리 경과했다는 것입니다.

그 동안 ICR은 지구를 포함해 전 우주가 1만년 이내에 창조되었다고 주장해왔습니다. 그런데 험프리스의 주장은 지구는 6천년 되었더라도 전체 우주는 보기에 따라 100억년 이상 오래 되었을 수 있음을 인정하는 것이어서 흥미로웠습니다. 우주의 실제 나이가 얼마나 되었는지는 아무도 모르지만, 적어도 우주의 겉보기 나이는 100억년 이상 되었을 수 있다는 주장은 오랫동안 줄곧 우주의 나이를 6천년 내외라고 주장해 왔던 창조과학자들에게는 일종의 충격이라고 할 수 있습니다.

똑같이 상대성 이론을 적용하지만 험프리스와는 정 반대의 입장에서 우주의 나이를 계산해 보려는 학자도 있습니다. 유대인 물리학자 슈뢰더(Gerald L. Schroeder)가 그러한데, 그는 창조 이래로 지구는 우주의 '외곽'에 있기 때문에 100억년 이상의 시간이 경과했지만, 우주의 중심은 불과 수천 년이 경과했을 뿐이라고 주장합니다. 슈뢰더의 주장은 시간의 개념은 관찰자에 따라 달라진다는 아인슈타인의 특수 상대성 이론에 근거하고 있습니다. 이 이론에 따르면 움직이는 관찰자의 시계는 정지해 있는 관찰자의 시계보다 상대적으로 천천히 갑니다. 즉 어떤 두 사건 사이에 경과한 시간은 움직이는 시계보다 정지해 있는 시계로 쟀을 때에 더 길게 측정됩니다.

이를 쉽게 설명하기 위해 어떤 사람이 정지해 있는 우주선에서 땅에 있는 자기 집으로 한 시간마다 빛을 보낸다고 가정합시다. 그러면 우주선이 정지하고 있는 동안에는 우주선에서나 집에서 모두 정확히 한 시간 간격으로 이 신호를 받게 될 것입니다. 다음에는 우주선이 빠른 속도로 지구로부터 멀어지면서 여전히 한 시간마다 집을 향해 계속 빛을 보낸다고 합시다 그러면 집에 있는 사람이 빛을 받아보는 시간 간격은 한 시간 전보다 길어지게 될 것입니다. 왜냐하면 한 시간 전에 빛을 보내고 지금 다시 보내는 그 사이에 우주선이 그만큼 집에서 더 멀리 떨어지게 되어, 빛이 집에 도착하는 데 더 많은 시간이 걸리기 때문입니다. 결국 우주선이 집으로부터 빨리 멀어질수록 집에서 느끼는 시간은 우주선 속에서 느끼는 시간보다 길어지게 됩니다. 만일 우주선이 멀어지면서 가속되거나 감속된다면 지구의 집에서 받아보는 빛의 간격은 점점 더 길어지거나 짧아질 것입니다.

슈뢰더의 주장대로 만일 우주가 대폭발한 직후에 흩어지는 속도가 거의 광속에 가까웠다면, 그리고 그 이후 점차 감속되어 현재와 같은 우주에 이르게 되었다면 우주 생성 직후, 즉 태초의 첫날 하루 24시간은 오늘날 시간으로 약 80억 년이 됩니다. 그리고 둘째 날의 하루는 약 40억 년, 셋째 날의 하루는 약 20억 년, 넷째 날은 10억 년, 다섯째 날은 5억 년, 여섯째 날은 대략 2.5억 년이 됩니다. 이것을 현대 지질학적 관점에서 역산해 보면 다섯째 날은 지금부터 7억 5000만 년 전에 시작하여 2억 5000만 년 전에 끝난 것이 됩니다. 슈뢰더는 이 5억 년의 기간은 지질학의 고생대에 해당하며, 여섯째 날은 중생대가 시작되는 2억 5000만 년 전부터 대략 6천 년 전까지로 볼 수 있다고 했습니다. 그리고 이 기간에 지구에는 파충류와 포유류를 포함한 많은 육상동물들이 나타났고, 마지막으로 인간도 나타났다고 했습니다. 결국 우주는 우주 '변방'에서 지구라는 '우주선'을 타고 있는 인간의 관점에서 보면 150억 여 년의 오랜 역사를 갖는 것처럼 보이지만, 우주 '중심'에 있는 창조주의 관점에서 보면 단지 6일간, 즉 144시간의 기간이 지났을 뿐이라고 주장합니다.

이 두 이론 중 어느 이론이 맞을까요? 과학적으로 볼 때는 자연에는 지구와 우주의 연대가 오래되었다는 증거가 압도적으로 많기 때문에 현재로서는 슈뢰더의 이론이 맞을 가능성이 더 높다고 할 수 있습니다. 하지만 슈뢰더의 이론이 맞는지, 험프리스의 주장이 맞는지, 아니면 제3의 이론이 맞는지는 아무도 단언할 수 없습니다. 정답이 무엇인지는 우주를 창조하신 창조주만이 아실 것입니다. 피조물로서 우주의 신비를 알고 싶어 하는 우리로서는 자연에 남아 있는 여러 가지 증거들을 겸손하게 살펴볼 뿐이지요.

한 가지 분명한 것은 인간들에게는 콘크리트 벽처럼 단단한 시간이지만, 만물의 창조주 되시는 하나님께는 다만 가변적인 하나의 물리량, 즉 피조물일 뿐이라는 사실입니다. 인간은 아무리 발버둥을 쳐도 단 1분도 수명을 연장할 수 없지만, 하나님은 바로 그 시간을 진흙처럼 빚을 수 있는 분입니다.

하나님이 시간의 주인이시라는 사실, 이것은 많은 믿음의 선배들이 간파했던 바이기도 합니다. 사도 베드로가 현대 물리학의 상대성 이론을 이해했을 리 없었겠지만, 그는 믿음의 눈으로 하나님이 시간의 주인이심을 바라보았습니다. 그래서 그는 자신의 인생의 종점을 불과 수 일 혹은 수 주일 앞둔 상태에서도, 고난당하는 성도들에게 "사랑하는 자들아 주께는 하루가 천년 같고 천년이 하루 같은 이 한 가지를 잊지 말라"(벧후 3:8)고 위로했던 것입니다. 애굽에서 느보까지, 이스라엘 백성을 이끌면서 보통 사람이 천년동안 겪는 것보다 더 많은 풍상을 겪었던 모세 역시, "주의 목전에는 천년이 지나간 어제 같으며 밤의 한 경점 같을 뿐임이니이다"(시 90:4)라고 했습니다.

하나님 앞에서는 천년이 하루 같고, 하루가 천년 같을 수도 있다? 혹은 주의 목전에는 천년이 밤의 한 경점 같다? 이해가 잘 안 되지요. 하지만 혹 이 말을 상대성 이론의 관점에서 지구와 우주의 역사를 해석하는데 적용할 수는 없을까요? 좀 웃기는 얘기 같지만, 천년을 하루로 본다면 비례적으로 46억년은 12,600년에 해당한다고 볼 수 있습니다. 그렇다면 혹 사도 베드로의 말을 "사랑하는 자들아 주께는 1만년이 46억년 같고 46억년이 1만년 같은 이 한 가지를 잊지 말라"고 바꾸어 읽을 수는 없을까요?

사실 관찰자와 사건의 상대적인 위치나 속도에 따라 시간의 길이가 달라진다는 험프리스나 슈뢰더의 상대론적 시간관은 물리학적 관점에서는 조금도 이상한 일이 아닙니다. 광속에 비견할 수 있는 속도로 움직이는 입자들을 연구하는 고에너지 소립자 물리학에서는 상대론적 효과가 일상적으로 관측되니까요. 그래도 현대 물리학에 친숙하지 않은 분들에겐 뭔가 좀 이상하고 속은 듯한 느낌이 완전히 사라지지는 않겠지요. 하지만 이렇게 해서라도 우주와 지구가 오래되었을 수 있다는 주장에 대해 분기탱천한 분들을 조금이라도 위로할 수 있다면, 잠시 어릿광대가 되어보는 것도 나쁘지 않겠다는 생각에 몇 자 적어봅니다.

34. 기독교적 지성의 무덤

모든 그리스도인들은 하나님이 우주를 창조하셨다고 믿습니다. 아니 하나님이 창조하셨다고 믿는 사람들을 그리스도인이라고 불러도 크게 틀리는 말은 아닐 것입니다. 그리스도인들 사이에서 창조 여부는 논쟁의 여지가 별로 없습니다. 하지만 하나님이 어떻게 만드셨는가 하는 창조의 방법과 과정의 문제를 다룰 때는 사정이 다릅니다. 창조론자들 간의 논쟁에서(창조론자와 진화론자의 논쟁이 아니라) 가장 핵심적인 사안이 바로 이 부분입니다. 일부에서 주장하는 것처럼, 과연 하나님이 이 세상을 초자연적으로만 창조하시고 운행하실까요? 그렇다면 창조의 신비를 밝혀내고 있는 과학은 하나님이 만들지 않고 사람들이 혹은 사탄이 만들었을까요? 그렇지 않습니다. 만일 그렇게 생각한다면, 우리는 초대교회 때 심각한 문제가 되었던 영지주의적 사고에 빠질 수 있습니다.

하나님은 전능하시고 주권적인 분이기 때문에 자신의 기쁘신 뜻을 따라 우주를 창조하셨습니다. 천지를 창조하실 때는 초자연적으로도 만드실 수 있지만, 자연적인 방법, 즉 하나님이 만드신 과학 법칙을 따라서도 만드실 수 있다고 봐야 합니다. 아니면 일부는 초자연적인 방법으로, 그리고 나머지는 과학 법칙을 따라 창조하셨을지도 모르지요. 하나님은 주권적인 분이기 때문에 인간이 이해할 수 있는 방법으로만 세상을 창조해야 한다거나, 아니면 인간이 이해할 수 없는 초자연적인 방법으로만 창조해야 할 이유는 없는 것입니다.

하나님은 우주를 우리가 과학으로 연구할 수 없는 방법으로만 창조하셨다고 믿는 것은 자칫 이데올로기가 될 수 있습니다. 기독교적 지성의 가장 큰 특징은 바로 자연적인 것이나 초자연적인 것 모두에 대해 열려있다는 점입니다. 우주를 인과율에 의해 운행되는 폐쇄체계로 이해하는 자연주의자들과는 달리 하나님의 역사와 간섭에 열려있는 개방체계로 이해하는 것은 기독교적 지성의 가장 큰 특권이자 강점입니다. 그런 의미에서 하나님이 초자연적인 방법으로만 천지를 창조하셨다고 믿는 것은 우주가 우주 내적인 어떤 동인에 의해 저절로 존재하게 되었다고 믿는 자연주의만큼이나 해로운 도그마라고 할 수 있습니다.

그렇다면 창조과학의 핵심 논점은 무엇입니까? 창조과학자들은 하나님이 초자연적으로 우주를 창조하셨다고 주장합니다. 그래서 오늘날 주류 천문학이나 물리학에서 우주나 지구의 창조에 대해 제시하고 있는 대부분의 과학적인 이론이나 모델들, 때로는 과학적인 법칙조차 거부합니다. 우주 형성에 관한 대폭발 이론도, 은하계 형성 이론도, 태양이나 태양계의 기원에 관한 이론도, 지구나 그 외 행성들의 기원에 관한 이론도, 달의 형성에 관한 이론도 부정합니다. 이런 이론들이 갖는 문제점들을 계속 지적하고 있습니다. 그러면서 이 모든 우주는 하나님이 초자연적인 방법으로, 말씀으로, 그리고 순간적으로 창조했다고 주장합니다.

또한 창조과학에서는 현대과학의 주요한 성과들도 받아들이지 않습니다. 탄소 연대측정법도, 우라늄-납 연대측정법을 비롯하여 오늘날 과학계에서 통용하고 있는 40여 가지 이상의 방사성 연대측정법도 받아들이지 않습니다. 뿐만 아니라 어떤 사람은 아직도 지구의 모든 화강암은 마그마가 땅 속 깊은 곳에서 굳어서 형성된 것이 아니라 순간적으로 창조되었다고 주장합니다. 어떤 사람은 6천 광년 이상 떨어진 천체들을 설명하기 위해 광속이 과거에는 빨랐지만, 점점 느려지고 있다는 희한한 주장을 합니다(대폭발이론의 급팽창 모델에서 광속 변화를 주장하는 것과는 다름). 어떤 사람은 아직도 우주의 반경이 6천 광년(우주의 나이가 6천년 정도라고 보기 때문에)보다 크지 않다고 주장하면서, 이보다 더 멀리 있다는 천체들은 거리 측정이 잘못되었기 때문이라고 주장합니다. 어떤 사람은 아직도 태양이 핵융합이 아니라 중력붕괴에 의해 타고 있다는 기가 막힌 주장을 하는가 하면, 어떤 사람은 아직도 '성경대로' 천동설을 주장하고 있습니다!

물론 창조과학에는 과학적인 연구가 전혀 없다거나 창조과학자들의 모든 주장이 틀렸다는 것은 아닙니다. 창조과학에도 과학이랄 수 있는 바가 많이 있습니다. 한 예로 비록 주류 지질학계에서는 받아들이고 있지 않지만, 소수의 사람들은(대부분 아마추어들이지만) 나름대로 노아의 홍수에 의한 전 지구적 격변과 이로 인해 모든 화석과 대부분의 지층이 만들어졌다는 것을 증명하려고 노력하고 있습니다. 역시 대부분 아마추어들이지만 우주나 지구의 연대가 6천년 이상일 수 없음을 증명하기 위해 노력하는 사람들도 있습니다. 비록 전문화 된 연구가 뒷받침 된 경우는 별로 없지만, 나름대로 학술지도 만들고, 학회도 열고, 일반인들을 대상으로 하는 단행본들이나 비디오, DVD 등도 보급하고 있습니다. 하지만 창조과학의 핵심 논점이나 근간은 하나님이 이 세상을 초자연적으로 창조하셨다는 주장입니다.

그러면 성경은 하나님이 초자연적으로만 우주를 만들었다고 말하고 있을까요? 사실 성경은 하나님이 어떻게 창조하셨는가에 대해서는 어떤 언급도 하지 않습니다. 하나님이 말씀으로 천지를 창조하셨다는 것은 하나님의 전능하심, 혹은 하나님이 창조주이심을 선포하는 말이지 창조의 구체적인 방법을 가리키는 말이 아닙니다. 이처럼 성경이 분명하게 언급하고 있지 않기 때문에 창조론자들 간에도 창조의 방법에 대해 다양한 의견이 존재하는 것입니다. 하지만 여기서 한 가지 짚고 넘어가야 하는 것은 하나님이 창조하셨더라도 초자연적으로, 즉 인간이 이성적으로 이해할 수 없는 방법으로 우주를 만드셨다면, 그것은 오늘날 통용되고 있는 과학의 한계를 벗어난다는 점입니다. 아무리 현대에 있어서 '과학적'이라는 말이 갖는 프레미엄이 크더라도 초자연적 주장에 대해 과학이란 말을 붙이면 안 됩니다. 과학이란 하나님이 창조하신 세계를 연구하여 하나님이 제정하신 과학적인 이론이나 법칙을 찾아내려는 노력을 말하는 것입니다.

이것은 결코 초자연적인 것과 자연적인 것의 우열을 말하는 것이 아닙니다. 초자연적인 것들을 부정하는 것은 더더욱 아니지요. 초자연적인 사건은 과학의 영역이 아니라고 말하는 것뿐입니다. 초자연적인 것이라면 믿어야 하고, 과학적인 것이라면 이해해야 합니다. 예수님의 동정녀 탄생이나 예수님의 인성과 신성은 믿어야 하고, 열역학 법칙이나 상대성 이론은 이해해야 합니다. 물론 믿는다는 것과 이해하는 것 사이에는 불가분의 관계가 있다는 것을 인정합니다. 그래서 어거스틴은 "나는 이해하기 위해서 믿는다"(Credo ut intelligam)고 했고, 안셀름은 "믿음은 이해를 추구한다"(fides quaerens intellectum)고 했습니다. 하지만 이것은 기독교 신앙의 양면을 표현한 것일 뿐, 믿음의 대상과 이해의 대상을 구분하지 말라는 의미는 아닙니다.

과학적인 연구의 대상이 되는 것과 그렇지 못한 것, 혹은 과학과 비과학은 구분되어야 하며, 그렇게 하는 것이 쉽지 않을 때는 구분하기 위한 최소한의 노력이라도 해야 합니다. 물론 한 때는 초자연적이었다고 생각했지만 나중에 과학이 발달하면서 이해할 수 있게 된 것들도 있고, 드물지만 그 반대의 경우, 즉 한 때는 이해했다고 생각했는데 후에 보니 인간의 이성으로는 알 수 없는 경우도 있겠지요. 실제로 오늘날 과학이라고 주장하는 것들 중에도 비과학적인 가정 위에 세워져 있는 것들이 있고, 반대로 일반인들이 과학이 아니라고 생각하는 것들 중에도 전문가들이 볼 때는 과학인 경우가 얼마든지 있습니다. 물론 과학과 비과학의 경계에 있는 것들도 있지요. 이처럼 과학과 비과학의 구분은 어렵기 때문에 지금도 과학철학자들은 과학의 기준을 마련하기 위해 많은 노력을 하고 있습니다. 복잡하고 어려운 작업이지만, 그렇다고 그 작업을 포기하면 사람들이 혼돈을 일으키기 때문이지요.

그런데 초자연적인 것과 자연적인 것을 구분하려는 노력이 빗나가게 되면, '간격의 하나님'(God-of-the-Gaps)이라는 개념이 비집고 들어올 위험이 있습니다. 이것은 인간이 이해할 수 없는, 즉 과학적인 방법으로 설명할 수 없는 것들만이 하나님이 하신 것이라는 주장이지요. 이 이론에서 하나님은 단지 인간의 이성적인 설명의 간격을 메워주는 분에 불과할 뿐입니다. 하지만 이것은 천지를 만드신 하나님에 대한 바른 개념이 아니며, 또한 그 분의 역사를 이해하는 것을 제한할 수 있습니다. 과학적으로 혹은 이성적으로 설명할 수 있는 것이나 없는 것 모두 하나님이 만드셨고 하나님이 운행하신다고 믿는 것이 "전능하사 천지를 만드신 하나님 아버지를 내가 믿사오며"라는 사도신경의 진정한 뜻이라고 할 수 있습니다.

과학적인 것만으로 우주의 모든 것을 설명하려는 것이나 우주의 기원을 초자연적인 것으로만 돌려버리려는 것은 둘 다 하나님의 창조를 이해하는 데 있어서 편향된 태도라고 할 수 있습니다. 창조주를 믿는다고 하면서 실제로는 자연주의나 과학주의를 주장하는 유신론적 진화론의 덫에 빠지지 않도록 조심해야 하지만, 그 반대 극단으로 가는 것 역시 맹신주의나 반과학주의, 반지성주의를 만들어낼 수 있습니다. 그러므로 하나님이 우주를 초자연적으로 만들었다고 주장하면서 아예 그 과정이나 방법에 대한 연구를 무시하거나 과학적 이론에 대안이 될 수 없는 초자연적 모델만을 주장하는 것은 바른 그리스도인의 태도라고 볼 수 없습니다. 피조세계를 연구하는 데 대한 진지한 고민 없이 골방으로 들어가는 것은 피조세계에 대한 책임 있는 청지기의 자세가 아니며, 그런 사람들이 모이게 되면 하나님 나라가 아니라 종교적인 게토(ghetto)만 형성될 뿐입니다.

분명한 근거가 있다면 비록 불신 과학자들이 발견한 과학의 법칙이라도 그리스도인들은 하나님이 창조하시고 제정하신 법칙으로 받아들여야 합니다. 그렇지 않고 그들의 주장이 틀렸음을 주장하려면, 그리스도인들도 저들과 같이 피조세계에 숨어있는 하나님의 법칙을 찾기 위한 치열한 노력에 성실하게 참여해야 합니다. 그리스도인 과학자들이 우주나 생명의 기원에 관해 진지하게 연구하지 않고 기독교 계통의 언론이나 일반 성도들을 상대로 퍼블릭 캠페인에만 주력하는 것은 충성된 청지기의 모습이라고 할 수 없습니다. 어쩌면 지금까지 기원논쟁에 있어서 그리스도인들이 너무 쉽게 '초자연적 방법' 혹은 '말씀으로'라는 피난처에 숨어버린 것은 아닐까요? 그러면 그리스도인들에게 '초자연'은 더 이상 기독교적 지성의 피난처가 아니라 무덤이 될 수밖에 없습니다.

35. 아담 이전의 죽음

근래 필자는 『창조와 격변』이라는 책을 통해 다중격변론이라는 지구 역사에 대한 이론을 제시했습니다.[1] 아직 주류 지질학계나 지구과학계, 천문학계의 반응은 분명하지 않으나 이 이론에 대한 그리스도인들의 반응은 상당히 민감한 것으로 보입니다. 특히 6천년의 젊은 지구 및 우주를 믿으며, 노아의 홍수라는 일회적, 전지구적 격변만으로 대부분의 지표면의 모습들을 설명하려는 창조과학자들은 이 이론에 대해 비판적입니다. 이는 다중격변론이 오랜 지구 및 우주 연대와 지구 역사에서 다중격변을 제시하기 때문입니다.[2]

다중격변모델에서는 인간의 타락 이전에 많은 전 지구적 격변들이 있었다고 가정합니다. 그리고 현재 지구에서 발견되는 대부분의 석탄과 석유 등 화석연료들을 다중격변의 결과라고 봅니다. 석탄은 나무들의 화석이고, 석유는 바다 생물들의 화석이라고 보는데, 이들이 아담의 범죄 이전에 만들어진 것이라면 아담 이전에도 대규모 동식물의 죽음이 있었다는 결과가 됩니다. 그러므로 타락 이전에는 어떤 죽음도 없었다고 믿는 사람들은 받아들이기 어려운 이론이라고 할 수 있습니다. 여기서는 창조과학자들이 아담 이전에는 동식물의 죽음 등 어떤 죽음도 없었다고 주장하는 것이 성경에 근거한 견해인지를 살펴보겠습니다.

죽음이란 무엇인가?

우리말에서 '죽음'이란 말과 더불어 사용되는 말로서는 '사망'을 들 수 있습니다. 사전적인 의미로서 '사망'이란 '사람의 호흡과 심장의 맥동이 영원히 정지된 상태'라고 할 수 있습니다.[3] 이에 비해 '죽음'은 다만 사람 뿐 아니라 다른 모든 동식물들까지 포함한다는 점에서 훨씬 더 포괄적이라고 할 수 있습니다. 생물학적으로 '생명'을 '세포 내에의 원형질이 쉬지 않고 일으키는 연속적인 화학 변화'로 이해한다면, '죽음'이란 '생명현상이 불가역적으로 정지된 상태'라고 할 수 있습니다.[4] 그러면 성경에서 말하는 '죽음'이란 무엇입니까? 성경은 '죽음'을 두 가지로 나누어 설명합니다.

첫째는 영적인 죽음입니다. 성경은 죽음 그 자체를 의학적으로나 생물학적으로 정의하지 않고 영적으로 정의합니다. 예를 들면, 히브리서 기자는 사람의 죽음과 관련하여 "한번 죽는 것은 사람에게 정하신 것이요 그 후에는 심판이 있으리니"(히 9:27)라고 했습니다. 이는 인간의 타락으로 인한 죽음의 첫 번째 의미는 영적인 죽음, 즉 하나님으로부터 인간이 분리된 것임을 의미합니다.

두 번째 의미는 육체적인 죽음입니다. 사실 아담이 타락한 후 곧장 죽지 않은 것을 본다면, 그의 타락과 육체적 죽음을 곧장 연결시키는 것은 쉽지 않습니다. 죽음은 하나의 사건임과 동시에 하나의 상태이기도 합니다. 바울은 "육신의 생각은 사망이요"(롬 8:6)라고 말합니다. 성경은 영원히 하나님으로부터 분리될 회개하지 않은 자들의 최종적 상태를 '둘째 사망'(계 2:11)이라고 표현함으로써 죄의 심각성을 강조합니다.[5]

그러면 왜 아담 이전에는 죽음이 없었다고 생각할까요? 흔히 아담의 타락 이전에는 죽음이 없었다고 주장하는 사람들이 제시하는 대표적인 성경은 로마서 5장입니다. 그 중에서도 로마서 5장 12절이 대표적인 구절입니다: "이러므로 한 사람으로 말미암아 죄가 세상에 들어오고 죄로 말미암아 사망이 왔나니 이와 같이 모든 사람이 죄를 지었으므로 사망이 모든 사람에게 이르렀느니라." 이에 대해 우리는 두 가지 사실을 생각해 볼 수 있습니다.

첫째, 여기서 죄로 말미암아 사망이 왔다는 의미는 무엇인가? 신약에서 죽음을 표현할 때 가장 많이 사용하는 단어는 싸나토스(θάνατος, thanatos)이며, 구약에서 죽음을 표현할 때 가장 많이 사용하는 단어는 마베트(מָוֶת, maveth)입니다. 그런데 성경에서 죄로 인한 죽음을 말할 때 인간의 죽음 이외의 죽음을 말한 적이 없습니다. 물론 어떤 의미에서 인간의 타락과 동식물들의 죽음을 연계시킬 수 있는 방법이 전혀 없는 것은 아닙니다. 대표적으로 요즘 초미의 관심사가 되고 있는 환경오염이나 환경파괴는 명백히 인간의 죄성의 발현, 즉 인간의 타락으로 인한 현상이라고 할 수 있습니다. 그러므로 그로 인한 생태계의 파괴, 즉 동식물들의 죽음은 인간의 타락, 즉 인간의 범죄의 결과라고 볼 수 있습니다.

하지만 인간의 범죄에 대한 직접적인 결과로서 죽음을 얘기할 때는 항상 인간의 죽음만을 의미했습니다.

둘째, 바울 사도는 여기서 아담의 범죄와 죽음을 연결시키면서 모든 인류의 대표자로서의 아담의 역할을 강조합니다. 즉 아담의 범죄로 인해 모든 사람이 죄인 된 것과 같이, 죄로 인해 죽게 된 아담을 따라 모든 사람 역시 죽게 되었다고 말합니다. 이 말을 거꾸로 뒤집으면 아담의 후손이 아닌 동식물들은 아담의 범죄와 죽음에 포함시켜서는 안 된다는 의미로도 볼 수 있습니다. 다시 말해 동물이나 식물의 죽음은 아담의 범죄와는 무관하다고 할 수 있습니다. 이런 점들을 생각한다면, 아담이 범죄하기 전에는 동식물의 죽음도 없었다는 해석은 자의적인 해석이 됩니다.

아담 이전의 죽음과 다중격변

아담 이전에 동식물의 죽음이 없었다는 해석은 또 다른 문제를 야기합니다. 아담이 에덴동산을 걸어 다녔다면 수많은 미생물들이 죽었을 것이고, 눈에 잘 띄지 않는 작은 곤충들도 죽었을 것입니다. 따라서 아담 이전에는 어떤 죽음도 없었다고 말하려면, 아담과 하와는 몸무게가 없는 '신령한' 몸을 가졌든지 아니면 날아다녔다는 이상한 영지주의적 성경해석을 해야 합니다. 그렇지 않으면 아담과 하와는 아무 것도 밟지 않고 다니기 위해 너무 신경을 써서 노이로제에 걸렸을 것입니다! 하나님께서 보시기에 좋았다고 하신 세계에서 노이로제 현상이라…. 노이로제는 분명히 하나님이 보시기에 좋지 않은 현상이었을 것입니다!

그렇다면 타락 이전에도 먹이사슬이 있었을까요? 만일 아담 이전에도 동식물의 죽음이 있었다고 가정한다면, 먹이사슬은 타락의 결과가 아니라 하나님이 보시기에 좋도록 창조하신 세계를 운행하시는 방법이었다고 해석할 수 있습니다. 하지만 이 주장은 창세기 1장 30절의 해석과 충돌하는 듯이 보입니다: "또 땅의 모든 짐승과 공중의 모든 새와 생명이 있어 땅에 기는 모든 것에게는 내가 모든 푸른 풀을 식물로 주노라 하시니 그대로 되니라." 하지만 이 구절은 엄밀히 말해서 푸른 풀을, 즉 식물을 먹이로 주었다는 의미이지, 여기서 다른 동물들을 먹이로 주지 않았다는 해석을 도출하는 것은 일종의 해석학적 외삽이라고 할 수 있습니다. 즉 타락 이전에 육식이 없었다는 해석은 하나의 개연적 사실이지 성경의 명시적 언급은 아닙니다.

인간의 타락 이전에는 동물들 사이에서 먹이사슬이 작동하지 않았다고 하면, 다시 말해 동물들 간에 먹히고 먹는 것이 없었다고 하면 두 가지의 해석하기 곤란한 문제가 생깁니다.

첫째, 육식동물들의 독특한 송곳니나 앞니, 신체구조가 인간의 타락 이후에 갑자기 생겼을까 하는 점입니다. 육식동물들은 재빠르게 먹이를 덮쳐야 하기 때문에 초식동물들과는 골격과 근육 등의 구조가 완전히 달라야 합니다. 말할 필요도 없이 풀을 먹는 동물과 고기를 먹는 동물은 앞니나 송곳니 등의 치아구조가 완전히 다르고 또한 소화기관 역시 전혀 다릅니다. 하지만 성경은 타락 후에 이 모든 변화가 일어났는지에 대해서는 아무런 언급도 하지 않습니다.

둘째, 창세기 1장 29절에서 하나님은 사람들에게 채식을 명하셨다가 창세기 9장 2-3절에서는 육식도 허용하셨다는 사실입니다. 이는 하나님이 노아홍수 이후 급변한 생태계에서 사람들이 살아갈 수 있도록 육식을 허용하셨을 뿐 육식이 인간의 범죄로 인한 결과가 아니라는 점을 말해줍니다. 만일 타락으로 인해 동식물들의 죽음이 왔고 먹이사슬이 작동하기 시작했다면, 창세기 3장에 육식 명령이 있어야 할 것입니다. 하지만 실제로 창세기 3장 18절을 보면 인간이 타락한 직후에도 하나님은 여전히 "너의 먹을 것은 밭의 채소"라고 하시면서 채식 명령을 유지하고 계십니다.

또 한 가지 생각해야 할 흥미로운 점은 인간에게는 육식 허용, 즉 '채식 해제 명령'을 내리셨지만, 동물들에게는 이런 명령을 내린 적이 없다는 사실입니다. 창세기 1장 30절에서 하나님은 땅의 모든 짐승들에게 "내가 모든 푸른 풀을 식물로 주노라"고 하신 후 성경 어디에도 '채식 해제 명령'이 없는데도 현재 육식동물들이 존재한다는 것은 무엇을 의미할까요? 이것은 인간의 타락과 육식의 시작이 직접적인 관련이 없을 수 있음을 의미합니다. 성경은 이 문제에 대해서도 침묵하고 있습니다.

이러한 논의를 요약한다면, 인간의 타락 이전에 육식이 없었다는 것은 성경해석학적으로 개연적인 참일 수는 있지만, 확실한 결론이라고 단정 지을 수는 없습니다. 다만 인간의 타락의 결과를 피조물들 간의 관계의 훼손이라는 측면에서 본다면, 그리고 짐승들 간의 약육강식이나 인간의 육식을 피조물들 간의 깨어진 관계의 결과로 본다면, 아담의 타락 이전에는 동물이 다른 동물을, 인간이 다른 동물들을 먹는 육식이 없었다고 보는 것이 바를 가능성이 높습니다.

그러면 아담의 타락 이전에는 동물들 간, 혹은 인간에 의한 동물의 살육이 없었다는 것이 지구 역사에서 일어난 대격변들로 인한 동식물들의 죽음까지 없었음을 의미하는 것일까요? 정말 지구상에 일어난 많은 격변들로 인한 동식물들의 죽음을 모두 인간의 타락 이후의 사건으로 설명할 수 있을까요? 여기에 대해 성경은 긍정도, 부정도 하지 않지만 지질학적 증거는 명백히 부정합니다.

한 예로 석탄과 석유의 형성 시기를 생각해 봅시다. 어떤 방법으로 측정하든지 석탄과 석유는 지금부터 노아의 홍수가 일어났다는 4,400년 이전, 아니 아담과 하와가 창조되었다는 6,000년보다 훨씬 이전에 만들어졌음이 분명합니다. 때로 석탄에서 반감기가 짧은 방사능 탄소(C-14)가 검출되기도 하지만, 그런 경우에는 왜 그런 '오염'이 일어났는지에 대한 이유가 밝혀져 있습니다. 이런 점들을 생각한다면, 아담의 타락 이전에는 어떠한 동물과 식물의 죽음도 없었다고 주장하는 것은 사실에 근거한 주장이 아니라 선입견에 근거한 도그마일 수 있습니다.

인간의 타락과 동식물의 죽음

성경은 인간의 범죄와 인간의 죽음을 연관 지을 뿐 어디에서도 동식물의 죽음을 인간의 범죄나 타락과 관련짓지 않습니다. 흔히 어떤 사람들은 아담의 타락 이전에는 동식물의 죽음이 없었을 것이라고 말하면서 그 증거로 이사야 11장 6-9절을 제시합니다. 하지만 과연 그럴까요?

> "그 때에 이리가 어린 양과 함께 거하며 표범이 어린 염소와 함께 누우며 송아지와 어린 사자와 살찐 짐승이 함께 있어 어린 아이에게 끌리며 암소와 곰이 함께 먹으며 그것들의 새끼가 함께 엎드리며 사자가 소처럼 풀을 먹을 것이며 젖 먹는 아이가 독사의 구멍에서 장난하며 젖 뗀 어린 아이가 독사의 굴에 손을 넣을 것이라. 나의 거룩한 산 모든 곳에서 해됨도 없고 상함도 없을 것이니 이는 물이 바다를 덮음 같이 여호와를 아는 지식이 세상에 충만할 것임이니라."(사 11:6-9)

비슷한 구절이 욥기에도 있습니다: "모든 들짐승의 노는 산은 그것을 위하여 식물을 내느니라"(욥 40:20). 즉 하나님은 푸른 산에서 자라는 푸른 풀을 그곳에서 즐겁게 뛰노는 들짐승들에게 주셨습니다.

하지만 이런 성경 구절들을 아담의 타락 이전에는 동식물의 죽음도 없었다는 확실한 증거로 사용할 수 있을까요? 이에 대해 우리는 몇 가지를 생각해 봐야 합니다.

첫째, 이 구절은 그리스도로 인해 회복된 세상을 노래하는 것이지 인간의 타락 이전 세계를 말하는 묘사가 아니라는 점입니다. 이 노래는 그리스도의 통치가 인간의 성품을 변화시킴은 물론 궁극적으로는 전 피조세계를 변화시킬 것을 의미합니다. 즉 하나님이 다스리는 거룩한 산에는 해됨도, 상함도 없으며, 오직 여호와를 아는 지식으로 충만할 것임을 말합니다. 이 회복된 세상에서의 핵심적인 변화는 관계의 회복입니다. 아마 관계가 회복된 그 세계에서는 강한 동물이 약한 동물을 잡아먹는 일은 없을 것입니다.

이 외에도 인간의 타락으로 인한 관계의 훼손이 성경 곳곳에서 언급되고 있습니다. 가장 유명한 구절이 인간의 타락으로 인한 땅의 저주입니다: "땅이 네게 가시덤불과 엉겅퀴를 낼 것이라 너의 먹을 것은 밭의 채소인즉 네가 얼굴에 땀이 흘러야 식물을 먹고 필경은 흙으로 돌아가리니 그 속에서 네가 취함을 입었음이라 너는 흙이니 흙으로 돌아갈 것이니라 하시니라"(창 3:18-19). 이것은 사람과 땅, 사람과 식물의 관계가 훼손되었음을 의미합니다.

둘째, 이 구절로부터 생물학적인 원리를 찾아내려는 시도는 근본주의자들의 문자적 해석의 한계를 드러냅니다. 이는 마치 박두진의 '국화 옆에서'에서 원예학의 원리를, 워즈워스의 '뻐꾸기에 부쳐'에서 조류학의 원리를 찾으려는 것과 같습니다. 성경 해석의 가장 기본은 첫째도, 둘째도, 셋째도 문맥(context)이라고 할 수 있습니다. 이사야 11장 6-9절의 앞뒤 문맥을 살펴볼 때, 여기서 인간의 타락 이전에는 어떤 동식물의 죽음도 없었다는 결론을 끄집어내는 것은 성경의 원래 메시지가 아닐 가능성이 높습니다.

인간의 범죄와 타락이 과학적이라기보다 영적인 사건임을 보여주는 대표적인 성경은 로마서 8장입니다:

"생각건대 현재의 고난은 장차 우리에게 나타날 영광과 족히 비교할 수 없도다. 피조물의 고대하는 바는 하나님의 아들들의 나타나는 것이니 피조물이 허무한데 굴복하는 것은 자기 뜻이 아니요 오직 굴복케 하시는 이로 말미암음이라. 그 바라는 것은 피조물도 썩어짐의 종노릇 한데서 해방되어 하나님의 자녀들의 영광의 자유에 이르는 것이니라. 피조물이 다 이제까지 함께 탄식하며 함께 고통하는 것을 우리가 아나니 이뿐 아니라 또한 우리 곧 성령의 처음 익은 열매를 받은 우리까지도 속으로 탄식하여 양자 될 것 곧 우리 몸의 구속을 기다리느니라." (롬 8:18-23)

이 구절에 등장하는 의인화된 표현들은 부분적으로 과학적인 함의를 갖기도 하겠지만, 중심적인 의미는 영적이라고 보는 것이 자연스럽습니다.

창세기 1장의 해석

다음에는 창세기 1장의 해석을 생각해 봅시다. 창세기 1장에는 다중격변적 해석의 여지가 없을까요?

하나님의 창조 과정 전체가 하나의 격변이라고 할 수 있습니다. 젊은 지구, 즉 6천년이라는 '구속복' (拘束服, strait-jacket)만 벗어버리면 성경은 물론 피조세계의 많은 현상들이 자연스럽게 이해될 수 있습니다. 그렇지 않으면 창조 이후 시간이 경과함에 따라 광속이 느려졌다느니, 태양이 중력붕괴를 한다든지, 달 표면의 먼지에 아폴로 달착륙선이 빠져죽었을 거라든지, 온 지구가 운석으로 뒤덮여야 한다든지 등등 틀린 주장들을 계속해야 합니다.

어떤 이론이 정당하기 위해서는 그 이론으로 새로운 현상들을 점점 더 잘 설명할 수 있어야 합니다. 즉 과학철학자 라카토스(Imre Lakatos)의 표현을 빌면, 전진적 연구 프로그램(progressive research program)이어야 합니다. 그러나 젊은 지구 연대 주장을 고수하기 위해서는 점점 더 이상한 가설들(ad hoc hypotheses)을 추가해야 하며, 이는 전형적인 퇴행적(degenerating) 연구 프로그램에 해당합니다.[6]

예를 들어 창세기 1장 2절의 말씀을 생각해 봅시다: "땅이 혼돈하고 공허하며 흑암이 깊음 위에 있고 하나님의 신은 수면에 운행하시니라." 여기서 땅이 혼돈하고 공허한 상태, 흑암이 깊음 위에 있는 상태가 정확하게 어떤 상태인지 우리는 알지 못합니다. 또한 그런 상태가 얼마나 지속되었는지도 모릅니다. 그러나 1장 2절에서 말하는 '땅'이 현재의 지구라고 한다면, 현재와 같은 오대양 육대주가 분명하게 구별되어 있지 않았던 태초의 지구는 엄청난 격변과 소용돌이의 세월을 보냈을 것임이 분명합니다.

둘째 날 사역을 묘사하는 6-7절도 '구속복'을 벗어버리기만 하면 자연스럽게 해석됩니다: "하나님이 가라사대 물 가운데 궁창이 있어 물과 물로 나뉘게 하리라 하시고 하나님이 궁창을 만드사 궁창 아래의 물과 궁창 위의 물로 나뉘게 하시매 그대로 되니라"는 말씀을 생각해봅시다. 여기서 궁창 위의 물을 일부 사람들이 주장하는 바와 같이 대기권 상층에 있는 포화수증기층이라 해석한다고 해도 하루 동안에, 아니 그것도 낮 시간 동안에 일어나기는 불가능한 과정이라고 할 수 있습니다.[7] 물론 하나님은 하실 수 있다고 말할 수도 있습니다. 그러나 하나님은 언제라도 초자연적인 역사를 일으키실 수 있지만, 하나님이 피조세계를 운행하시는 패턴을 보면 결코 초자연적인 방법을 많이 사용하시지 않는다는 점을 유의해야 합니다. 그리고 하나님께서 초자연적인 방법으로 그렇게 하셨다면, 그것은 오늘 우리들의 과학적 연구의 대상이 될 수는 없습니다.

셋째 날 사역을 묘사하는 9-10절은 어떨까요?: "하나님이 가라사대 천하의 물이 한곳으로 모이고 뭍이 드러나라 하시매 그대로 되니라 하나님이 뭍을 땅이라 칭하시고 모인 물을 바다라 칭하시니라 하나님의 보시기에 좋았더라." 이 구절에서 말하는 바를 요즘 용어로 말한다면 조산운동과 조륙운동이 일어나는 것이라고 할 수 있습니다. 지금도 산과 바다가 만들어지고 있는 것을 감안한다면, 하나님이 환한 낮 시간에만 창조하시기 위해 그렇게 서두르셨다고 볼 이유가 전혀 없습니다. 물론 과거에 일어난 많은 전 지구적 격변들을 생각한다면, 과거에는 지금보다 지각의 판들이 빨리 움직였을 가능성을 배제할 수 없습니다. 그러나 아무리 빨리 움직인다고 해도 이 모든 과정이 몇 시간동안 일어났다는 것은 하나님이 제정하신 자연의 규칙만으로는 설명할 수 없습니다.

넷째 날 사역을 묘사하는 14-18절은 어떨까요?: "하나님이 가라사대 하늘의 궁창에 광명이 있어 주야를 나뉘게 하라. 또 그 광명으로 하여 징조와 사시와 일자와 연한이 이루라. 또 그 광명이 하늘의 궁창에 있어 땅에 비취라 하시고 (그대로 되니라) 하나님이 두 큰 광명을 만드사 큰 광명으로 낮을 주관하게 하시고 작은 광명으로 밤을 주관하게 하시며 또

별들을 만드시고 하나님이 그것들을 하늘의 궁창에 두어 땅에 비취게 하시며 주야를 주관하게 하시며 빛과 어두움을 나뉘게 하시니라. 하나님의 보시기에 좋았더라."

하나님은 넷째 날에 태양과 달과 별들을 만드셨습니다. 어떤 사람들은 일월성신은 이미 첫째 날 만들어졌지만, 짙은 구름에 가려져 있다가 넷째 날에 비로소 드러난 것이라고 해석합니다. 물론 그럴 가능성이 없는 것은 아니지만, 액면 그대로 볼 경우 이들은 넷째 날에 만들어진 것이라 할 수 있습니다. 120억 광년 떨어진 별들도, 수 천 억 개에 이르는 은하들도 넷째 날 만드셨다고 한다면, 이들을 구태여 24시간, 아니 '밝은' 낮 시간에 창조하셨다고 억지로 끼워 맞출 필요가 있을까요?

이처럼 창조주간의 사역들을 하나씩 살펴볼 경우, 도대체 이 모든 일들이 하루 24시간 동안에 이루어진 일이라고 보기에는 너무 어렵습니다. 물론 어떤 사람들은 전능하신 하나님께서 하셨기 때문에 가능하다고 말할지 모릅니다. 물론 아무도 그럴 가능성을 배제할 수 없습니다. 전능하신 하나님은 이 세상을 만드시기 위해 144시간(6일)이 아니라 이보다 훨씬 짧은 시간만으로도 충분합니다. 그러나 그것은 하나님이 제정하신 과학의 법칙으로 논의할 수 있는 것이 아닙니다. 과학 법칙을 적용하는 것은 그것으로 설명할 수 있는 대상이나 현상에 엄격히 제한되어야 합니다. 아니 제한되도록 노력해야 합니다. 그렇지 않을 경우, 자칫 과학주의의 함정에 빠질 위험이 있습니다.

이 세상에는 과학의 법칙으로 설명할 수 없는 것들이 많습니다. 만물의 기원 문제를 다룰 때는 특히 그렇습니다. 예를 들어 대폭발 이론에서 대폭발을 일으킨 최초의 물질 '아일렘'(ylem)이 어디서 온 것인지, 어떻게 그런 대폭발이 이렇게 질서정연한 우주를 형성하게 되었는지, 최초의 생명은 어떻게 존재하게 되었으며, 현재 지구상에 존재하는 다양한 생물종들은 어떻게 존재하게 되었는지 등등…. 오늘 우리들이 알고 있는 과학의 법칙으로는 설명할 수 없는 것들이 너무나 많습니다.

우리는 자연에서 이루어지고 있는 대부분의 과정들은 하나님께서 자신이 정하신 규칙을 따라 운행하고 계시다는 점을 인정해야 할 것입니다. 오늘날 하나님께서 제정하신 규칙을 따라 이루어지고 있는 피조세계의 여러 과정들을 보면서 하나님께서 천지를 만드신 과정을 연구하는 것은 자연스럽습니다. 하나님이 정해 놓으신 규칙을 따라 설명이 가능한 것들조차 초자연적인 설명만을 고집한다든지, 자연의 규칙에 대한 무지함으로 인해 잘못된 과학적 설명을 해서는 안 될 것입니다.

요약과 결론

지금까지의 논의를 몇 가지로 요약한다면 다음과 같습니다.

첫째, 성경은 어디에서도 인간의 타락, 즉 인간의 범죄를 동식물들의 죽음과 연계하지 않았다는 것입니다. 다만 인간의 타락을 관계의 훼손이라는 측면에서 본다면, 인간의 타락 이전에는 동물과 동물, 사람과 동물 사이에 서로 먹고 먹히는 육식의 관계는 없었던 것으로 볼 수 있습니다. 하지만 이에 대해 성경은 다만 하나님이 동물들에게 푸른 풀을 먹이로 주었다고 말하고 있을 뿐이고, 과학 역시 피조세계로부터 여기에 대한 어떤 증거도 말하지 않습니다. 결국 아담의 타락 이전에 육식이 없었다는 것은 하나의 개연적 참일 뿐 성경은 여기에 대해서 분명하게 말하지 않습니다.

둘째, 지구에는 노아의 홍수 외에도 많은 격변들이 있었고, 이러한 격변들은 창조 주간에 일어났을 가능성이 높다는 것입니다. 특히 창조 주간의 창조사역을 살펴보더라도 창세기 1장 2절이나 6절, 9절 등은 엄청난 격변을 시사하고 있습니다. 그런 창조사역이 지구 곳곳에 남아있는 소행성 충돌 흔적과 어떻게 연관될 수 있는지는 더 많은 연구가 필요합니다. 하지만 분명한 것은 우주의 창조로부터 인간의 창조에 이르는 일련의 과정이 144시간 이내에 일어났다는 주장은 과학적으로는 말할 것도 없고, 성경해석에서도 과도한 해석이라고 할 수 있습니다.

셋째, 인간의 타락과 동식물의 죽음을 성경해석학적으로 직접 관련 짓기가 쉽지 않다는 것입니다. 타락 이전에 어떠한 동식물의 죽음도 없었다는 것에 대하여 성경은 명시적으로 언급하지 않습니다. 다만 육식의 시작을 피조물들 간의 관계의 훼손이라는 측면에서 볼 경우, 타락 이전에는 육식이 없었다는 해석도 가능하지만, 이것으로부터 타락 이전에는 어떠한 동식물의 죽음도 없었다는 결론을 도출하는 것은 과대 외삽이라고 할 수 있습니다. 자연의 증거는 분명하게 타락 이전에 일어난 대규모 멸종의 증거들을 보여주고 있습니다. 전 세계적으로 발견되는 석탄이나 석유, 천연 가스 등 각종 화석연료의 존재나, 수많은 동식물의 화석들은 이것의 부인할 수 없는 증거라고 할 수 있습니다.

36. 창조연대 논쟁

창조연대에 대한 논쟁은 창조론 논쟁의 척추에 해당한다고 할 수 있습니다. 이 논쟁은 수백 년 동안 계속되었지만, 아직도 해결될 기미가 보이지 않습니다. 아니 때로는 점점 더 깊은 수렁으로 빠져드는 듯한 느낌을 받기도 합니다. 이는 사실에 대한 객관적인 접근이 아니라 도그마와 편견이 이 논쟁을 휘젓고 있기 때문입니다. 때문에 아래에서는 창조연대 논쟁의 중심에 있는 방사성 연대에 대한 논의로부터 시작해, 여러 과학적인 연대 측정에 대한 얘기를 하려고 합니다. 그래서 잠정적이지만 창조연대에 대한 바람직한 그리스도인의 자세가 무엇인지를 생각해 보고자 합니다.

연대 논쟁의 배경

1896년, 프랑스 물리학자 베크렐(Henri Becquerel, 1852-1908)이 방사능을 발견한 지 오래지 않아 물리학자들은 방사능을 띤 원소들의 붕괴속도가 일정하다는 것에 착안하여 이를 지구의 절대연대 측정에 사용할 수 있을지도 모른다는 조심스런 기대를 하게 되었습니다. 그리고 그 후 실제로 연구가 진척되면서 사람들은 그 때까지 암석이나 지층의 절대연대를 측정하기 위해 사용했던 방법들에 비해 방사성 동위원소를 이용한 연대측정이 가장 믿을 만하다는 사실을 발견하게 되었습니다. 그리고 그 후 많은 연구를 통해 연대측정에 활용할 수 있는 방사성 원소들도 40여 가지 이상에 이른다는 것을 알게 되었습니다.

지난 100여년의 방사성 연대측정 역사에서 또 하나의 획기적인 획을 그은 것은 1940년대 후반, 시카고 대학 교수였던 리비(Willard Frank Libby, 1908-1980) 박사가 유기물질의 연대측정에 사용하는 방사성 탄소(C-14) 연대측정법을 개발한 사건이었습니다. 이 연대측정법을 개발한 공로로 리비 박사는 노벨 화학상을 받는 영예를 누리게 되었고, 이로 인해 지질학은 물론 사학, 고고학, 지리학 등 절대 연대측정이 중요한 수많은 분야들이 새로운 전기를 마련하게 되었습니다. 그동안 추측에만 머물던 수많은 연구들이 비교적 정확한 연대에 근거한 것으로 탈바꿈할 수 있게 된 것이지요.

물론 방사성 연대측정법이 처음부터 지금처럼 정밀하게 다듬어진 것은 아니었습니다. 암석 연대측정은 지난 100여 년 동안, C-14을 이용한 유기물 연대측정은 지난 50여 년 간 혹독한 반증의 시도를 견디면서 보정되고 다듬어졌습니다. 리비가 노벨상을 받던 1960년까지 잘 보정된 C-14 연대측정 결과만도 이미 20,000건을 넘었습니다. 근래는 방사성 연대측정 장치들이 원자질량분석기(atomic mass spectrometer)나 첨단 전자장

비들과 결합되어 상업적으로 보급되고 있고, 우리나라에도 서울대학교를 위시하여 몇몇 대학과 연구소 등에서 가동하고 있습니다. 말할 필요도 없이 측정 연대의 한계(측정 기기의 정밀도)도 획기적으로 늘어났습니다. 그래서 이제 사람들은 방사성 동위원소 측정법을 부인하는 것은 골리앗에게 대항하는 다윗의 무용이 아니라, 풍차를 향해 창을 꼬나 메고 돌격하는 돈키호테의 무지라고 생각하기에 이르렀습니다.

물론 지금도 방사성 연대측정에서 부정확한 경우가 전혀 없는 것은 아닙니다. 하지만 일부 사람들이 주장하는 것처럼 터무니없는 결과가 양산되지는 않습니다. 흔히 암석 연대측정과 관련하여 비판자들이 제시하는 예로서는, 200년이 채 안 된 하와이의 용암을 K-Ar 방법으로 측정해 보니 0이 나왔다든지 아니면 2,200만년이 나왔다든지, 또 1800년에 폭발한 다른 화산의 용암을 측정해 보니 1억 6천만년 내지 33억년이 나왔다는 등입니다. 정말 모든 암석 연대들이 이렇게 부정확한 것일까요?.

한편, C-14 연대의 부정확함과 관련해서도 많은 예들이 있습니다. 어떤 사람들은 금방 죽은 남극의 물개를 측정했는데, 1,300년 된 것으로 나타났다든지, 살아있는 연체동물의 껍질을 측정해 보니 1,000-2,000년이 나왔다든지, 네바다 남부 사막에서 살아있는 달팽이 껍데기를 측정해보니 27,000년이 나왔다든지 하는 얘기를 하면서 모든 C-14 연대가 부정확한 것처럼 얘기합니다. 또 어느 스웨덴의 유명한 두 과학자가 C-14 연대가 이론과 맞으면 책에 내고, 결과가 좀 이상하게 나오면 각주에 쓰고, 전혀 생각했던 것과 다른 결과이면 버린다고 학회에 보고했다는 등의 황당한 얘기도 합니다. 하지만 이런 말들은 정확한 출처, 문헌과 저자의 신뢰도, 문맥, 그리고 후속적인 연구를 소개하지 않는 한 믿으면 안 됩니다. 또한 연대측정 기술에 대한 연구가 활발하게 이루어지고 있기 때문에 언제 발표된 결과인지도 고려해야 합니다.

현재 방사능 연대측정에서 잘못된 결과는 대체로 전체 데이터의 약 2% 미만으로 알려져 있습니다. 그리고 이 2% 미만의 부정확한 데이터들 중에도 그 데이터가 왜 그렇게 부정확한지를 알 필요가 있는, 다시 말해 중요한 의미가 있는 데이터인 경우에는 대부분 그 원인이 밝혀져 있습니다. 예를 들면 방사능 탄소 연대측정의 경우 시료가 석회암 성분이 많이 포함된 환경에 있을 때는 엉뚱한 결과가 나온다는 것이 알려져 있습니다. 또한 어떤 생물은 C-12만 선택적으로 받아들이고 C-14은 잘 안 받아들인다는 사실도 알려져 있습니다. 그런데 아쉽게도 방사성 연대 비판자들은 이 2% 미만의 결과들만을 사람들에게 얘기하고 있고, 나머지 98% 데이터에 대해서는 함구하고 있습니다. 이것은 일종의 학문적 부정직이며, 창조론자 리들(Mike Riddle)이 진화론자들에 대해 '생략을 통한 속임수'(deception by omission)를 쓴다고 비판했던 것을 창조론자들도 동일하게 반복하는 것이라고 할 수 있습니다.

붕괴속도는 일정한가?

그러면 방사성 연대측정에 대한 비판자들의 주장은 무엇일까요? 이들의 비판은 크게 다음의 세 가지로 요약됩니다: 첫째는 방사능 원소의 붕괴속도가 과거에도 현재와 같았는지를 어떻게 아는가? 둘째는 초기 조건, 즉 최초의 모원소와 자원소의 비율을 어떻게 정확하게 알 수 있는가? 셋째는 측정 시료가 오염되지 않았다는 사실을 어떻게 확신할 수 있는가 등입니다. 이 비판들을 한 가지씩 살펴보겠습니다.

첫째, 정말 방사성 동위원소의 붕괴속도가 많이 변한다는 비판은 핵물리학의 기초만 이해한다면 문제가 있는 주장임을 알 수 있습니다. 현재까지 알려진 바로는 드물게 한 두 종류의 방사성 원소가 5% 내외의 (자연적인) 붕괴속도 변화를 보여주고, 몇몇 원소가 2% 내외의 붕괴속도 변화를 보여주고 있을 뿐, 대부분의 원소들은 어떤 환경 하에서도 대체로 일정한 붕괴속도를 보여주고 있습니다. 이것은 방사능이 핵반응의 결과이고, 핵을 구성하고 있는 핵자들의 결합에너지가 대체로 8백만 eV 이상의 엄청난 에너지라는 점을 생각한다면 당연한 것입니다.

물론 젊은 지구론자들 중에는 방사성 원소의 붕괴속도가 예외적으로 빠른 경우가 있을 수도 있다고 주장하는 경우도 있습니다. 한 예로 대표적인 젊은 지구론자이자 미국 창조과학연구소 소장인 모리스(John Morris) 박사는 『젊은 지구』에서 어떤 방사성 원소는 붕괴속도가 30%까지 변한 예가 보고된다고 했습니다. 하지만 반감기, 즉 방사성 원소의 붕괴속도가 30% 증가한다고 해도 6천년이 9천년 내외가 될 뿐이며, 이는 현재 진행되는 창조연대 논쟁에 아무런 영향을 미치지 못합니다. 반감기가 10,000%(100배) 정도 변한다고 해 봐야 6천년이 4만년 내외가 될 뿐입니다. 그러므로 이젠 더 이상 방사성 원소의 반감기가 변해서 틀린 연대가 나왔다는 주장을 해서는 안 됩니다.

속박상태 베타붕괴

방사성 원소의 반감기가 조금씩 변하는 것은 연대 논쟁에 의미가 별로 없다는 것을 알기 때문에 기본적인 물리학 훈련을 받은 사람들이 6천년 창조를 지지하기 위해서는 획기적인 다른 아이디어가 필요합니다. 그래서 우드모랩(John Woodmorappe)이 제시한 것이 바로 속박상태 베타붕괴(bound-state beta decay) 혹은 'bb 붕괴' 입니다. 이 주장에 의하면 현재와 같이 전자들로 둘러싸인 상태의 원자의 핵은 붕괴하기가(핵 전자가 튀어나오기가) 매우 어렵지만, 핵을 둘러싸고 있는 전자들을 모두 없애버린 상태에서는 극히 빠른 속도의 방사능 붕괴가 일어날 수 있습니다.[8]

그러면 도대체 어떻게 그런 일이 일어날 수 있을까요? 이것을 이해하기 위해서는 약간의 핵물리학 지식이 필요합니다. 방사능을 띠는 원자핵이 붕괴할 때 알파붕괴, 베타붕괴, 감마붕괴 등 세 가지가 있습니다. 이 중 베타붕괴는 핵 내의 중성자(n)가 붕괴하여 양성자(p)가 되면서 전자(e)와 반중성미자가 튀어나오고 그 결과 원자번호(원자핵 내의 양성자 숫자)가 하나 증가하는데 수식으로는 $n \rightarrow p + e^- + \bar{\nu}$ 처럼 표시할 수 있습니다.

일상적인 상태에서는 핵 주위를 전자각들이 둘러싸고 있기 때문에 베타붕괴로 만들어진 전자가 바깥으로 튀어나오기가 매우 어렵습니다. 다시 말해 베타붕괴가 일어나기가 어렵다는 말입니다. 그렇지만 핵 주변의 전자들이 모두 제거된 상태에서는 핵에서 생성된 전자가 튀어나와 핵 주변의 빈 전자궤도(에너지 상태)를 채우는 것이 쉽게 일어날 수 있으며, 따라서 베타붕괴가 매우 빠르게 일어날 수 있습니다. 이처럼 속박상태 베타붕괴가 일어나면 방사성 원소의 반감기가 현재보다 10억 분의 1 미만으로 짧아질 수가 있는데, 이는 처음에는 이론적으로만 예측되었습니다.[9]

하지만 1990년대부터는 이런 속박상태 베타붕괴가 실험적으로 증명이 되고 있습니다. 한 예로 루테티움(Lu-176)이 하프늄(Hf-176)으로 붕괴하는 과정을 살펴봅시다.[10] Lu-176의 경우 온도가 2억도 이하에서는 반감기가 큰 변화 없이 41억년 정도로 유지되다가 3억도가 되면 반감기가 거의 100억분의 1로 떨어지며, 6억도에서 실질적 반감기는 대략 8일 밖에 되지 않습니다![11] 또 정상적인 상태에서는 안정적인 Dy-163 핵이 완전히 이온화된, 즉 궤도 전자가 없는 상태에서는 Ho-163으로 붕괴하는데 반감기가 불과 47일에 불과함이 밝혀졌습니다.[12] 또 지질학자들이 암석의 연대측정에 사용하는 레늄(Re-187)-오스뮴(Os-187) 계에서 속박상태 베타붕괴가 일어나는 것도 발견되었습니다.[13] 이 실험에서 정상적인 반감기가 420억년인 Re-187 이온은 단지 33년의 반감기를 가지고 Os-187로 붕괴되는 것이 발견되었습니다. 이는 종래의 반감기에 비해 무려 10억 배의 붕괴율 증가(반감기 감소)를 나타낸 것입니다.[14]

이러한 결과들은 젊은 지구 지지자들이 필요로 하는 것을 제공한 셈이지요. 이것은 방사성 원소의 자연적인 반감기 변화를 주장하는 것보다는 훨씬 더 그럴 듯한 주장입니다. 그러면 속박상태 베타붕괴만으로 현재의 모든 방사성 연대들을 부정할 수 있을까요? 속박상태 베타붕괴를 근거로 젊은 지구를 주장하는 것의 문제는 없을까요?

속박상태 베타붕괴의 가장 큰 걸림돌은 과연 핵 주변의 전자가 모두 떨어져나갈 수 있는 2억도 이상의 뜨거운 지구가 존재했는가 하는 점입니다. 우드모랩이 지적한 바와 같이 원자에서 전자가 하나도 없는 무전자 핵(bare nucleus) 상태가 되려면, 적어도 수억도 이상의 온도가 필요합니다. 태양의 표면온도가 섭씨 6천도에 불과하고, 핵융합이 일어나고 있는 태양 내부도 100만도 정도이며, 새로운 별이 탄생하기 위한 핵융합도 1,000만도가 되면 시작됩니다. 그런데 어떻게 지구의 온도가 2억도 이상이 될 수 있을까요? 혹 그런 지구가 있었다고 해도 그 뜨거운 지구가 대체 언제 식었을까요?

물론 전능하신 하나님이 초자연적으로 지구를 식혔을 수 있었겠지요. 우드모랩은 하나님께서 최초의 원자들을 모두 극도의 고온상태(아주 높은 운동에너지)로 창조하셔서 그 상태를 창조 첫날에 여러 시간 동안 유지했다면, 그 짧은 시간동안 급속도로 방사성 원소들이 붕괴되었을 수 있었을 것이라고 주장합니다. 그리고 창조주간의 나머지 기간 동안 하나님께서 이 플라스마를 식혀서 지구와 같은 딱딱한 천체를 만드셨다고 주장합니다. 그래서 그는 오늘날 지질학자들이 수십억 년의 방사성 연대를 제시하는 것은 잘못된 것이며, 우주와 지구는 결코 그렇게 오랜 시간이 흐른 것은 아니라고 주장합니다.

하지만 이처럼 하나님께서 자신이 창조하신 과학의 법칙이 아니라 초자연적으로 지구와 우주를 식히셨다면, 그런 주장에는 과학이라는 말을 붙여서는 안 됩니다. 만일 초자연적인 방법이 아니라 현재 우리들이 알고 있는 열전도나 복사의 법칙을 따라 식었다면 수억 도의 플라즈마 상태의 초고온 지구나 우주가 현재와 같은 온도로 냉각되기까지는 수억 년의 세월이 걸렸을 것입니다. 첫날(태초)의 지구 온도가 2억도 이상이 되었다면, 72시간 후에 식물이 살 수 있는 지구로, 120시간 후에 동물들이 살 수 있는 지구로, 144시간 후에 인간이 살 수 있는 지구로 식을 수 있었을까요?

지구 내부가 뜨거운 불덩이임을 안 이후 과학자들은 오래 전부터 지구의 냉각속도로부터 지구의 나이를 계산하려는 시도를 했습니다. 이의 대표적인 인물이 유명한 영국 과학자 켈빈 경(Lord Kelvin, 1824-1907)입니다. 오늘날 절대온도의 단위를 만들었던 켈빈은 초기 지구가 백열상태라 가정하고 현재와 같은 상태로 식는데, 약 1억년 정도 소요된다는 주장을 했습니다. 그 외에도 뉴턴은 5만년, 프랑스의 뷔퐁은 74,832년이라고 주장했습니다. 이런 결과를 생각한다면 어떤 의미에서 우드모랩의 이론은 젊은 지구나 우주를 지지하는 것이 아니라, 오히려 오랜 지구나 우주를 지지하는 이론이라고 할 수 있습니다!

속박상태 베타붕괴로 인한 젊은 연대 주장은 과학적인 문제에 더하여 하나님의 성품이나 역사하는 방법에 대한 신학적인 문제도 생길 수 있습니다. 사물의 이치를 연구하는 물리학자들은 자연적으로 '일어난' 사건만 연구하는 것이 아니라, '일어날 수 있는' 사건들까지 연구합니다. 그러므로 원자에 있는 궤도 전자들을 극도의 고온에서 모두 벗겨냈을 때 방사능 붕괴가 어떻게 일어날 것인가를 연구하는 것은 물리학자들의 과제라고 할 수 있습니다. 그러나 그런 일이 실제로 자연계에서 일어났을까, 혹은 하나님이 태초에 그런 메커니즘을 사용하셨을까 하는 문제는 별개의 문제입니다. 현재로서는 태초에 속박상태 베타붕괴가 일어났을 것이라는 증거는 어디에도 없습니다. 그런 과정이 일어났을 것이라는 우드모랩의 주장은 증거가 있어서가 아니라, 그렇게 해야만 젊은 지구를 설명할 수 있기 때문입니다.

초기조건과 오염의 문제는?

붕괴속도의 가변성 주장과 더불어 방사성 연대측정에서 시료의 초기조건을 알 수 없다는 비판은 어떻습니까? 여기서는 이미 오래 전부터 방사성 연대측정에서 초기조건이 문제가 되지 않는 동시 연대측정법(同時 年代測定法, isochronic dating)이 개발되어 왔다는 점을 생각해야 합니다. 물론 여전히 동시 연대측정에 대해 몇몇 비판들이 있지만, 이제는 대체로 표준적인 연대측정으로 자리 매김을 하고 있습니다. 근본적으로 초기조건과는 무관하게 연대를 측정할 수 있다면, 초기조건에 대한 클레임은 더 이상 무의미한 것이 됩니다. 그러므로 더 이상 초기조건이 불확실하다는 점을 방사성 연대측정의 아킬레스건이라고 우겨서는 안 됩니다.

그러면 오염의 문제, 즉 암석이나 시료가 만들어진 후 물질의 출입이 없었다는 것을 어떻게 확신할 수 있는가라는 비판은 어떨까요? 이것은 일부 오염되지 않은, 신선한 시료를 얻기 어려운 운석의 연대측정 등에서는 여전히 문제가 될 수 있지만, 지구상의 암석 시료인 경우에는 큰 문제가 되지 않습니다. 오염이 되지 않은 시료를 구하는 것이 그렇게 어렵지 않을 뿐만 아니라 여러 시료들을 서로 비교할 수 있기 때문입니다. 게다가 지금은 시료 채취 과정에서도 오염을 최소화 할 수 있는 다양한 테크닉들이 개발되어 있습니다.

이런 비판들을 한꺼번에 잠재울 수 있는 방법은 다양한 연대측정방법들을 사용해서 얻은 결과들을 서로 비교하는 것입니다. 일단 지질학이나 고고학 발굴 자료들의 상대적 연대측정법들을(주로 지질학적 방법들인데) 제외하고 절대 연대측정법들, 그 중에서도 한 암석(모든 부분이 동일한 연대를 갖는)을 두고 수 십 종에 이르는 다양한 방사성 연대측정법을 사용할 수 있다는 점을 생각해 봅시다. 즉 동일한 암석의 한 부분은 떼어서 U-Pb 방법으로, 다른 한 부분은 K-Ar 방법으로, 또 다른 한 부분은 Rb-Sr 방법 등으로 측정하는 것입니다. 이러한 방사성 원소들은 각각 붕괴속도도 다르고, 초기조건도 다르지만, 그렇게 해서 얻은 결과가 오차의 한계 내에서 일치한다면, 이를 어떻게 설명하겠습니까?

또한 오늘날에는 방사성 연대측정과 더불어 비방사능 절대 연대측정법들도 많이 개발되어 있습니다. 방사성 연대는 나이테나 문헌들에 나타난 역사적 연대 등 고전적인 방법에 더하여 열발광법(thermoluminescence), 흑요석 수화법(黑曜石 水和法, obsidian hydration), 라세미화의 정도를 측정하여 화석의 연대를 결정하는 아미노산 라세미화법(amino acid racemization) 등 여러 비방사능 절대 연대측정 결과들과도 비교할 수 있는데, 이러한 결과들도 대체로 일치하는 결과를 보여주고 있습니다. 동일한 시료를 놓고 방사성 연대측정법과 비방사성 연대측정법 등 다양한 방법으로 측정한 연대가 대체로 일관성 있게 일치한다면, 우리는 위 세 가지 비판이 연대 측정에 심각한 영향을 미치지 않는다고 말할 수 있을 것입니다.

젊은 연대의 문제

그러면 왜 창조과학에서는 방사성 연대를 강하게 비판할까요? 그 이유는 방사성 연대가 대체로 지구와 우주의 연대가 오래되었음을 보여주기 때문입니다. 창조과학자들은 방사성 연대 뿐만 아니라 다른 연대측정법들 중에도 오래된 지구와 우주를 보여주는 방법들은 모두 거부합니다. 이것은 방사성 연대측정법이 갖는 과학적인, 혹은 기술적인 문제 때문이 아니라 신학적인 이유, 다시 말해 창조과학의 독특한 성경해석 때문임을 의미합니다.

창조과학자들은 오래된 연대들을 모두 거부하면서 동시에 지구나 우주가 젊은 듯이 보이는 증거들을 제시하기 위해 노력하고 있습니다. 이들이 흔히 젊은 지구, 젊은 우주의 증거로 제시하고 있는 예를 보면, 바닷물에서 염분을 포함한 각종 원소들의 농도, 지구의 자전 속도, 지구 자기장의 감소, 유정(油井)의 압력, 석순이나 종류석의 성장 속도, 표토(表土)의 두께, 대기 중의 산소량, 지각의 풍화 및 침식 속도, 미시시피강 삼각주의 성장 속도, 나이아가라 폭포단의 마모 속도, 해저 연니(軟泥)의 두께, 포인팅-로벗슨 효과(Poynting-Robertson Effect), 우주에서 수소의 양, 달 표면의 먼지 두께, 달 표면에 존재하는 짧은 반감기 원소의 존재, 큰 별의 존재 등입니다. 물론 이런 증거들 중에는 나름대로 의미가 있는 것들도 있습니다만, 이들은 대부분 방사성 연대가 갖는 가정들보다 훨씬 더 신뢰하기 어려운 가정들 위에 세워져 있습니다. 몇 가지 예를 생각해봅시다.

창조과학에서는 나이아가라 폭포단이 마모된 것으로부터 지구의 역사는 1만년 미만이라는 주장을 합니다. 이러한 추정의 배경에는 나이아가라 폭포단의 마모 속도가 일정할 뿐 아니라 폭포 계곡의 연대가 지구의 연대와 같다는, 증명할 수 없는 가정에 근거하고 있습니다. 미시시피강 하류의 삼각주 성장 속도를 근거로 한 주장도 마찬가지입니다. 이 역시 미시시피강이나 강 하구의 삼각주 연대가 지구의 연대와 같다는 가정에 근거하고 있는 것이지요. 하지만 이것은 검증할 수 없는 가정입니다.

창조과학에서 대표적인 젊은 지구의 증거로 제시하는 연대측정법 중의 하나는 지구 자기장이 지수함수적으로 감소한다는 것에 기초하여 계산한 연대입니다. 즉 지구 자기장은 1,400년을 주기로 반감하기 때문에 거꾸로 거슬러 올라가면 과거의 지구 자기장의 세기를 알 수 있는데, 이렇게 계산하면 지구 연대는 1만년 이상 거슬러 올라가지 못한다는 주장입니다. 그러나 이 주장은 지구 자기장이 과거에도 지금과 같은 속도나 패턴으로 붕괴했다는 가정에 근거하고 있는데, 근래 이것은 틀린 가정임이 밝혀졌습니다. 고지자기학의 연구에 의하면, 과거 지구 자기장은 지수함수적으로 감소하는 것이 아니라, 일정치 않게 요동했음을 보여주는 증거가 속속 발견되고 있기 때문입니다.

또한 그 동안 많은 창조과학자들은 달 표면의 먼지나 지구 표면에 떨어지는 운석의 밀도 등을 근거로 달이나 지구의 연대가 젊다는 주장을 했습니다. 그러나 이 때 사용했던 달 표면의 먼지나 지구 표면의 운석 낙하율이 부정확한 것이었음이 근래 밝혀졌습니다. 물론 창조과학자들이 의도적으로 잘못된 데이터를 사용한 것은 아닙니다. 전체 과학계가 잘 몰랐던 것을 근래에 와서 좀 더 정확하게 알게 된 것이지요. 달 표면이나 지구 표면에 떨어지는 운석 낙하율의 최근 데이터에 근거해서 연대를 측정하면 지구나 달은 6천년보다 훨씬 더 오래되었다는 결론에 이르게 됩니다. 그러므로 이를 아는 창조과학자들은 더 이상 이 데이터를 사용하지 않습니다.

또한 창조과학에서는 아직도 태양계 내에 많은 혜성들이 출현하는 것으로 미루어 우주는 젊을 것이라고 주장해 왔습니다. 이는 현재 혜성이 붕괴되고 있는 것만 관측될 뿐, 만들어지고 있는 것은 관측되지 않는다는 사실에 근거하고 있습니다. 그러나 이것은 혜성이 어디서, 어떻게 만들어지고 있는지조차 알려져 있지 않은 현재로서는 단순한 추측에 불과합니다. 말할 필요도 없이 현대 천문학자들도 오르트 구름(Oort Cloud)이라는 가상적인 혜성 생성지를 제시만 하고 있을 뿐, 구체적인 확인을 못하고 있습니다.

그 외 앞에서 언급한 바닷물에서 염분을 포함한 각종 원소들의 농도,

지구의 자전 속도, 유정(油井)의 압력, 석순이나 종류석의 성장 속도, 표토(表土)의 두께, 대기 중의 산소량, 지각의 풍화 및 침식 속도, 해저 연니(軟泥)의 두께, 포인팅-로벗슨 효과(Poynting-Robertson Effect), 우주에서 수소의 양, 달 표면에 존재하는 짧은 반감기 원소의 존재, 큰 별의 존재 등에 의거한 젊은 연대 추정들도 대부분 '동일과정설'(과거에도 지금 일어나고 있는 것과 동일한 과정이 일어났다고 가정하는)의 가정 위에 세워져 있는데, 이러한 가정의 신뢰도는 검증할 수 없습니다.

겉보기 연대

그러면 우리는 지구나 우주의 연대에 대해서 어떤 결론을 내릴 수 있을까요? 지금까지 논의를 두고 볼 때 우리는 지구와 우주가 오래되었다는 증거들이 훨씬 더 정량적이고 압도적이라는 결론을 내릴 수밖에 없습니다. 물론 그렇다고 젊은 연대를 보여주는 증거들이 하나도 없다는 것은 아닙니다. 빈약하지만 혹은 빈약한 가정들 위에 세워져 있기는 하지만, 지구나 우주가 젊은 듯이 보이는 증거들도 분명히 있습니다.

여기서 우리가 한 가지 생각해 봐야 할 사실이 있습니다. 만일 지구나 우주가 실제로 젊다면 하나님께서 왜 구태여 오래된 듯이 보이는 증거들을 자연계에 그렇게 많이 두셨을까 하는 점입니다. 오래된 듯이 보이는 증거들은 모두 사탄이 만들어 둔 것일까요? 오래된 증거들은 인간의 죄악된 성품과 어떤 관련이 있는 것일까요? 아니면 하나님께서 사람들이 헷갈리도록 하기 위해, 다시 말해 실제로는 우주가 젊은데 오래된 듯이 보이도록 하기 위해 작심을 하셨을까요? 성경에 나타난 것으로 볼 때 하나님은 생선을 달라고 하는 자녀들에게 뱀을, 떡을 달라 하는 자녀들에게 돌을 주시는 분이 아님이 분명합니다.

인간은 과거나 미래, 그 중에서도 특히 직접적인 연구가 불가능한 선사시대나 그 이전 지질시대에 일어난 일에 대해서는 아무도 정확하게 알 수 없습니다. 시간이라는 창살 없는 감옥에 제한되어 살아갈 수밖에 없는 인간에게는 수천 년 전이나 수십억 년 전이나 모두 까마득한 옛날이니까요. 그렇다고 창조연대에 대해 아무 것도 알 수 없다는 불가지론적 결론을 내려야 할 정도로 아무런 단서도 남아 있지 않은 것은 아닙니다. 아무리 인간의 유한함과 지식의 일천함을 인정해도 지적인 추구를 포기해야 할 정도로 증거가 없는 것도 아닙니다. 오랜 연대나 젊은 연대나 어느 것도 확실하지 않다는 식의 양비론적 태도를 견지해야 할 정도로 두 증거가 엇비슷한 것도 아닙니다.

비록 중세 말의 유명론(唯名論)과 실재론(實在論) 논쟁에서 유명론의 손을 들어주는 것 같지만, 저는 적어도 지금까지 알려진 과학적인 연구 결과들을 근거로 최소한 어느 정도 책임 있는 결론은 내릴 수 있으며, 또한 마땅히 그래야 한다고 믿습니다. 창조를 실제로 목격하지 않았고 또 창조 과정을 직접 재현할 수 없는 한, 창조연대에 대한 실제 나이는 아무도 단언할 수 없음을 백번 인정한다고 해도 지금까지 전문 과학자들의 연구 결과들을 종합해 보면 지구와 우주의 연대, 다시 말해 창조 연대는 적어도 오래된 듯이 보인다는 것이 정직한 결론입니다. 지구와 우주의 실제 나이는 아무도 몰라도 적어도 '겉보기 나이'(apparent age)는 오래된 듯이 보인다고 말하는 것이 갈릴레오가 말한 또 다른 성경, 즉 피조 세계가 보여주는 객관적 결론이라고 할 수 있습니다.

37. 지적설계운동

    자연주의(自然主義)는 근대과학의 발흥 이후 자연을 연구하는 모든 분야에서 암묵적 가정이었습니다. 대부분의 과학자들, 심지어 주류 신학자들조차 자연주의야말로 가장 적절한 과학의 원리라고 생각합니다. 그들은 자연을 엄격한 인과관계가 거미줄처럼 치밀하게 얽힌 폐쇄체계라고 주장합니다. 그런데 신학자들 역시 형이상학적 자연주의자는 아니지만, 방법론적 자연주의자들인 경우가 많습니다.[15]

    자연주의는 자연을 맹목적이고 완전한 자연법칙에 의해 작동되는, 그 너머에는 아무것도 존재하지 않는 일체가 완비된 시스템(self-contained system)이라고 봅니다. 자연주의에서는 자연의 모든 것들이 과학법칙이라고 하는 잘 정의된 규칙이나 메커니즘에 의해 완전히 이해될 수 있을 것이라고 기대합니다. 200여 년 전, 우주를 하나의 복잡한 기계로 파악했던 라플라스의 전통은 대부분의 과학 영역에 깊이 스며들어 있습니다.

    하지만 이러한 자연주의적 과학계에 일단의 학자들이 자연주의의 한계, 나아가 자연주의의 파산을 선언하고 나섰습니다. C.S. 루이스는 자연주의는 우리가 숨 쉬고 있는 공기에 편만하게 스며있는 독소(toxin)이

자 우리의 뼛속 깊이 병균이 침투하여 감염되는 것(infection)이라고 말합니다.[16] 자연주의에 대한 반발은 어제 오늘의 일이 아닙니다. 과학혁명의 주역들은 말할 것도 없고 파스칼도 "사람들이 어떤 신념을 갖는 것은 거의 항상 증명에 근거해서가 아니라 그들에게 매력적으로 보이는 것에 근거한다"고 주장했습니다. 이것은 순수한 자연주의는 결코 자연을 연구하는 바른 접근법이 아님을 의미합니다. 20세기 중반부터 본격적으로 등장하기 시작한 새로운 과학철학 운동가들도 과학적 연구의 객관성에 도전했습니다.[17] 그러면 이러한 자연주의에 대한 대안은 없을까요?

지적설계운동

지적설계운동은 자연에서 지성의 흔적이나 증거를 연구하자는 학문 운동입니다.[18] 지적설계운동의 근본적인 주장은 자연계는 임의적인 자연의 힘만으로는 적절하게 설명할 수 없으며, 우리가 지성에 기인하는 것이라고 주장할 수 있는 특징을 나타내고 있다고 봅니다.[19] 이들은 자연이 엄격한 인과율의 폐쇄체계 속에서 운행된다는 자연주의자들의 신념에 도전합니다.

특히 지적설계운동에서는 생물계 내에서 설계의 증거를 찾으려고 노력합니다. 아얄라(Francisco Ayala)에 의하면, 다윈의 가장 큰 업적은 복잡한 유기체들에서 어떤 설계의 흔적도 찾을 수 없음을 보인 것입니다. 그러므로 지적설계운동은 다원주의에 도전하며, 기원이나 생명 진화에 대한 자연주의적 접근에 도전합니다.[20] 생물학적 기원이나 발달에 대한 이론으로서 지적설계론의 중심적인 주장은 지적인 원인만이 적절하게 복잡하고 정보로 가득 찬 생물계를 설명할 수 있으며, 나아가 이 지적인 원인은 실험적으로 탐색할 수 있다는 것입니다.[21]

또한 근래에는 생물학적 시스템에서 설계의 흔적을 찾는 데 그치지 않고 지구와 태양계, 나아가 은하계에서도 설계의 흔적을 찾으려는 노력이 이루어지고 있습니다. 근래 곤잘레스와 리처-즈의 『특별한 지위의 행성』(The Privileged Planet)은 거주 가능대(Habitable Zone)의 개념을 근거로 우주의 설계 가능성을 제시합니다.[22] 이들의 연구에 의하면, 지구와 우주에 대한 연구는 진행될수록 '인간중심적 원리'(Anthropic Principle)가 더 분명해집니다.[23]

창조과학운동과 지적설계운동

그러면 이런 지적설계운동은 다른 창조론운동과는 어떤 관계가 있을까요? 국제적으로 20세기 후반에 일어난 두 가지 중요한 창조론운동을 든다면, 창조과학운동과 지적설계운동이라고 할 수 있습니다. 전자는 1960년을 전후하여 모리스(Henry Madison Morris)나 기쉬(Duane Gish), 라헤이(Timothy F. LaHaye) 등 미국 남부 지역 근본주의자들을 중심으로 일어났으며, 이들은 세대주의적 종말론과 문자적 성경해석을 주장합니다.

이에 비해 후자는 1990년을 전후하여 존슨(Phillip Johnson), 비히(Michael J. Behe), 웰스(Jonathan Wells), 뎀스키(William A. Dembski), 마이어(Stephen C. Meyer) 등 주로 북미 복음주의 전문학자들을 중심으로 시작되었습니다. 이 운동은 신학적으로는 페일리(William Paley, 1743-805) 등 18세기 영국의 자연신학에 뿌리를 두고 있으나, 신학적, 주경학적 함의보다는 과학적 함의, 특히 과학적 연구 프로그램으로서의 함의를 강조합니다.

창조과학운동은 용어의 뜻으로만 보면 성경에 나타난 창조의 과학적 증거를 찾으려는 운동이지만, 다른 창조론운동에 비해 크게 다음 두 가지 점에서 구분됩니다. 첫째는 창세기 1장 1-2절을 첫날 창조사역에 포함시키고, 이어지는 창조주간의 하루하루를 현재와 같은 태양일 하루, 즉 24시간으로 해석하여 전 우주와 지구, 지구상의 모든 인류와 생명체의 연대를 6천년 내외로 보는 것입니다. 둘째는 노아의 홍수를 전 지구적 대격변으로 보고 캄브리아기 이후 모든 지층과 그 속에 들어있는 화석들이 노아의 홍수에 의해 형성되었다고 보는 것입니다. 따라서 창조과학에서는 오늘날 절대 연대측정법으로 널리 받아들여지는 방사능 연대를 부정하고, 나아가 현대 천문학에서 표준 우주론으로 받아들이고 있는 대폭발 이론 역시 거부하기 때문에 기존의 과학계와 정면으로 충돌하고 있습니다.

이에 비해 지적설계운동은 진화론보다는 자연주의 혹은 무신론에 반대하여 일어난 운동입니다. 이들은 자연에는 우연이라고 볼 수 없는 지적설계의 흔적이 있다고 주장합니다. 이런 점에서 지적설계는 성경이나 신학적인, 종교적인 주장에 근거한 것이 아니라 과학적인 증거에 기초하고 있습니다. 그래서 지적설계운동가들은 지적설계에 대한 반박을 신학이나 성경과 관련해서가 아니라 자연의 증거들을 통해 반박해줄 것을 요청합니다.[24] 사실 자연의 가해성(comprehensibility)이라는 것 자체가 바로 이 세계 뒤에 지성이 있음을 함축적으로 내포하고 있습니다. 과학은 이 세계의 가해성을 가정하지 않는다면 불가능한 것입니다.[25]

엄밀하게 말하면 창조론운동과 지적설계운동은 동일한 것이 아닙니다. 창조론은 세계의 존재의 근원에 관한 논의인데 비해, 지적설계운동은 이미 존재하는 물질이 현재와 같이 배열된 것에 대한 원인에 대한 논의입니다. 그러므로 지적설계를 받아들이지 않으면서도 창조론을 받아들일 수 있고, 반면에 창조론을 받아들이지 않으면서도 지적설계는 받아들일 수가 있습니다. 즉 세상이 창조되었지만 아무런 설계의 흔적을 갖고 있지 않다고 말할 수도 있고, 반대로 세상이 설계의 흔적을 갖고 있지만 창조된 것은 아니라고 주장할 수도 있는 것입니다.

이처럼 논리적으로는 창조론과 지적설계운동이 구분되지만, 실제로는 창조론을 받아들이는 사람은 대부분 지적설계를 받아들이고, 지적설계를 받아들이는 사람들 중에도 창조를 받아들이는 사람이 많습니다. 시편 19편 1절이나 로마서 1장 20절은 대표적으로 창조와 지적설계운동이 긴밀하게 연결되어 있음을 제시하고 있습니다. 하나님은 질서의 하나님이기 때문에 하나님을 창조주로 받아들이는 사람들은 그가 만든 만물에는 하나님의 지혜, 질서, 목적, 즉 설계의 흔적이 분명히 나타날 것을 기대합니다.[26]

설계의 판정 기준

그러면 지적설계의 기준은 무엇일까? 뎀스키는 만일 생물계에 지성이 있다면 그것은 구체성과 복잡성, 이 두 가지를 결합하여 '구체화된 복잡성'(specified complexity)으로 나타날 것이라고 주장합니다. 이것은 결국 생화학자 비히가 주장한 '환원 불가능한 복잡성'(irreducible complexity)의 또 다른 표현이라고 할 수 있습니다.[27]

뎀스키는 비히의 '환원 불가능한 복잡성'(irreducible complexity)이 '구체화된 복잡성'(specified complexity)의 특수한 경우라고 지적합니다. 이 세상에 존재하는 많은 생물들이나 그 속에서 일어나는 많은 사건들 또는 구조들은 임의적이며 자연적인 원인으로는 도저히 설명할 수 없는 것으로, 지적인 원인에 의해서만 설명이 가능하다는 것입니다. 비히는 뎀스키가 말하는 바 환원 불가능한 복잡성이나 자신이 말하는 구체화된 복잡성의 개념은 실험적으로 지적인 원인을 찾아낼 수 있게 하며, 이로 인해 지적설계는 이전의 자연신학과는 달리 완전한 과학이론이 될 수 있다고 주장합니다.[28]

비히는 환원 불가능한 복잡성의 한 예로 박테리아 편모(bacterial flagellum) 모터를 제시합니다. 박테리아 편모는 산을 연료로 해서 돌아가는 로터리 분자모터로서 일분에 2만회 회전하는 채찍과 같은 꼬리가 있어서 이로 인해 박테리아는 액체 속에서도 마음대로 움직일 수 있습니다. 비히는 분자모터에 있는 회전자(rotor)와 고정자(stator), 오링(O-ring), 브러쉬, 회전축 등이 제대로 작동하기 위해서는 적어도 서른 개 이상의 복잡한 단백질들이 긴밀하게 상호작용을 해야 한다고 지적합니다. 그리고 이들 단백질 중에서 하나라도 없으면 분자모터는 전혀 작동할 수가 없습니다. 비히는 다윈주의자들의 메커니즘은 이처럼 더 이상 환원이 불가능한 복잡한 시스템을 설명할 수 없으며, 따라서 편모에 있는 분자모터는 설계된 것이라고 지적합니다.[29]

지적설계운동은 창조과학운동에 비해 진화론자들과의 싸움에서 방어선을 대폭 완화한 것임을 쉽게 볼 수 있습니다. 여기서 완화했다는 말은 진리를 수호하는 데 있어서 타협했다는 의미가 아니라, 창조론 진영 내의 다양한 목소리들을 아우를 수 있는 최소한의 기준을 제시함을 의미합니다. 젊은 우주와 지구, 노아 홍수에 의한 모든 지층과 화석 설명 등 창조과학운동은 매우 좁은 주장들을 담고 있기 때문에 같은 창조론자들 내에서도 심각한 반대에 직면해 있음을 고려한다면, 대부분의 창조론자들을 하나로 묶을 수 있는 지적설계운동이야말로 21세기를 열 수 있는 좋은 창조론운동이라 생각됩니다. 지적설계운동은 정직하게, 객관적으로 자연을 관찰하는 사람이라면 누구라도 찬성할 수 있는 내용들을 담고 있습니다. 그러므로 필자는 지적설계운동을 반대하는 사람이라면 불신자로 봐도 무방하다고 생각합니다.

창조과학에 비해 지적설계는 다음 몇 가지 점에서 창조론 논쟁에서 유리한 고지를 점하고 있습니다. 첫째, 지적설계는 현대 과학의 성과들을 대부분 그대로 받아들이면서도 동시에 자연주의는 잘못된 형이상학적 원리임을 일관성 있게 주장합니다. 이들은 창조과학에서 주장하는 바 6천년 우주 연대보다는 훨씬 더 방어하기에 수월한 유신론 혹은 반자연주의를 마지노선으로 삼고 있습니다. 그러므로 지적설계운동에는 다양한 배경의 학자들이 참여하고 있습니다. 개신교의 다양한 신학적 배경을 가진 사람들은 물론 가톨릭이나 심지어 불신자들까지 이 운동에 참여하고 있습니다.

요약과 결론

다음 표는 기원에 관한 몇 가지 대표적인 입장들이 주요한 몇몇 사안들에 대해서 어떤 태도를 취하고 있는지를 요약한 것입니다.

	대진화	노아홍수 범위	창조 연대	성경의 영감성	창조주	설계
창조과학	절대 불용	전 지구적	젊은 연대	수용	인정	인정
진행적 창조론	부분적 수용	국부적	오랜 연대	수용	인정	인정
유신론적 진화론	전폭적 수용	불용	오랜 연대	부분적 수용	인정	인정
무신론적 진화론	전폭적 수용	불용	오랜 연대	거부	거부	거부
지적설계론	무관 or 불용	무관	무관	무관	인정	인정

이 표에서 보여주는 바와 같이 지적설계운동은 넓게 볼 때 창조론 운동의 일환이라고 할 수 있습니다. 하지만 창조론 운동의 하나인 창조과학과 같이 피아를 구분하는 선을 좁게 두지 않습니다. 지적설계운동은 창조론의 가장 첨예한 이슈가 되고 있는 대진화와 노아 홍수, 창조 연대 등에 대해서 초연합니다. 다시 말해서 대진화와 노아 홍수, 창조 연

대 등에 대해서 어떤 견해를 갖고 있더라도 설계를 받아들이는 한 지적설계운동의 울타리 안에서 한 편이 될 수가 있는 것입니다. 그러므로 지적설계운동의 유일한 적이라고 한다면 무신론적 진화론 뿐입니다. 따라서 지적설계운동의 영역에는 매우 다양한 배경의 사람들이 들어올 수 있습니다. 뎀스키가 지적설계운동을 통해 '본격적인 과학혁명'(a full-scale scientific revolution)을 일으킬 것을 제안하는 것도 이 때문입니다.[30]

주)

1) 양승훈, 『창조와 격변』(예영, 2006) 14장.
2) 예를 들면, 한국창조과학회 홈페이지에 게재된 필자에 대한 반박문 참고.
3) "죽음", 『학원세계백과대사전』 10권 (학원출판공사, 1983), 222.
4) "죽음", 『학원세계백과대사전』 17권, 335.
5) "사망", 『IVP 성경사전』 (KIVP, 1992), 231.
6) Alan Francis Chalmers, *What Is This Thing Called Science?: An Assessment of the Nature and Status of Science and Its Method* 2nd edition (St. Lucia, Queensland: University of Queensland Press, 1982). 한국어판으로는 신일철, 신중섭 역, 『현대의 과학철학』 (서광사, 1985), 137-143.
7) 근래 호주 창조과학단체인 AIG 홈페이지에는 노아의 홍수를 일으킨 수원이 '궁창위의 물', 즉 대기권 상층에 있는 포화수증기층이라는 '수증기층 덮개 이론'(water vapor canopy theory)을 창조과학자들이 주장하지 말아야 하는 대표적인 주장 가운데 하나로 제시하고 있다.
8) John Woodmorappe, "방사성의 10억 배 가속이 실험실에서 증명되었다"(Billion-fold Acceleration of Radioactivity Demonstrated in Laboratory) from www.creation.or.kr/library/itemview.asp?no=2882 (한국창조과학회 자료실).
9) K. Takahashi, et al., "Bound-state Beta Decay of highly ionized

Atoms," *Physical Review* C36(4)(1987), 1522-1527.

10) John Woodmorappe., *The Mythology of Modern Dating Methods* (Institute for Creation Research, El Cajon, CA, 1999), 68.

11) Klay, N. et al., "Nuclear Structure of 176-Lu and Its Astrophysical Consequences," *Physical Review* C44(6)(1991), 2847-2848.

12) Jung, M. et al. "First Observation of Bound-state b-decay," *Physical Review Letters* 69(15)(1992), 2164-2167.

13) John Woodmorappe, *The Mythology of Modern Dating Methods* (Institute for Creation Research, El Cajon, CA, 1999).

14) F. Bosch, et al., "Observation of Bound-state b-decay of fully ionized 187-Re," *Physical Review Letters* 77(26)(1996), 5190-5193. 이 실험에 대해 더 많은 논의를 보려면, P. Kienle, "Beta-decay experiments and astrophysical implications," in N. Prantzos and S. Harissopulus editors, *Proceedings, Nuclei in the Cosmos* (1999), 181-186를 보라.

15) Dembski, *The Design Revolution* (Downers Grove, IL: IVP, 2004), 24.

16) C.S. Lewis, *Miracles*, Dembski, *The Design Revolution*, 21-22.

17) Blaise Pascal, *Art of Persuasion*, Dembski, *The Design Revolution*, 28.

18) Dembski, *The Design Revolution*, 21.

19) Dembski, *The Design Revolution*, 27.

20) Dembski, *The Design Revolution*, 33.

21) Dembski, *The Design Revolution*, 34.

22) Guillermo Gonzalez and Jay W. Richards, *The Privileged Planet* (Washington DC: Regnery, 2004).

23) Charles W. Colson, "Forward," *The Design Revolution: Answering the Toughest Questions about Intelligent Design* (Downers Grove, IL: IVP, 2004), 16.

24) William Dembski, *Intelligent Design: The Bridge between Science and Theology* (Downers Grove, IL: IVP, 1999). 한국어판으로는 서울대학교 창조과학연구회, 『지적설계』 (IVP, 2002), 23을 보라.

25) Dembski, 『지적설계』, 24.

26) Dembski, *The Design Revolution*, 38-39.

27) Dembski, *The Design Revolution*, 36; Behe, Michael J. Behe, *Darwin's Black Box: The Biochemical Challenge to Evolution* (New York: The Free Press, 1996).

28) Dembski, *The Design Revolution*, 36-37.

29) Behe, *Darwin's Black Box*.

30) Dembski, *The Design Revolution*, 19.

교육과 학문

38_ 뼈대 있는 학교
39_ 한강의 재난
40_ 조기유학의 비극
41_ 교육열과 호기심
42_ 교원 평가
43_ 진실과 사랑의 틈바구니에서
44_ 생명의 신비
45_ 인체 전시회의 충격
46_ 학문과 신앙

38. 뼈대있는 학교

오늘 낮에는 밴쿠버 지역을 방문한 10여명의 한인 선생님들과 함께 인근 애보츠포드에 있는 개혁교회 계통의 기독교학교를 방문했습니다. 이 학교는 화란 개혁주의자들이 만든 학교로서 초, 중, 고등학교 등 세 학교로 이루어져 있었습니다. 세 학교를 둘러보면서 가장 인상적이었던 것은 신체 및 학습 장애아들을 위한 배려였습니다. 세 학교 모두 불과 몇 명밖에 안 되는 이들을 위해 학습보조실(LAC)을 운영하고 있었습니다. 실제로 우리들이 초등학교 LAC에 갔을 때는 자폐증세가 있는 한 아이를 위해 선생님이 책을 읽어주고 있었습니다. 그리고 중학교 LAC에서는 몸을 가누지 못하고 휠체어에 앉아 있는 중증 뇌성마비 장애학생을 위해 역시 선생님이 책을 읽어주고 있었습니다.

학교에서는 LAC뿐 아니라 신체 장애아들을 위한 화장실이 따로 있었습니다. 그리고 고등학교에서는 불과 한 명의 장애학생을 위해 1, 2층을 오르내릴 수 있는 특수 리프트를 설치, 운영하고 있었습니다. 또한 장애아들을 위한 시설뿐 아니라 이들을 돕는 특수 교사들도 채용하고 있었습니다. 물론 정부에서도 이들을 위해 재정적인 지원을 하고 있지만, 정작 목돈이 들어가는 시설은 정부에서 지원하지 않으며, 이들을 돕는 시간제 교사 인건비 2만불(연봉) 가운데 8천불만 정부에서 지불할 뿐이었습니다.

대부분의 다른 기독교학교들처럼, 이 학교 역시 예산이 넉넉하지도, 장애학생들로부터 더 많은 등록금을 받는 것도 아닙니다. 기독교학교는 사립학교이기 때문에 장애인들을 위한 시설이 없다고 핑계하며, 이들을 받지 않을 수도 있었습니다. 그럼에도 불구하고 이 학교는 많은 돈을 들여서 이들을 돕고 있었고, 교직원들은 그런 자기 학교를 자랑스럽게 생각하고 있었습니다. 그러면 왜 이들은 이처럼 많은 예산을 들여서 장애인들을 위해 투자를 할까요? 이들이 후에 자라서 학교를 위해 많은 헌금을 할 거라고 기대해서일까요?

그렇지 않습니다. 대부분의 장애인들은 일평생 자기 한 몸 감당하기에도 버겁게 살아가고 있습니다. 그러면 무슨 이유로 장애인들을 위해 이렇게 많은 투자를 할까요? 그것은 이들의 교육이념 때문입니다. 이들은 학교의 모든 커리큘럼에서 기독교적 세계관을 실천하려고 노력하고 있는데, 이의 중심적인 요소가 장애인들을 포함한 모든 사람들은 하나님의 형상대로 지음 받은 귀중한 존재라는 것입니다. 이것을 실천하기 위해 이들은 모금에 쫓기면서도 장애아들을 위한 투자를 하고 있습니다. 이들 역시 자본주의 사회에서 돈이 얼마나 귀중한지를 잘 알고 있습니다. 공립은 물론 다른 기독교 사립학교들과도 치열한 경쟁을 하고 있습니다. 그리고 교사들의 월급도 공립에 비해 낮으며, 실력 있는 교사들을 스카우트하기 위해서는 한 푼이라도 더 월급을 줘야 한다는 것도 잘 알고 있습니다. 그럼에도 불구하고 이들은 이 모든 것에서 손해를 보면서도 더 귀중한 덕목을 실천하고 있는 것입니다.

바른 신념을 위해 금전적, 시간적 희생과 육체적 고달픔을 감수하는 가정을 우리는 흔히 뼈대 있는 가정이라고 말합니다. 어려운 여건에서도 불우 이웃을 위해 수입의 상당 부분을 드린다거나 아무리 바빠도 온 가족이 아침마다 경건의 시간을 갖는 것 등은 뼈대 있는 가정의 한 모습이라고 할 수 있습니다. 마찬가지로 바른 신념을 위해 시류에 편승하지 않거나 목전의 이익을 포기하는 기관을 우리는 뼈대 있는 기관이라고 할 수 있을 것입니다.

어쩌면 오늘 우리 사회의 가장 큰 과제는 뼈대 있는 개인, 뼈대 있는 가정을 만드는 것이라고 할 수 있을 것입니다. 그리고 이 뼈대를 만드는 가장 중추적인 기관은 바로 교회라고 할 수 있습니다. 사도 바울이 "너희는 이 세대를 본받지 말고…"라고 한 것도 결국 뼈대 있는 그리스도인이 될 것을 권면한 말이라고 할 수 있습니다. 영어 바람이 불면 온 나라가 영어에 미치고, 조기 유학 바람이 불면 태평양 상공에 기러기 아빠들이 무더기로 날아다니는 것은 결국 뼈대 없는 사회의 한 단면이라고 할 수 있습니다. '뼈대'가 그리운 시대에 애보츠포드에 있는 한 기독교 학교는 우리들에게 뼈대 있는 한 기관의 모범을 보여주고 있습니다.

39. 한강의 재난

이번에 한국을 방문하는 동안 저는 대학에서 창조론을 강의하는 몇몇 교수님들을 만났습니다. 최근에 탈고한 저의 창조론 책 『창조와 격변』을 대학 교양 과정 교과서로 사용하는 것과 관련하여 미리 담당 교수님들로부터 원고에 대한 의견을 듣기 위함이었습니다. 그런데 이 분들로부터 들은 한결같은 얘기는 내용이 너무 어렵다는 것이었습니다. 선택 강좌의 교재는 조금이라도 어려우면 수강생들이 없다고 했습니다. 그래서 도리 없이 중학교 2-3학년 수준의 책을 대학교재로 사용하는 분도 있었습니다.

좋은 대학 학생들도 정도의 차이만 있을 뿐 학력이 낮은 것은 마찬가지였습니다. 언젠가 방한 중에 서울에 있는 괜찮은 대학을 정년퇴임하신 교수님과 얘기를 나눈 적이 있었습니다. 학생들에 대한 열정과 사랑이 남달랐던 교수님이었지만, 60세를 넘어설 때부터 교수를 한다는 것 자체에 회의를 느꼈다고 했습니다. 학생들이 너무 공부를 안 하고 실력이 없어서 교수로서 이런 학생들을 가르쳐야 하는 자신이 싫었다고 했습니다. 이제는 서울대에서조차 학부에서 영어 원서 교재 사용이 어렵고, 이공계 학생들의 수학 실력이 너무 떨어져서 보습 과정을 만들었다는 얘기도 들립니다. 어느 대기업에서는 소위 '이해찬 세대'[1] 학생들을 적게 뽑으려고 이들이 졸업하기 전년도에 왕창 신입 사원들을 뽑았다는 기가 막힌 얘기도 들었습니다.

우리 교육의 문제점, 그 중에서도 대학 교육의 문제점을 심각하게 생각하여 근래 한국정부에서는 향후 5년간 전체 대학의 1/4에 해당하는 87개 대학을 통폐합하겠다는 대학 구조 조정안을 내놨습니다. 어떤 사람들은 단기간에 너무 많은 대학을 정비하는 것이 아닌가 염려도 하지만, 저는 우리의 대학 수준을 생각한다면 현 국내 종합대학의 숫자를 절반 이하로 줄여야 한다고 생각합니다. 그리고 남은 학생들은 대부분 기능 중심의 직업 준비 기관(이전의 전문대학 포함)으로 보내야 한다고 믿습니다. 대학 교육을 받을 필요가 없는 학생들이 대학으로 몰리고 있고, 이들을 대상으로 저질 교육을 제공하는 많은 부실 대학들이 우리 사회의 발목을 잡고 있기 때문입니다. 불필요한 대학을 통해 하수구로 새는 국력만 막더라도 우리 경제는 훨씬 더 나아질 것입니다.

직업을 위한 기능 훈련을 받아야 할 학생들이 학문을 하는 소위 종합대학에 진학해서 비싼 등록금을 내고 아까운 청춘을 낭비하는 것은 학생 본인은 물론 부모들이나 국가로 봐서도 크나큰 손실입니다. 교육비 부담으로 부모들의 등골이 녹고 있는 사이에 실력 없는 학사들이 무더기로 대학문을 나서고 있고, 기업들은 3조원에 이르는 신입사원 재교육 비용을 지불하고 있으며, 사회는 50만 명에 이르는 청년 실업의 무거운 짐에 허덕이고 있습니다. 모두들 우리나라가 경제적으로 어렵다고들

하는데, 그 뿌리에 바로 우리의 부실 대학 교육이 있는 것입니다. 이제는 경제 인플레보다 학력 인플레가 훨씬 더 심각한 우리 사회의 문제로 대두되고 있습니다.

그런데 학생들은 새벽에 나가 자정이 넘어서 귀가하고 있고, 부모들은 과도한 사교육비로 허리가 휘고 있으며, 정부는 부실 교육을 정비하기 위해 날밤을 새는데 대학생들은 왜 실력이 없을까요? 한국 교육의 근본적인 문제는 제도이기 이전에 국민 개개인들의 비뚤어진 교육열과 이에 편승한 학교와 교수들의 느슨한 학사 운영, 그리고 그 틈바구니 속에서 휴대폰과 인터넷 따위의 비싼 장난감을 가지고 놀고 있는 학생들 등 모두의 문제입니다. 물론 지금도 고쳐야할 제도가 있다면 과감히 고쳐야 되겠지만, 이젠 우리 교육의 근원적인 병폐는 결코 제도 문제가 아님을 깨닫는 것이 중요합니다.

한 때 외국인들은 우리의 뜨거운 교육열이 나라를 일으키는 원동력이라고 부러워한 적이 있었습니다만, 이제는 잘못된 교육열이 나라를 망치고 있습니다. 학구열이 아니라 '학벌열'이 나라를 뒤덮고 있고, 실력 없는 학생들이 양산되는 한, 대학진학률 80%라는 세계 최고의 수치는 도리어 사회적 짐만 될 뿐입니다. 학벌열이 학구열로 바뀌고, 대학들이 질 높은 교육을 제공하며, 아울러 엄격한 학사관리를 하지 않는다면, 한강의 기적을 이룩한 우리나라가 교육으로 인해 '한강의 재난'을 당할 가능성이 높습니다. 울며 씨를 뿌리지 않는 사람은 결코 기쁨으로 그 단을 거둘 수가 없습니다. 하나님은 결코 만홀히 여김을 당하는 분이 아니기 때문입니다.

40. 조기유학의 비극

　일전에 가까이 계시는 분으로부터 그 분의 사촌 언니 가정의 얘기를 들은 적이 있습니다. 소자녀 시대의 많은 한국 부모들처럼 사촌 언니도 어떻게든 하나뿐인 아들을 잘 키워보고 싶었습니다. 그래서 경제적으로 크게 넉넉한 집은 아니었지만, 그래도 남들이 하는 것이라면 뒤지지 않고 아들을 위해 투자했습니다. 그러다가 90년대 초반, 조기유학 바람이 불 때 같은 아파트 단지에서도 하루가 멀다 하고 아이들을 해외로 보낸다는 얘기가 떠돌았습니다. 결국 언니도 아들을 해외에 보내지 않으면 뭔가 뒤처질 것 같은 불안한 마음이 들어서 멀쩡하게 학교를 잘 다니고 있던 아들을 자퇴시키고 뉴질랜드로 유학을 보냈다고 합니다.

　당시 열 두 살이었던 아들은 혼자 해외에 보내기에는 너무 어렸습니다. 하지만 남편이 국내에서 회사에 다니고 있었으므로 도리 없이 현지인 가정에 하숙을 시키고 엄마는 돌아왔습니다. 어린 나이에 말도, 문화도 다른 나라에 혼자 남겨진 아들은 수영도 못하면서 깊은 물에 던져진 아이처럼 허우적거리며 질풍노도의 사춘기를 시작했습니다. 당연히 한국에서는 중상위권이었던 성적이 추풍낙엽처럼 떨어지기 시작했고,

공부에 흥미가 없어지면서 다른 것들에 끌리기 시작했습니다. 부모의 감독이 없는 환경에서 인터넷의 유해한 내용들이 여과 없이 사춘기 아이의 머리를 채우기 시작했습니다. 이는 급기야 한국의 부모들에게까지 알려지게 되었고, 결국 아들은 4년의 뉴질랜드 유학생활을 접고 밴쿠버로 재유학을 왔습니다.

하지만 밴쿠버에 왔다고 해서 공부에 대한 흥미가 새로 생기지는 않았습니다. 결국 캐나다에 온지 2년이 되었을 때, 엄마는 아들을 위해 큰 결단을 했습니다. 하나밖에 없는 아들인데 학교생활에 적응도 못하고, 제대로 공부도 못하니 남편과 잠시 떨어져 지내더라도 아들을 위해 봉사하기로 한 것입니다. 그 동안 서양인 집에서 입에 맞지도 않는 음식을 먹느라 고생했던 아들에게 속죄하는 마음으로 아들을 위해 밥이라도 해주어야겠다는 모성애가 결국 엄마를 밴쿠버에 오게 한 것입니다.

하지만 밴쿠버에 와서 며칠을 지내는 동안 엄마는 곧 이것이 자신의 착각이었음을 알게 되었습니다. 집을 떠나 있었던 지난 6년 동안 아이의 입맛은 완전히 서양 음식에 길들여져 있었습니다. 사랑이 담긴 따끈따끈한 밥과 국, 구수한 된장찌개, 상큼한 김치는 엄마의 구미만을 돋울 뿐이었습니다. 엄마가 저녁에 밥을 해 놓고 기다리면 아이는 늦게까지 밖에서 돌아다니다가 햄버거를 사먹고 들어오곤 했습니다. 아들에게 자기 손으로 지은 따뜻한 밥을 먹여야겠다는 애타는 모정은 밴쿠버에 오면서부터 벽에 부딪치기 시작했습니다.

고등학교 상급학년이 되면서 공부는 점점 더 떨어졌습니다. 더군다나 아들은 학교에서 이런 저런 문제를 일으켜 엄마가 소환되는 일이 잦

아졌습니다. 등록금과 하숙비를 합치면 연간 20,000불이 훨씬 넘는 학비를 여러 해 동안 쏟아 부었지만 결국 아들은 졸업장도 받지 못한 채 고등학교를 마치게 되었습니다. 따라서 대학을 갈 수도 없었습니다. 그렇다고 대학을 못 간 아들이 집에서 놀고만 있지는 않았습니다. 엄마에게 차를 사달라고 조르기 시작한 것입니다. 하지만 그 동안 아들의 생활을 봐온 엄마로서는 도저히 차를 사줄 수가 없었습니다. 한참을 조르던 아들은 식사 보이콧, 즉 엄마가 해주는 밥을 먹지 않고 굶기 시작했습니다. 한 달이 지나자 원래 호리호리한 아들의 얼굴이 반쪽이 되었고, 결국 엄마는 두 손을 들고 2만 불짜리 자동차를 사주었습니다. 이때 쯤 엄마에게는 우울증이 나타나기 시작했습니다.

하지만 아들의 요구는 이것으로 끝나지 않았습니다. 하는 일 없이 이곳저곳으로 일제 자동차를 몰고 다니던 아들은 오래지 않아 엄마에게 7만불짜리 최고급 일제 SUV(스포츠 유틸리티 차량)를 사 달라고 조르기 시작한 것입니다. 평범한 회사원 남편의 월급으로는 도저히 생각하기 어려운 차였습니다. 한참 승강이를 벌인 후에 결국 아들은 이전에 효과가 있었던 식사 보이콧을 다시 시작했습니다. 두 달 정도 굶고 나자 피골이 상접했지만, 아들은 SUV를 사주기 전에는 밥을 먹지 않겠다고 버텼습니다. 급기야 아버지가 밴쿠버에 달려왔지만, 스무 살이 넘은 아들은 이미 부모가 말로도, 완력으로도 어거할 수 없는 상태였습니다. 결국 우선 생명이나 구하자는 마음으로 무리해서 차를 사주었습니다.

아들이 SUV를 몰고 다니는 동안 엄마의 우울증 병세는 점점 더 심해져갔습니다. 주위 사람들은 아들을 데리고 속히 귀국하라고 재촉했지만, 아들은 한국에 가면 군대에 끌려가야 하므로 절대로 가지 않겠다고 버텼습니다. 달래기도 하고 위협을 하기도 했지만, 결국 부모님만 귀국하고 아들은 밴쿠버에 남았습니다. 이쯤 되자 모성애의 볼모가 된 엄마보다는 아버지의 부성애가 더 냉정하고 합리적이었습니다. 귀국 후 많은 생각을 한 끝에 아버지는 아들에게 더 이상 생활비를 대주지 않겠다는 최후통첩을 보냈습니다. 그리고 한 달만인 두 주 전에 아들은 두 손을 들고 귀국했습니다. 조기유학의 허상을 좇아 15년의 세월과 수억 원의 돈을 날린 후 남은 것은 참담한 자녀교육의 실패와 엄마의 우울증뿐이었습니다.

이것은 수많은 조기유학의 비극을 담은 한 실례일 뿐입니다. 이미 수많은 실패 사례가 곳곳에서 터져 나오고 있는데, 아직도 한국의 많은 부모들은 조기유학만 보내면 자녀교육에 성공한다는 근거 없는 '유비통신'(유언비어 통신)에 서슴없이 자녀의 인생을 걸고 있습니다. 영어만 잘 하면 모든 것이 해결된다는 개똥 교육철학에 목을 매는 부모들과 이들의 불안 심리를 부추겨 돈벌이를 하는 무책임한 유학원들이 난립하는 것을 보면서 저는 앞으로 조기유학 세대들이 3, 40대에 이르러 한국 사회의 허리를 이룰 때의 끔찍한 모습을 그려봅니다. 그리고 교육의 한 부분을 담당하고 있는 사람으로서 이 비극에 대한 책임을 통감합니다.

41. 교육열과 호기심

저는 연구와 관련해서 화석이나 운석, 생체 표본 등을 전시하는 자연사 박물관에 갈 일이 많습니다. 밴쿠버 인근에는 제대로 된 자연사 박물관이 없지만, 인근 앨버타주에는 공룡 박물관으로서는 세계에서 가장 크다는 티렐 공룡박물관이 있습니다. 그리고 미국에는 시카고자연사박물관, 워싱턴의 국립자연사박물관, 뉴욕의 미국자연사박물관을 비롯하여 크고 작은 수많은 박물관들이 있습니다. 물론 유럽이나 호주에도 많은 자연사박물관들이 있습니다. 우리나라에는 아직 국립자연사박물관은 없지만 경보화석박물관, 경희대자연사박물관, 서대문자연사박물관, 계룡산자연사박물관 등 개인이나 자치단체, 대학 등에서 설립한 소규모 자연사박물관들이 여러 개 있습니다. 국내외 많은 자연사박물관들을 돌아다니면서 제가 관찰한 흥미 있는 사실은 관람객들입니다. 국내 박물관에는 어린아이들과 이들을 데리고 온 젊은 엄마, 아빠들이 주를 이루고 있습니다. 개중에는 아이들에게 전시물들을 설명해주는 엄마들도 있지만, 많은 경우, 공룡이나 그 외 큰 전시물들을 배경으로 사진을 찍기 위해 옵니다. 차근차근 설명문들을 읽으면서 지나가는 사람들은 많지 않습니다. 드물게 손자의 손을 잡고 오는 할아버지들이 있기는 하지만, 혼자 온 노인들은 거의 없습니다. 특히 할머니들만 오는 경우는 눈을 씻고 봐도 찾을 수가 없습니다. 그런데 미국, 캐나다는 물론 유럽 등지의 많은 박물관을 돌아다니다 보면 관람객들 중에 할머니, 할아버지들의 비율이 상당히 높습니다. 학교에서 단체로 탐사여행을 오는 아이들을 제외한다면, 아이들과 거의 비슷한 숫자의 노인들이 오는 것 같습니다. 거동이 불편한 할머니들이 휠체어를 굴리면서 전시품 하나하나를 돌아보고 설명문들을 읽는 모습도 볼 수 있습니다. 그렇다고 그들이 그 분야의 글을 쓰거나 전문적인 연구를 하는 사람들은 아닌 것으로 보입니다. 그런데 그 불편한 몸을 이끌고 왜 박물관에 올까요? 도대체 저들의 마르지 않는 호기심의 원천은 무엇일까요? 일반적으로 심리학자들은 호기심은 생득적인 것으로 기존의 인지구조와 새롭게 받아들인 정보 사이의 간격에 의해 생긴다고 합니다. 즉 호기심은 신기하고, 의외이며, 복잡하게 느껴지는 것을 접하게 되면 촉발된다고 합니다. 하지만 제가 보기에 이것은 호기심에 대한 절반의 설명일 뿐입니다. 아무리 기존의 인지구조와 새로운 정보 사이에 틈새가 있어도 인지구조가 살아있지 않으면 호기심이 생길 수 없습니다. 호기심(好奇心)은 말 그대로 진기한 것을 좋아하는 마음을 말하는데, 여기서 좋아하는 마음이란 곧 살아있고 개방된 인지구조를 전제하고 있습니다. 그러면 어째서 선진국 국민들은 우리들에 비해 나이가 들면서도 개방된 인지구조, 다시 말해 마르지 않는 호기심을 갖고 있을까요? 이것은 저들의 교육제도로부터 찾아볼 수 있습니다. 누구에게라도 공부라는 것은 힘든 것이지만, 서양에서는 어릴 때부터 아이들에게 공부를 강요하지 않습니다. 물론 부모나 교사들이 공부하라고 격려는 하지만, 아이들을 숨 쉴 틈도 없이 과외로 내몰지는 않습니다. 유치원에서부터 시작해서 초등학교 저학년까지 아이들은 학교를 재미있는 놀이터라고 생각합니다. 이들은 친구들이 있는 학교 가는 것을 좋아하고, 힘들기는 하지만 공부는 즐거운 것임을 체험하면서 학교를 다닙니다. 중, 고등학교를 지나면서 점점 공부의 양이 많아지고 때로 과외도 하지만, 그렇다고 호기심을 짓밟을 정도로 타율적이지는 않습니다. 고등학교 3학년이 되어도 여전히 오후 3시 전후가 되면, 모든 학생들은 학교 일과를 마치고 귀가합니다. 대학부터는 엄청난 공부가 쏟아지지만, 이때는 이미 호기심이 굵은 나무가 되어 어지간히 공부로 짓눌러도 쉽게 시들지 않습니다. 서양인들의 마르지 않는 호기심을 보면서 저는 한국인들의 과외문화를 다시 생각해 봅니다. 어릴 때부터 새벽부터 밤늦게까지 타율에 젖은 공부를 하는 동안 파릇파릇 돋아나던 우리 아이들의 여린 호기심의 싹은 고사합니다. 그렇게 학교생활을 하게 되면 아이들은 공부에 대해 진절머리를 내고, 결국 지적으로 화석이나 관솔이 되어 학교를 졸업합니다. 그래서 대학생이 되더라도 취직 시험 준비를 비롯하여 직업과 직접적으로 관련된 것이 아니면 공부와 담을 쌓습니다. 그러니 어른이 되어서도 먹고 사는 데 관련이 없는 박물관 같은 데는 아예 가질 않습니다. 어느 부모도 아이들을 망치기 위해 돈을 쓰고 싶지는 않을 것입니다. 하지만 오늘 우리는 천금보다 귀중한 아이들의 호기심의 싹을 죽이기 위해 엄청난 교육비를 쓰고 있는 것이 현실입니다. 이웃에 사는 철이 엄마가 그렇기 때문에 덩달아 영미 엄마도 아이들을 화석화시키는 대열에 합류하고 있습니다. 그래서 지금은 문맹 퇴치 운동처럼, 기생충 박멸 운동처럼 어쩌면 우리에게 거름 지고 장에 가지 않기 운동, 즉 이웃집 따라 아이 망치지 않기 운동을 벌여야 할 때가 아닌가 생각됩니다. 호기심은 하나님께서 인간에게 피조세계에 대한 선한 청지기적 소명을 위해, 그리고 이웃 사랑의 효과적인 실천을 위해 주신 생득적인 은사이기 때문입니다.

42. 교원 평가

며칠 전, 학교로부터 지난 여름학기에 제가 강의한 '세계관 기초' 과목 강의 평가 결과를 통보받았습니다. 저희 학교 강의 평가는 크게 두 부분으로 나누어져 있습니다. 전반부는 27문항의 5지 선다형 객관식 평가이고, 후반부는 주관식으로 7개 영역에서 학생들이 강의에 대한 의견을 쓰게 되어 있습니다. 평가 항목에는 교재가 강의에 적합했는가, 숙제나 시험은 적절했는가, 학생들이 제출한 숙제를 교수가 얼마나 빨리 피드백 해 주었는가, 강의계획서대로 강의가 진행되었는가, 효과적으로 학생들과 의사소통이 되었는가 등을 자세히 평가합니다.

객관식 평가는 각 항목마다 5점 만점의 스케일(Likert scale)로 평가하며, 컴퓨터로 처리해서 소수점 이하 둘째 자리까지 점수를 냅니다. 그리고 각 항목의 점수를 다른 대학원 교수들의 평균, 신대원 교수들의 평균과 일목요연하게 막대그래프로 비교합니다. 예를 들어 저의 '세계관 기초' 강의 평가에서 "교재가 강의에 적합했는가?"라는 항목의 경우 신대원 교수들의 평균은 3.52, 대학원 교수들의 평균은 3.42인데 비해 저의 강의 평가 평균은 3.62 정도이니 평균보다는 좀 더 높은 점수를 받은 셈입니다. 하지만 "효과적으로 학생들과 의사소통이 되었는가?"라는 항목에서는 신대원 교수들은 3.62, 대학원 교수들은 3.32를 받았는데 저는 3.46을 받았습니다. 당연히 이 모든 결과들은 다음 번 강의에 반영될 것이고, 이것이 누적되면서 점점 더 좋은 강의가 만들어질 것입니다.

평가지에는 강의 평가만이 아니라 강의에 임하는 학생들의 준비나 태도도 적게 되어 있습니다. 학생이 얼마나 이 과목을 위해 많은 시간을 할애했는지, 제 때 숙제를 제출했는지, 강의에 얼마나 적극적으로 참여했는지 등도 쓰도록 되어 있습니다. 당연히 교수들의 강의 평가는 학생들의 자기 평가와 연계해서 해석합니다. 또한 평균치보다 현저하게 낮은 점수의 평가치는 고려의 대상에서 제외합니다. 이것은 강의 이외의 요소가 개입되었다고 보기 때문이지요.

물론 이곳 대학에서는 교수들의 강의만 평가하는 것이 아닙니다. 임시직이나 시간제로 근무하는 사무원들을 제외한 대부분의 사람들이 어떤 형태로든지 평가를 받습니다. 물론 매년 평가하지는 않지만 총장, 학장, 교무처장 등 다른 사람들과 접촉이 많은 대학 지도자들도 당연히 평가를 받습니다. 그리고 그 결과는 본인과 그 자료를 참고해야 할 몇몇 사람들을 제외하고는 비밀입니다. 그 결과는 일차적으로 당사자가 학생들이나 교직원들을 더 잘 섬기기 위한 자료로서 사용되지만, 때로는 본인의 진급이나 연봉에도 영향을 미칩니다.

요즘 한국 교육계는 교원 평가 문제로 떠들썩합니다. 사실 교원 평가는 시기적으로 너무 늦었다고 할 수 있습니다. 교실이 무너지고, 학생들의 자살이 줄을 잇고, 과외가 온 국민들의 허리를 휘게 한 지가 언젠데, 학교 교육에 절망해서 조기유학, 교육이민의 물결이 전국을 뒤덮은 지가 언젠데 이제야 교원 평가 얘기가 나오는 지…, 정상적인 민주주의 국가에서는 매우 이해하기가 어려운 일입니다. 물론 교사만이 아니라 교장, 교감 등 학교 지도자들과 학부모 등 학교 교육에 영향을 미치는 모든 주체들에 대한 평가도 필요합니다. 그래서 우리 교육의 문제가 무엇인지를 정확하게 진단하고, 그 진단에 근거한 처방전을 만들어야 할 것입니다.

그런데 놀랍게도 교육 선진화를 위해 결성되었다는 전교조에서는 교원 평가를 반대합니다. 그 동안 전교조가 나름대로 교단 민주화를 위해 어느 정도 기여했다는 것은 부인하지 않지만, 교원 평가와 관련된 이들의 견해는 이해하기가 어렵습니다. 이들은 평가 이전에 먼저 교육 예산을 늘리고, 학급 규모를 줄이고, 교육 환경을 개선하라는 등의 주장을 합니다. 하지만 이것은 MP3 플레이어와 휴대폰을 사주면 중간고사를 치겠다고 억지를 부리는 철부지 아이들과 흡사합니다.

학습 환경 개선은 교원 평가와 약간의 관련은 있지만 큰 관련은 없습니다. 혹 전교조는 그런 것들 때문에 교원 평가가 잘못될 수 있다고 염려할지 모릅니다. 하지만 어느 누구도 학급 규모가 40여명에 이르는 한국 교사들이 25명 미만인 소위 선진국 교사들과 동일하게 학생들을 돌볼 것을 기대하지는 않습니다. 주어진 우리 형편에서 교사가 얼마나 학생들을 잘 가르치고 지도하는지, 근무 시간에 사적인 일로 시간을 보내지는 않는지 등을 평가해야 합니다.

아직도 "제자에 대한 교사의 사랑과 관심을 어떻게 점수로 수치화할 수 있는가?"라고 주장하는 교사들이 있다면, 인내심을 갖고 교원 평가의 이유, 방법, 목적, 유익 등 평가의 기본을 알려주는 것이 필요합니다. 그래야 교사들이 자신의 부족한 점이 무엇인지를 깨닫고 이를 개선하려는 끊임없는 노력을 할 수 있습니다. 이 세상에 평가나 시험을 즐거워하는 사람은 아무도 없지만 평가 없이는 발전도 없습니다.

저는 한국에서 오랫동안 사범대학에서 근무했고, 지금은 캐나다 대학에서 한국인 프로그램을 담당하지만 이런 저런 일로 인해 캐나다 초중등 학교를 방문하거나 교사들을 만날 일이 가끔 있습니다. 그래서 우리나라 학교와 캐나다 학교, 우리나라 교사들과 캐나다 교사들을 비교할 기회가 가끔 있습니다. 그러면서 한 가지 내린 결론은 이제는 한국의 학교시설이 캐나다보다 좀 못하기는 해도 상당한 수준이라는 점입니다. 어떤 부분에서는 한국 학교가 캐나다 학교들보다 더 나은 경우도 있습니다. 그러면서 저는 학교 교육의 수준을 가늠하는 가장 중요한 요소는 시설이 아니라, 교사들의 의식이요 수준이라는 결론을 내렸습니다.

교사들의 실력과 자기 개발을 위한 노력, 교사로서의 사명감과 자부심, 학생들에 대한 기대와 열정 등은 어떤 시설이나 기자재보다 더 중요한 '교육환경' 입니다. 그렇다면 교사들의 수준을 제고(提高)할 수 있는 교원 평가는 당연한 일입니다. 한국 교육이 직면하고 있는 산적한 문제들을 풀 수 있는 단초를 교원 평가에서 찾을 수 있을지도 모른다는 생각에 몇 자 적어봅니다.

43. 진실과 사랑의 틈바구니에서

지금의 세계관과 창조론 공부를 업(業)으로 삼기 전, 저는 오랫동안 물리학자로, 그 중에서도 반도체 물리학자로 지냈습니다. 물리학 연구에서는 실험을 통해 얻은 데이터를 설명하기 위해 새로운 모델이나 이론을 만들고, 이를 논문을 통해 발표합니다. 그렇게 할 때 혹시나 잘못된 실험이나 부족한 데이터로 인해 잘못된 설명이나 이론을 제시하는 것은 아닐까 하는 부담이 늘 있었습니다. 하지만 저와 다른 주장을 하는 사람들에 대한 심적인 부담은 별로 없었습니다. 왜냐하면 오래지 않아 누구의 이론이 더 타당한지 여러 후속 연구들을 통해 밝혀지기 때문입니다.

하지만 물리학과는 달리 창조론 공부는 학문의 성격상 날카로운 의견 대립이 생길 소지가 많습니다. 실제로 저는 최근에 어떤 분의 창조론 강의 시리즈를 DVD를 통해 들으면서 강사의 치우친 과학관과 성경관으로 인해 많은 마음의 부담을 갖게 되었습니다. 그 분은 학교에서 배우는 과학적 내용들 중 비교적 잘 검증된 내용들조차 '뻥'이라고 비판했고, 또한 성경은 문자적 해석만이 바른 것이라고 강력하게 주장했습니다. 그 분은 자신이 비판하는 과학 분야에서 전문적인 훈련을 받은 적도, 성경 해석을 위한 신학적 훈련을 받은 적도 없었습니다. 그러다 보니 어떤 경우에는 터무니없는 내용을 확증된 것인 양 주장하기도 했습니다. 그래서 저는 곰곰이 생각하다가 그 분에게 이메일을 통해 정중하게 잘못된 내용들 중 한 가지를 지적하고, 그와 관련된 문헌을 첨부했습니다.

이런 학문적 논의가 이전에도 몇 차례 있었지만, 그 때마다 마음의 부담이 되는 것은 그렇게 하면 아무리 조심해도 인간관계가 깨어질 가능성이 많다는 점이었습니다. 상대방이 특별히 겸손하고 열린 분이 아니면 관계가 좋아지기보다는 대체로 관계가 악화될 가능성이 많기 때문에 학문적 진실과 인간관계 사이에서 고민하게 됩니다. 이렇게 지적하지 않는다면 그 분이 계속해서 여기 저기 다니면서 틀린 얘기를 할 텐데 하는 부담과 더불어, 다른 한편으로는 그 분이 틀린 얘기를 하고 다니는 것이 그 분과의 관계가 나빠지는 것보다 더 중요할까 하는 고민이 저를 괴롭힙니다. 학문적 진실과 인간관계 사이에서의 갈등은 나이가 들어갈수록 점점 더 심각한 문제로 다가옵니다.

교회 이슈에 대한 세계관적 비판은 창조론 논쟁보다도 더 예민합니다. 그나마 창조론 논쟁은 상당 부분 자연에 대한 객관적 사실을 중심으로 하지만, 세계관적 이슈들은 주관적 가치와 관련된 경우가 많거나 또는 개인이나 단체의 삶의 문제인 경우가 많습니다. 그러다보니 성경적인 기준으로 살자는 취지의 세계관 운동이 본의 아니게 다른 사람들에게 정죄와 비판만을 하는 운동으로 비춰질 소지가 있습니다. 교회의 치부를 말할 때는 아무리 '너'의 문제가 아닌 '우리'의 문제임을 부각시켜도(we-feeling) 결국 관련 당사자들에게는 상당한 마음의 부담을 줍니다.

"비판을 받지 아니하려거든 비판하지 말라"(마 7:1)고 하신 예수님의 말씀은 간단하지만 정말 지키기가 어려운 계명입니다. "너희의 헤아리는 그 헤아림으로 너희가 헤아림을 받을 것"(마 7:2)이라는 예수님의 말씀은 어쩌면 그렇게 정곡을 찌르는 말씀인지…. 실제로 그럴 듯한 말을 하고 개인이나 단체의 잘못을 성경을 들춰가며 지적하지만, 다른 한편에서는 그런 말을 하는 저 자신도 그렇게 거룩하지 못하다는 점이 큰 부담으로 다가옵니다. 몇 해 전 별세하신 예수원의 대천덕 신부님은 생존 시 "저는 하나님께 제가 지킬 수 없는 말을 다른 사람들에게 가르치지 않게 해달라고 기도합니다"라고 하신 것을 기억합니다.

이런 부담 가운데 저는 근래 마태복음 22장을 다시 읽게 되었습니다. 그 중에서도 하나님을 사랑하고 이웃을 사랑하는 "이 두 계명이 온 율법과 선지자의 강령", 즉 성경의 모든 계명들을 요약한 것이라는 예수님의 말씀이 어느 때보다 더 깊이 저의 가슴에 꽂혔습니다. 성경의 수많은 얘기들과 교훈들의 궁극적인 목적이 하나님을 사랑하고 이웃을 사랑하는 것이라고 한다면, 이는 당연히 학문을 업으로 하는 사람들의 궁극적인 목적도 여기에서 벗어날 수 없을 것입니다.

예수님의 이 말씀은 학문적, 사회적 논쟁과 관련해 한 가지 중요한 지침을 줍니다. 그것은 사랑의 모티브가 아니라면, 아무리 중요한 오류라도 지적하지 않는 것이 좋다는 것입니다. 결국 사랑이 압도하지 않는 진실 주장은 사람을 바꾸지도, 오류를 교정하지도 못하고 논쟁과 미움

만을 만들기 때문입니다. 그리고 사랑이 없는 공의에 대한 집착은 자칫 교만으로 흐르기 쉽고, 대체로 분노와 정죄로 끝나기 쉽습니다. 이것은 사랑이 없는 진실 논쟁, 겸손이 따르지 못하는 비판으로 여러 친구들을 잃어버린 후에 제가 배운 값비싼 교훈입니다. 진실과 사랑의 틈바구니에 끼인 채 고민하며 사는 것이 인생의 본래 모습일지도 모르겠지만….

44. 생명의 신비

"생명이란 무엇일까?"라는 물음은 생물학자나 신학자가 아니라도 누구나 한번쯤은 곰곰이 생각해 보는 주제입니다. 그래서 생물학자는 아니지만 노벨물리학상 수상자이자 양자역학의 기본 방정식을 만든 슈뢰딩거는 『생명이란 무엇인가?』라는 책을 썼습니다. 다행히 지금은 눈부시게 발전한 과학 덕분에 생명의 탄생과 관련해 많은 것들이 알려져 있습니다. 왓슨과 크릭에 의해 DNA의 구조가 알려진 이래 유전에 대한 미시적인 메커니즘이 잘 밝혀져 있습니다. 하지만 여전히 생명 그 자체가 무엇인가에 대한 궁금증은 풀리지 않고 있습니다. 수정과 발생의 과정은 자세히 알려져 있지만, 생명 그 자체가 무엇인지에 대한 궁금증은 해결되지 않았습니다. 사실 유전의 미시적인 기작이나 유전적인 정보의 형태에 대한 자세한 지식은 "생명이 무엇인가?"라는 질문과는 별로 관계가 없습니다.

　남녀가 결합해서 새로운 생명이 시작되는 것은 신비 중의 신비입니다. 한 남자와 한 여자가 만나서 사랑을 하게 되고, 그 사랑이 무르익으면 새로운 생명을 잉태하게 됩니다. 너무나 사랑하기 때문에 하나가 되지 않고는 견딜 수 없는 지경이 되면 여인은 사랑하는 남성에게 자신의 온 몸을 내어주고 그로 인해 새로운 생명이 잉태됩니다. 어떤 의미에서 생명의 잉태에는 희열과 쾌감이 수반되지만, 또 다른 측면에서는 죽음과 같은 희생이 따릅니다. 물론 그 희생의 이면에는 엄청난 사랑이(비록 본능적인 사랑일지라도) 전제되어 있습니다. 하지만 여인은 그 사랑으로 인해 한평생 자신을 얽어매는 생명의 잉태를 결심하게 됩니다.

이러한 신비는 다만 사람의 생명이 시작될 때에만 국한된 것이 아닙니다. 비록 사람보다 기계적이고 본능적인 면이 강하지만, 다른 동물들의 경우에도 생명의 잉태는 죽음을 전제합니다. 암컷의 성숙한 난자가 정자에 의해 터뜨려짐으로 새로운 생명이 시작됩니다. 식물도 배아가 터뜨려짐으로 새로운 생명이 탄생합니다. 이를 가장 극적으로 보여주는 식물은 바로 양귀비입니다. 양귀비의 수정 과정을 살펴보면 마치 남성기와 같이 생긴 뾰족한 수술이 씨방에 접근해서 씨방을 터뜨리면서 수정시키고 열매를 맺습니다. 한 알의 밀알이 땅에 떨어져 죽으면 많은 열매를 맺는 것처럼 생명은 죽음으로 시작됩니다.

저는 지난 2월 6일, 미국에서 미식축구 MVP로 뽑힌 하인즈 워드를 통해 다시 한 번 생명과 죽음의 문제를 생각해 보았습니다. 매스컴들은 미국 최고의 스타로 떠오른 하인즈 뒤에는 주한 미군과의 짧았던 결혼생활과 긴 이혼의 아픔을 신앙으로 새겼던 어머니 김영희씨의 희생이 있었다고 보도했습니다. 말 다르고 물 설은 이국땅에서 아버지도 없이 망나니였던 아들을 스타로 키우기까지 하인즈의 어머니는 죽음보다 더 힘든 30여년의 세월을 보냈던 것입니다. 한 여인의 눈물의 바다에서 영웅이 태어난 것입니다.

하지만 생명은 하인즈 워드와 같이 굉장한 재능과 능력을 가진 영웅의 것만 귀중한 것은 아닙니다. 생명의 귀중함은 외모나 경제적 능력이나 사회적 지위 때문이 아니라 하나님의 형상대로 지음 받았기 때문입니다. 사람을 하나님의 형상을 따라 창조된 존재라고 본다면, 그리고 그 생명이 창세전부터 예정된 존재라고 한다면(엡 1:4), 남녀의 결합은 그 야말로 더없이 중요하고도 거룩한 행위입니다.

"생육하고 번성하라"는 창세기 1장 28절의 명령은 부부관계에 대한 명령이라고도 볼 수 있습니다. 그러므로 남녀 간의 사랑, 특히 성관계는 음담패설과 희롱의 대상이 될 수 없습니다. 이것은 영원히 불멸하는 한 생명을 탄생시키는 거룩한 행위입니다. "모든 사람은 혼인을 귀히 여기고 침소를 더럽히지 않게 하라"(히 13:4)는 히브리서의 권면은 바로 침소에서의 행위가 하나님의 형상을 닮은 생명의 탄생과 직결되어 있기 때문입니다. 사람에게만 유독 처녀막이 있는 것도 순결한 자손을 얻고 부부간에 정결한 관계를 유지하기 위함일 것입니다.

죽음과 생명이 동전의 양면과 같이 불가분의 관계가 있음은 다만 육신의 생명에만 국한된 것이 아닙니다. 예수님은 죽고자 하는 자는 살 것이요, 살고자 하는 자는 죽는다고 하셨습니다. 실제로 예수님은 자신의 생명을 내어주심으로 영원한 생명을 얻은 첫 열매가 되셨습니다. 내 생명이 귀중하기 때문에 남의 생명도 귀중한 것이 아니라, 인간의 생명은 하나님이 자기 형상대로 지으셨기 때문에 귀중한 것입니다. 정말 생명은 생각할수록 신비롭습니다.

45. 인체 전시회의 충격

지난 2월 3일부터 북미주신학교협의회(ATS) 회의를 위해 LA를 방문하는 동안 중심가에 있는 캘리포니아과학센터(CSC)를 방문하였습니다. 마침 CSC에는 "인체의 세계-실제 인체들의 해부학적 전시"라는 특별 인체 전시회가 열리고 있었습니다. 전시회에는 독일의 폰하겐스(Gunther von Hagens) 박사가 발명한 성형화(plastinization) 기술로 200여개의 인체 및 장기 샘플과 25구의 시신을 마치 살아있는 듯한 모습으로 전시하고 있었습니다.

시신들은 피부를 벗겨낸 후 신경계, 내장, 호흡기, 소화기, 순환기, 비뇨기, 생식기 등 인체의 여러 기관들을 다양한 기법으로 드러나게 만들었습니다. 뼈는 물론 지방 조직은 하얗게, 근육은 적갈색으로, 각종 힘줄이나 신경망 등은 독특한 색깔로 눈에 잘 띄게 만든 것들도 있었고, 뼈만 남기고 다른 부위는 모두 제거한 시신, 근육이나 신경망, 혹은 혈관만 남긴 시신들에 더하여 전시을 여러 장의 얇은 판들로 잘라서 전시한 시신들도 있었습니다. 인체의 여러 근육과 뼈가 어떻게 사용되는가를 보여주기 위해 시신들을 다양한 포즈로 전시하고 있기도 했습니다.

한 쌍의 남녀가 피겨스케이팅 하는 포즈, 창던지기, 펜싱, 농구, 체조하는 포즈에 더하여 낙타와 롤러블레이드 타는 포즈 등등…, 차라리 생체 예술품 전시회라고 부르는 것이 적당한 듯 했습니다.

또한 사인(死因)에 따라 시신을 전시하기도 했습니다. 비만으로 인해 자살한 시신은 비만이 심장이나 뼈 등 장기에 얼마나 큰 손상을 입힐 수 있는지를 생생하게 보여주고 있었습니다. 흡연으로 인해 죽은 폐암 환자의 폐를 비흡연자의 폐와 비교한 것을 보니 따로 금연 캠페인이 필요 없었습니다. 위암이나 간암, 대장암, 뇌암 등 각종 암으로 죽은 사람들의 장기들도 그대로 전시하고 있었습니다. 그 외에도 교통사고로 죽은 사람은 부러진 뼈들을 그대로 두었고, 인공관절을 장착한 시신이나 심장 바이패스 수술을 받은 시신들도 그대로 전시하고 있었습니다. 단계별 태아의 시신들은 물론 심지어 임산모의 시신에서는 자궁을 열어서 태아와 더불어 전시하고 있었습니다. 르네상스적 탐구에 대한 열정인지, 타락한 인간의 잔인성의 발로인지 모르겠으나 전시회는 충격 그 자체였습니다.

대머리 진 사람은 뒤통수에 조금 남은 머리털을 그대로 두었고, 아직 젊은 여인은 하얀 지방으로 덮인 풍만한 가슴과 부드러운 곡선의 체형을 그대로 보여주고 있었습니다. 흥미로운 것은 '발가벗은' 몸 주위를 돌며 내려보고, 올려보면서 자세히 살폈지만 아무런 느낌이 없다는 점입니다. 하얀 지방질이 고스란히 드러난 남녀의 성기를 볼 때도 아무런 감흥이 없었습니다. 시신의 하얀 지방 부위는 흡사 돼지고기의 비계를, 적갈색의 근육 부위는 잘 말린 쇠고기 육포를 연상케 할 뿐이었습니다.

도대체 생명이 무엇이기에 이처럼 느낌이 다를까요?

CSC 내 1층과 2층에 있는 600여 평의 넓은 전시장을 충격에 휩싸인 채 돌아다니면서, 그리고 각종 장기와 시신들을 자세히 살펴보는 동안 제 마음속에는 두 가지 생각이 떠나질 않았습니다.

첫째는 온갖 보약과 녹용, 산삼을 먹어도 육체, 즉 외적인 사람의 수명은 극히 한정되어 있으며, 결국 인간의 궁극적인 가치는 영원한 것, 즉 속사람의 가치라는 점입니다. 아무리 보톡스로 주름을 없애고, 죽지 않으려고 발버둥 쳐도 우리의 육체는 한정된 시간 동안만 사용할 수 있을 뿐입니다. 그리고 그 후에는 다른 모든 동물들의 육체와 같이 썩어질 뿐입니다. 그래서 바울 사도는 "우리의 겉사람은 후패하나 우리의 속은 날로 새롭도다"(고후 4:16)라고 말합니다.

둘째, 인체는 설계되었다는 점입니다. 거미줄처럼 얽힌 신경망, 절묘하게 연결된 여러 관절들, 그들의 움직임과 연결된 복잡한 힘줄과 신경망, 그리고 다양한 근육들의 조화 등등. 이것은 지적설계론자 뎀스키(W. Dembski)가 말한 '구체화된 복잡성'(specified complexity)이요, 비히(M. Behe)가 말한 '환원 불가능한 복합체'(irreducible complex)였습니다. 누군가 설계하지 않았다면 어떻게 주먹 크기의 심장이 쉬지도 않고 30억 번을 펌프질할 수 있으며, 어떻게 한 줌의 두뇌 속에 그 엄청난 정보와 기능이 들어있을 수 있을까? 또 기막힌 조화를 이루고 있는 수많은 신체 기관들은 어떠한가? 그래서 다윗은 현대 과학을 몰랐지만, 하나님께서 우리의 몸을 신묘막측하게 지었다고 고백합니다(시 139:14).

46. 학문과 신앙[2]

하나님은 성경을 통하여 신자들에게 크게 두 가지 명령을 하고 있습니다. 하나는 우리에게 익숙한 전도하라는 명령입니다.[3] 흔히 지상명령(至上命令, The Great Commission)으로 알려진 전도의 필요성과 중요성에 대해서는 이미 지역교회에서나 기타 기독교 단체에서 충분히 강조되고 있으므로 여기서는 더 이상 언급하지 않겠습니다.

다른 하나는 흔히 개혁주의 신학자들이 문화명령(The Cultural Mandate) 혹은 창조명령(The Creation Mandate)이라고 부르는 것입니다. 화란의 변증학자이며 칼빈주의 문화이론의 대가인 스킬더(Klaas Schilder)는 "하나님은 인생의 모든 영역을 다스리시며 그 모든 영역 안에서 그리스도는 세상에 있는 만물을 완성한다. 하나님의 모든 피조물은 세상과 더불어(met) 있고 세상 안에(in) 있기 때문이다. '여기'와 '지금'은 결국 문화의 세계이다. 그리스도는 세상을 이기시고 그 문화를 거룩하게 한다"고 했습니다.[4] 그러나 그리스도께서 문화를 거룩하게 하는 작업은 인간을 통해서 이루어집니다. 하나님께서는 자기의 형상(imago Dei)을 따라 사람을 만드시고(창1:26-27), 이들에게 자신이 만든 세계에 충만하고, 땅을 정복하며, 모든 생물을 다스리라고 명령하신 것입니다(창 1:28).

이 두 가지 명령을 두고서 어느 것이 더 중요하고 어느 것이 덜 중요하다고 얘기하긴 어렵습니다. 레바논 학자이며 전 유엔 사무총장을 역임했던 말리크(Charles Malik)가 책임 있는 그리스도인들은 두 가지 사명, 즉 '영혼을 구하는 일'(saving soul)과 '지성을 구하는 일'(saving mind)이 있다고 한 것은 전도명령과 문화명령이 모두 중요함을 잘 표현한 것입니다.

이 두 가지 명령은 서로 밀접하게 연결되어 있기 때문에 분리하여 생각한다는 것도 어색합니다. 밴쿠버에 있는 리전트 칼리지의 스티븐스(R. Paul Stevens)나 국제기아대책기구의 밀러(Darrow Miller)와 같은 사람들은 이 두 가지 명령이 본질적으로 동일하다는 주장을 하기도 합니다.[5] 그러나 인간의 타락 때문에 모든 신자들에게 주어진 전도명령에 비해 문화명령은 인간타락 이전에 주어진 하나님의 명령이라는 점에서 좀 더 본래적인 것이라 할 수 있습니다. 아래에서는 먼저 문화적 활동의 중심이라고 할 수 있는 학문 활동에 있어서 기독교적 조망의 필요를 그리스도인 됨의 의미로부터 찾아보고자 합니다.

그리스도인 됨의 의미와 학문 활동

예수님을 구주로 받아들인다는 것은 의지적 결단을 포함하는 말이긴 하지만, 이것은 세상에 있는 수많은 학문적 이론이나 사상, 주장, 이데올로기 등을 받아들이기로 결단하는 것과는 근본적으로 다릅니다. 예수님을 믿는 것은 자신의 전 존재와 인식의 근본적 변화를 요구하는 것이며 전 인격적인 변화를 포함한다고 할 수 있습니다.[6] 그러므로 그리스도인이 된다는 것은 우리에게 주어진 수많은 신분이나 자격에 추가된 또 하나의 신분이나 자격이 될 수 없습니다. 즉 "나는 한 아내의 남편이며, 세 아이의 아버지이며, 테니스와 탁구를 즐기는 사람이며, 그리고 그리스도인이다"라는 식으로 우리의 그리스도인 됨을 설명할 수는 없습니다.

미국 허만(Kenneth Hermann)의 표현에 의하면, 그리스도인이 된다는 성경적 견해는 우리가 인간이 된다는 말과 동등한 표현입니다.[7] 그리스도인으로서 하나님을 섬기라는 부름은 우리의 여러 가지 생활 영역에 첨가된 또 하나의 영역이 될 수 없습니다. 하나님은 우리를 몸과 마음과 힘을 다하여 하나님을 섬기도록 부르셨으므로, 그리스도인으로서 하나님의 부르심은 자신의 전 존재와 행하는 모든 일을 대표하고 규정하며 특징지어야 합니다.[8] 자신의 인간됨(person-ness)이 자신의 모든 일을 특징짓는 것과 같이, 그리스도인이 된다는 것 역시 자신의 모든 행위를 특징지어야 합니다.

우리가 그리스도인이 된다는 것이 우리에게 첨가되는 또 하나의 신분이 아니라 인간됨과 같은 의미의 것이라면, 당연히 그리스도인 됨을 특징짓는 행위는 성경공부, 예배, 전도, 헌금, 설교 등의 영역에서만 나타나는 게 아니라, 직장생활, 취미생활, 가정생활, 학문활동 등 생활의 모든 영역에서 나타나야 합니다. 바울 사도가 "그런즉 너희가 먹든지 마시든지 무엇을 하든지 다 하나님의 영광을 위하여 하라"(고전 10:31)고

권면한 것은 먹는 일이나 마시는 일이나 그 외 무슨 일이든지 하나님의 영광을 위해 할 수 있으며, 또한 마땅히 그래야만 한다는 의미가 내포되어 있습니다.

'무엇을 하든지' 라는 말 속에는 우리의 모든 문화적 활동이 포함되며 문화적 활동의 중심으로서 학문적 활동도 당연히 포함됩니다. 학문 활동은 모든 문화적 활동의 근간을 이루기 때문에, 기독교적 학문 활동은 세상 문화와의 전투에서 원리를 제공할 수 있습니다. 네덜란드의 카이퍼(Abraham Kuyper, 1837-1920)가 인본주의와의 전투에서 영예롭게 임하고 승리의 소망을 가지려면 '원리를 이길 원리'(beginsel tegen beginsel)를 정비해야 한다고 말한 바와 같이, 세상 문화와의 전투에서 승리하기 위해서 그리스도인들은 무엇보다도 먼저 문화의 원리를 만드는 학문 활동에서 승리해야 합니다.[9] 그래서 일찌기 미국의 메이첸(John Gresham Machen, 1881-1937)은 오늘날 기독교가 당면한 가장 큰 문제 중의 하나는 지식과 신앙의 관계, 다시 말해 문화와 기독교와의 문제라고 했습니다.[10] 그러면 어떻게 하는 것이 기독교적으로 학문을 하는 것일까요?

잘못된 기독교적 조망

이에 대한 대답을 하기 전에 먼저 허만의 지적을 중심으로 학문에 대하여 기독교적이지 않은 조망은 어떤 것인지, 그리스도인들이 흔히 범하기 쉬운 오해가 어떤 것인지를 살펴보겠습니다.[11]

첫째, 학문연구를 기독교적인 것으로 만드는 것은 그 연구의 주제라고 가정하는 오해가 있습니다. 예를 들면 예배나 미사 등을 위한 음악, 성경의 여러 장면이나 주제를 그리는 미술, 철학에서는 기독교 철학, 역사에서는 기독교와 직접적으로 관련된 교회사나 유대사 등입니다. 과연 연구 주제가 기독교와 관련된 것이면 그 연구가 기독교적인 것이 될까요?

연구 주제를 따라 기독교적인지 여부를 결정한다면 필연적으로 이원론을 조장하게 됩니다. 하나님께서는 천지만물을 창조하셨으며 온 우주를 운행하고 계십니다. 그러므로 유형적 지상교회와 직접, 간접적으로 연결된 주제만 기독교인들의 연구 대상이라고 한다면, 우리는 하나님의 피조세계의 극히 일부에만 관심을 갖는 것이 됩니다. 그리고 만일 우리가 하나님께서 그런 제한된 영역에서의 연구를 통해서만 영광을 받으시는 분이라고 생각한다면, 전지전능하시고 무소부재하신 하나님을 우리 스스로 축소하는 결과를 가져오게 됩니다. 그리고 이러한 제한은, 교회와 직접 관련되지 않은 듯이 보이는 여타의 영역은 하나님의 통치가 미치지 않는 것으로 오해하는 결과를 초래하므로, 필연적으로 우리를 이교적인 이원론에 빠지게 합니다.

둘째, 학문과 신앙이 어떻게 양립할 수 있는가를 보여줌으로써, 다시 말해 '기독교와 무엇'이라는 식으로 말할 수 있다면, 그 학문 연구는 기독교적인 것이 된다는 오해가 있습니다. 이 견해는 전자에 비해 다소 '기독교적'이라는 말의 범위를 넓히기는 했지만, 여전히 이원론의 문제를 내포하고 있습니다. '기독교와 생물학' 혹은 '기독교와 경영학'이라고 말하는 것 자체가 기독교와 학문 영역의 분리를 전제하는 것이며, 이러한 분리는 기독교 신앙을 윤리, 사회학, 물리학 등과 동격으로 취급될 때만 가능합니다.

게다가 이 견해는 학문의 객관성과 이성의 자율성을 가정한다는 문제가 있습니다. 즉, 과학은 중립적이며 객관적인 방법으로 자기의 영역 내에서 자율적일 수 있으며, 종교는 그 나름대로의 신앙적 방법을 자유로이 따를 수 있다고 가정하는 것입니다. 즉 이성으로부터 신앙의 영향을, 과학으로부터 계시의 영향을, 지식으로부터 믿음의 영향을 제거시킬 때, 학문은 비로소 진정한 학문이 될 수 있다고 가정하는 것입니다. 과학과 종교는 각각 자기의 정당한 영역을 지키며 상대방에게 간섭해서는 안 되고 또한 안할 수도 있다는 것입니다.

그러나 이러한 학문과 종교 사이의 분리는 창조세계와 창조질서에 대한 왜곡입니다. 근래에는 세속 학자들조차 연구 그 자체가 이미 연구 이외의 믿음의 체계, 이데올로기, 개인의 신앙 등에 의해 방향이 결정되고 있음을 보여주고 있습니다. 심지어 과학연구조차도 전통적 이해와는 달리 가치로부터 자유롭거나(value-free) 중립적이지 않으며, 인간의 이성도 자율적이지 못함을 지적하고 있습니다.[12] 이성은 그 자체로서 활동력이 있는 게 아니라 반드시 어떤 신앙 위에서만 활동하므로 이성의 자율성에 대한 가정은 일종의 환상입니다.

셋째, 학문적 연구의 결과가 기독교의 목표에 보조적인 역할을 할 수 있음을 보일 때, 학문적 연구는 기독교적인 것이 될 수 있다는 오해가 있습니다. 여기서의 전제는 모든 학문적 연구는 중립적이며 어떻게 사용하느냐에 따라서 그 가치가 좌우되므로, 기독교적 목표를 위하여 그것을 사용하면 기독교적인 연구가 될 수 있다는 것입니다. 과연 학문적 결과가 제도적 기독교를 변증하는데 소용되기만 한다면 기독교적이 될 수 있을까요?

이 견해도 이미 앞에서 지적한 바와 같이 사실과 가치의 분리를 전제하고 있으므로 동일한 오류를 범하고 있습니다. 최근 창조과학자들을 중심으로 활발히 전파되고 있는 창조과학도 그것이 단지 성서적 창조론의 과학적 타당성 내지 기독교 신앙의 변증을 위해서만 가치가 있다고 한다면 이러한 오류에 빠지게 될 위험이 있습니다.

하나님께서 우리를 자기 백성으로 불러 학문을 하게 하신 것은 직접적인 복음화의 전략으로써뿐 아니라, 그 학문영역에서 연구를 해 나가는 것 자체가 문화적 사명과 관련되어 있기 때문입니다. 그러므로 기독교적 학문이란, 종교적 냄새가 풍기는 몇몇 학과나, 주제들에만 관련된 것이 아니라 모든 학과, 모든 주제에 관련됩니다. 성결의 빛은 어떤 특정 학과의 영역에만 제한되는 것이 아니라 모든 분야에 비추어져야 합니다.

기독교적 학문의 필요성

앞에서 저는 기독교적이라는 말의 의미가 삶의 어떤 특정한 부분에만 제한되거나 종교적, 신학적, 윤리 도덕적 차원과 동일시되어서는 안 된다고 말했습니다. 그러면 왜 학문에 있어서 기독교적 조망이 필요한

지에 대해 구체적인 이유 몇 가지를 생각해 봅시다.

학문 연구에서 기독교적 관점을 발전시키는 것은, 적극적인 측면에서 블레마이어스(Harry Blamires)가 소위 '기독교적 지성'(Christian mind)이라고 부른 것을 확장하고 발전시킴으로써, 계몽시대 이래 세속세계에 주도권을 넘겨준 학문 분야에서 그리스도의 주되심을 탈환하기 위해 필수적인 것입니다.[13] 또한 소극적인 측면에서는 세속사회에서 기독교 신앙을 변호하고 세속사상으로부터 기독교인들을 보호하기 위해 기독교적 학문연구가 필요합니다. 기독교적 지성은 기독교적 사유와 성경적인 행동을 위한 선결조건이기 때문입니다. 이제 인간의 본성에 대한 몇 가지 성경적 근거로부터 기독교적 학문의 필요성을 살펴보겠습니다.[14]

첫째, 사람은 하나님을 섬기든지 아니면 다른 신을 섬길 수밖에 없는 존재라는 사실입니다. 이것은 어거스틴(Augustine, 354-430)이 말한 소위 '종교적 집중'(religious concentration)이라는 원리입니다. 모든 사람은 자신의 삶에 의미를 부여하기 위해 자신을 초월한 어떤 것에 대한 신앙을 갖습니다. 사도 바울도 인간의 경배대상은 창조주가 아니면 창조의 어떤 측면(피조물)이라고 말했습니다(롬 8:18-22). 모든 인간은 신자이건, 불신자이건, 어떤 견해 즉, 세계관(worldview)을 가지고 자신의 주위세계를 바라보게 됩니다. 세계관은 논리적이라기보다 다분히 신앙고백적인 특성을 갖습니다. 그러므로 교회에서뿐 아니라 대학의 강의실에서도 어느 정도 신앙고백이 이루어지고 있다고 할 수 있습니다.

만일 이 신앙고백이 창조주 하나님이 아니라 피조물의 어떤 한 부분을 향한 것이라면, 이는 우상숭배라고 할 수 있습니다. 잘못된 신앙은 피조물을 창조주의 자리에까지 격상시키는데 그것이 바로 우상숭배입니다. 합리주의로부터 막시즘에 이르기까지 모든 피조물에 대한 절대화의 기원이 바로 그것입니다. 그러므로 대학에서 이런 우상이 무엇인지 분별하는 법을 배우는 것이 학문에 대한 올바른 기독교적 조망을 위한 선결 문제입니다.

둘째, 사람은 자기들이 섬기는 대상에 따라 자기를 형성해 갑니다. 즉, 인간은 자기가 경배하는 대상을 닮아 갑니다. 바로 이런 이유 때문에 사람이 하나님이신 예수 그리스도의 형상을 따라 자기를 형성해 나가는 일이 중요합니다. 마찬가지로 학문을 하는 사람들도 그들이 섬기며 경배하는 대상을 따라 형성되어 갑니다. 한 예로 철학을 생각해 봅시다. 철학도 궁극적으로 하나님 아니면 어떤 피조물을 향한 신앙적 결단에 근거하고 있습니다. 그래서 실용주의 철학, 칸트 철학이 있고 또 하나님께 근거한 기독교 철학도 있습니다. 이런 다양한 철학들 가운데 어떤 철학을 섬기는가에 따라 개인이나 사회의 모습이 달라집니다.

셋째, 학문연구는 하나님의 피조세계의 어떤 측면을 연구하는 것입니다. 우리는 학문적 연구를 창조의 다양한 측면들을 연구하는 활동으로 보아야 합니다. 근본에 있어서 창조의 질서를 연구하지 않는 학문은 존재하지 않습니다. 창조를 연구하는 학문으로는 물리, 화학, 생물, 천문학 등의 자연과학만 있는 것이 아니라 인문과학, 사회과학의 여러 학문들도 여기에 포함됩니다. 인문과학, 사회과학도 하나님께서 창조하신 것이요, 사회적 기구들에 대한 하나님의 질서와 세상의 자원을 지키는 청지기가 되라는 하나님의 명령을 연구하는 것이기 때문입니다.

모든 학문을 창조세계의 다양한 측면들을 연구하는 활동이라고 본다면, 사실을 추구하는 자연과학과 가치를 추구하는 인문과학 사이의 구분이 있을 수 없습니다. 왜냐하면 그러한 구분은 연구대상이 창조 속의 사물들인가 추상적 개념인가에 따른 것인데, 하나님께서는 보이는 물질의 세계뿐만 아니라 보이지 않는 논리의 세계까지 만드셨기 때문입니다(골 1:15,16).

이런 것들을 생각해 볼 때 유한한 인간은 자기를 초월한 어떤 존재에 대한 믿음이 없이는 살아갈 수 없을 뿐만 아니라, 그 존재에 의해 자신의 모든 것, 학문 활동까지 지배받는다고 할 수 있습니다. 이것은 어떤 학문적 연구에 있어서 궁극적 한계는 연구의 주제나 형태에 의하여 결정되는 것이 아니라, 각 학문 분야의 조망을 형성하는 개개인의 세계관에 의해 결정됨을 의미합니다. 그러면 학문으로 하여금 기독교적인지 여부를 결정하는 준거틀로서의 기독교 세계관이란 무엇일까요?

기독교 세계관

세계관은 그 정의부터 사람마다 의견 차이가 있을 뿐 아니라, 세계관의 범주에 어떤 것이 포함되어야 하는가에 대해서도 사람마다 견해 차이가 있습니다. 그러니 기독교적 세계관의 필요성을 제창했던 19세기 개혁주의자들은 기독교 세계관의 중심적인 뼈대로서 창조-타락-구속의 틀을 제안했습니다. 만물의 기원을 설명하는 창조는 원래의 창조 세계가 어떠했는지를 말해주고, 타락은 '보시기에 좋았던' 원래의 피조세계가 왜 오늘날과 같이 피폐하게 되었는지, 다시 말해 현실 세계에 대한 진단을 할 수 있는 근거를 제시해 주며, 구속은 기독교 세계관의 지향점을 보여줍니다. 그 이후 많은 그리스도인들은 창조-타락-구속이 기독교적으로 세계를 조망하는 가장 탁월하고 포괄적인 틀이라는 데 동의하고 있습니다.

이러한 세계관의 기본적인 틀로부터 사이어(James Sire)는 기독교 세계관의 정의와 이것이 기독교적 학문 연구의 실제적 기초가 될 수 있는 몇 가지 중요한 질문을 제시합니다. 사이어는 세계관이란 "이 세상의 근본적 구성에 대해 우리가 의식적으로든 무의식적으로든 견지하고 있는 일련의 전제나 가정들"이라고 정의하면서, 이 세상의 근본적 구성 요소란 다음 다섯 가지 질문에 대한 답으로 구성되어 있다고 하였습니다. 그리고 기독교 세계관은 이 다섯 가지 질문에 대하여 자연주의, 이신론, 허무주의, 실존주의, 동양 범신론 등의 세속적 세계관과는 근본적으로 다른 대답을 하고 있음을 지적하고 있습니다.[15]

첫째, 우주의 참된 최고의 실재는 무엇인가? 이 질문에서 혹자는 물질, 여러 신들, 사물들 속에 깃들어 있는 신성 등 다양한 대답을 할 지 모르나 기독교 세계관에서는 하나님이라고 말합니다. 이 하나님은 여러 신들 가운데 있는 또 하나의 신이 아니라, 전지전능하시고 인격적이며, 주권적이고, 초월적이며, 동시에 내재적이고, 만물을 창조하셨고, 또한 유지하시는 유일하신 분입니다.

둘째, 인간이란 무엇인가? 이러한 인간관의 질문에 대해 유물론적 세계관에서는 매우 정교한 전기 화학적 기계라고, 진화론자들은 가장 진화된 척추동물이라고 합니다. 그러나 기독교 세계관에서는 하나님의 형상대로 창조된, 그래서 인격과 자기 초월성, 지성, 도덕성, 사회성, 창조성 등을 가진 존재라고 봅니다. 비록 타락으로 인해 하나님의 형상이 많이 훼손되었지만, 그리스도의 구속의 사역을 통해 회복 가능한 존재라고 봅니다.

셋째, 인간이 죽을 때 어떤 일이 일어나는가? 이러한 사망관의 질문에 대해 혹자는 개체성과 인격의 소멸, 다른 형태로 탄생하기 위해 잠시 쉬는 단계 등으로 생각합니다. 그러나 기독교 세계관은 죽음이란 하나님과 영원한 천국의 복락을 누리는 생명의 문이든지 하나님과 분리되어 영원한 형벌에 처하게 되는 사망의 문이든지 둘 중의 하나라고 봅니다.

넷째, 도덕의 기초는 무엇인가? 이 질문에 대해 혹자는 문화적, 육체적 생존을 향한 동력, 혹은 인간에 대한 긍정이라고 할 것입니다. 그러나 기독교 세계관에서는 도덕은 하나님의 성품에 기초한 초월적인 것으로 봅니다. 하나님의 영원불변한 선한 속성이 세상의 모든 도덕적 기준들을 평가하는 기준이 되므로 상황윤리를 부정합니다.

다섯째, 역사의 의미는 무엇인가? 이 역사관의 질문에 대해 진보주의자들은 지상낙원을 이룩해 나가는 과정, 혹은 끝없이 순환하는 수레바퀴 등 다양한 의견을 제시할 것입니다. 그러나 기독교 세계관에서 역사는 직선적인 것으로 인간에 대한 하나님의 계획을 성취시켜 나가는 의미 있는 사건들의 연속이라고 봅니다. 즉, 역사는 인간의 사건들에 대한 하나님의 개입과 관심의 기록이며, 하나님의 신적인 계획이 구체적으로 나타난 것이라고 봅니다.

이러한 기독교 세계관적 견해에서 본다면, 학교는 인간에게 있어서 하나님의 형상을 회복하고 이를 통해 하나님의 창조세계에 대한 선한 청지기가 되도록 하는 것을 교육목표로 삼아야 합니다. 육체적이면서 동시에 영적인 인간은 타락으로 인해 훼손되기는 했으나, 여전히 사고하고 선택하고 창조하는 독특한 능력을 가지고 있습니다. 인간은 개별성을 가지면서도 한편으로는 사회적 관계 속에서 하나님께서 맡기신 피조세계에 대한 청지기적 사명을 감당하는 존재입니다. 학교에서는 학생들에게 있어서 인간의 타락한 성품을 억제하고 하나님의 형상이 발현되는 것을 도와야 합니다. 이러한 과정 속에서 지적 성장과 신앙적 성숙, 삶의 변화가 일어나야 할 것입니다.[16]

기독교적 연구

그러면 기독교적 세계관에 기초하여 구체적으로 각 전공 분야에서 어떤 일을 할 수 있는지 예를 들어 살펴봅시다.

1) 역사학 – 기독교 사관
기독교는 역사적인 종교이기 때문에 기독교 역사관은 일반 연구에서 파생된 이차적 요소가 아니라 기독교 신앙의 심장부라 할 수 있습니다.

그러므로 기독교적 역사해석은 기독교 신앙과 불가분의 관계를 형성합니다. 개인이 기독교를 신앙하기 시작한다는 말은 의식적이든, 무의식적이든 그 속에 포함된 역사관까지 신앙한다는 말입니다. 이러한 기독교 역사관은 하나님의 계시에서 출발합니다. 따라서 기독교적 역사해석은 기독교 학자들의 지적 노력에 의해 만들어진 철학적 사변이 아니라 기독교 계시가 드러낸 골격이요 의미입니다. 기독교 역사관은 피조계를 통한 자연계시뿐 아니라 하나님의 직접계시까지 포함하므로, 기독교적 역사해석은 기독교 밖의 역사해석과 근본적인 차이가 있습니다. 세속 역사학에서는 초월적 계시가 결여되어 있으므로 근본적으로 인간의 추론과 인간의 시간 내적 경험의 한계를 극복하지 못하고 있는데 반해, 기독교적 역사 해석은 계시에서 출발하므로 인간의 추론과 인간의 경험의 한계를 초월할 수 있습니다.

기독교 역사관은 아담의 범죄 이후 인간에 대한 하나님의 사랑과 은혜를 중심으로 형성되어 있습니다. 역사 속에 계획되는 하나님의 구속 의지가 곧 역사의 동력이며, 구속 계획의 전개가 곧 역사의 구조를 형성합니다. 따라서 예수 그리스도의 성육신은 기독교 역사관의 기초이자 인류사의 분기점이며, 역사 의미의 열쇠가 됩니다. 인류사는 인간의 창조와 함께 시작되어 타락한 인간을 구속하시기 위해 하나님이 성육신하심으로 절정에 이르며, 예수님의 재림과 택한 자의 영화로 그 대단원의 막을 내린다고 할 수 있습니다.

구속사적 입장에서 볼 때, 이러한 기독교 역사관은 크게 세 가지 특성을 갖습니다.[17] 즉, 신적 간섭(divine intervention), 방향성(directionality), 종말사상

(escatology)이 그것입니다.[18] 하나님께서는 그 말씀의 능력으로 만물을 붙들고 계실 뿐 아니라(히 1:2), 친히 인간 역사에 간섭하셔서 인간을 향한 자기의 사랑을 확증하십니다. 그러므로 삼위 하나님께서 간섭하지 않으신다면 자연도, 역사도 있을 수 없습니다. 그런데 이러한 하나님의 간섭은 끝없이 반복되지 않고 특정한 방향성을 가지고 진행합니다.

이처럼 방향성을 가진 역사의 진행은 정해진 한 목표를 향한 것이기 때문에 그 목표에 도달하면 더 이상 진행하지 않습니다. 기독교 신앙은 그 자체가 종말론적 구조를 갖고 있기 때문에 기독교 신앙에 기초한 역사도 종말론적 구조를 갖고 있습니다. 만일 종말론적 구조를 부인한다면, 아무리 그럴 듯한 역사관이라도 기독교적이라 할 수 없습니다.

이러한 기독교적 역사관에 비해 기독교 밖의 역사관 즉, 고대 세계에 보편적이었던 주기적 역사관, 18세기 계몽주의 시대의 진보주의 역사관, 19세기 마르크스주의 역사관 등은 근본적인 역사관의 차이를 보여주고 있습니다. 특히 서부 유럽이 세계의 헤게모니를 잡기 시작하면서 생긴 진보주의의 역사관은 순수한 세속주의의 산물이 아니라 전통적 기독교 역사관이 세속화 된 것이기 때문에 기독교 내에 깊숙이 침투해 있습니다. 진보주의 역사관에서는 역사에 대한 통찰을 얻는데 신적 계시의 필요를 부인하고 역사의 의미를 발견하기 위해서는 이성의 빛만을 따라야한다고 주장합니다. 특히 진보주의 역사관은 근대에 와서 자연과학의 눈부신 발달에 힘입어 더욱더 그 영향력의 깊이와 넓이를 더해 가고 있습니다.

기독교 역사관이 소수파(minority)의 의견으로 몰려 있는 현시점에서 기독교 역사학자는 일차적으로 역사에서 그리스도의 주되심을 세우기 위해 진력해야 할 것입니다. 이것은 구속사적 측면에서 역사를 재조망 하는 것을 포함하며, 세계사의 통사적 측면에서 뿐만 아니라 시대사나 지역사, 각 분야의 역사에서도 그리스도의 주되심을 확립하는 것을 의미합니다. 아울러 역사의 주관자가 무시되고 있는 세속 역사관의 결론에 대해 예언자적인 경고를 쉬지 말아야 할 것입니다. 대개 어떤 사건에 대한 왜곡은 그 사건에 대한 역사의 왜곡으로부터 시작됩니다. 그러므로 올바른 역사관의 확립과 확산은 복음에 대한 크고 작은 왜곡으로부터 복음을 변증한다는 측면에서도 매우 중요합니다.

2) 문학 – 무엇이 기독교적으로 만드는가?[19]

키엘케골은 문학은 실존적으로 선과 진리를 구현하기 위해 노력하지 않고 상상을 통해 거기에 접근하고자 하는 죄악이며, 기독교적 관점에서 볼 때 시인의 존재는 죄악의 존재라고 말함으로 문학을 기독교 신앙과 양립할 수 없는 것으로 보았습니다. 그러나 성경은 문자로 기록되었으며, 경험적이고 구체적인 인간의 이야기를 문학적 형식을 빌려서 표현하고 있습니다. 또한 성경기자들도 문학가와 문학가의 글을 인용하고 또 인정하고 있습니다. 그러므로 기독교와 문학의 관계를 무관 혹은 적대적이라고 보는 것은 편견입니다.[20] 좀 더 나아가 인간경험을 그 내용으로 하는 문학은(고전주의든, 낭만주의든, 모더니즘이 하나이든) 인간에 의해 인식, 평가, 경험되는 실체를 구상화하여 제공함으로써, 복음 선포의 대상이 되는 인간상황을 정화된 형태로 표현한다는 점에서, 문학 그 자체에 대한 기독교적 의미와 필요성을 찾을 수 있습니다.

문학의 실재는 인간 안에 있으며 상상을 통하여 현존하는 인간의 가치, 동경, 열망을 정확하게 보여줍니다. 그러므로 상상적 문학의 세계를 탐구하는 것은 물리적 세계를 탐구하는 것과 똑같이 하나님이 창조하신 실체의 일부를 탐구하므로 인간의 행복과 하나님의 영광에 필요한 것들을 발견할 수 있습니다. 기독교인들은 문학적 상상의 세계를 지적, 윤리적으로 모두 다 승인할 수는 없다 하더라도, 문학을 인간의 본성과 현실 세계의 창구로서 즉, 인간 내면에 있는 것을 보여주는 매체로서 활용할 수 있습니다. 이러한 관점에서 볼 때 기독교 문학비평도 문학 속의 세계관을 분별하고 그 사상이 하나님으로부터 비롯된 것인지 아닌지를 검토하는 하나의 방법으로 보아야 할 것입니다.

문학 작품에 대한 기독교적 의미로부터 한걸음 더 나아가 그러면 무엇이 문학을 기독교적이게 만들까요? 앞에서 언급한 것처럼 문학 속의 기독교적 요소는 형식이나 소재에 있지 않습니다. 기독교적 관점에서 볼 때 모든 인생이 하나님께 속해 있다면, 문학의 소재 역시 삶의 전 영역, 즉 인간 경험의 전 영역을 포함해야 할 것입니다. 따라서 문학을 기독교적으로 만드는 것은 그 형식과 소재에 있다기보다는 그들을 해석하는 기독교적 관점, 즉 기독교 세계관에 있다고 할 수 있습니다.

마찬가지로 기독교 작가는 그가 택한 소재나 형식 때문에 기독교적이 되는 것이 아니라, 그 소재를 이용하여 결론을 내리는 작가 자신의 세계관 때문에 기독교적인지 아닌지가 결정되는 것입니다. 이렇게 볼 때 기독교 작가는 문학과 예술의 세계에 있어서 기독교적 사물관의 대변자라 할 수 있습니다. 따라서 기독교 작가는 기독교적 세계관에 기초하여 기독교 신앙을 문학의 기독교적 접근방법 속으로 옮기기 위해 끊임없이 노력해야 할 것입니다.

3) 심리학 – 기본 가정과 방법론의 성찰

철학의 분과로 존재하던 심리학은 19세기 후반부터 본격적으로 독립학과로 등장하였는데, 이때부터 이미 심리학은 자연과학의 방법론을 그대로 받아들이기 시작했습니다. 자연과학의 방법론은 환원주의(reductionism), 실험주의, 인과적 설명추구, 조작화, 정량화, 객관화 등으로 특징 지워집니다. 이러한 자연과학 방법론을 추구하는 심리학의 실증주의적 경향은 스키너(B.F. Skinner) 등의 행동주의(behaviorism)에서 절정에 달합니다.[21] 행동주의에 의하면, 인간의 심리는 인간의 마음속에 들어갈 필요 없이 그 사람의 외형적 행동을 관찰함으로써 설명할 수 있다고 주장합니다.

여기서 우리는 자연과학적 방법론은 사고와 반성의 능력 없이 환경에 수동적으로 반응하는 물리, 화학적 대상을 연구하기 위해 개발된 것임을 유념해야 합니다. 그러므로 이것이 자연을 연구하기 위해 적용될 때는 문제가 별로 없지만 인간에게 적용될 때는 문제가 발생합니다. 인간은 자기에게 부과되는 실험적 조작에 수동적으로 반응을 보이는 로봇이 아니라 능동적으로 반응할 수 있는 인격체이기 때문입니다. 따라서 자연과학적 방법론으로 도출된 심리학의 결론은 이론적으로 기대하는 설명력을 갖지 못하는 한편, 윤리적으로는 피실험자에게 스트레스의 축적과 기만의 위험을 높이곤 합니다.

물론 심리학에 대한 자연과학적 방법론의 적용이 인간 심리에 대한 이해의 폭을 넓히는데 일정 부분 기여했음을 인정해야 합니다. 다만 우려하는 것은 이와 같은 적용의 결론이 점점 더 절대화되어 간다는 것과 그 적용범위가 지나치게 넓어져 간다는 사실입니다. 그러므로 기독교적 심리학자는 먼저 심리학 연구에서 자연과학적 방법론의 적용 한계를 분명히 설정해야 합니다. 그리고 인간을 이해함에 있어서 물질적, 생물학적 측면 외에도 하나님의 형상대로 지음 받은 존재, 즉 주권성, 내재성, 초월성, 자기반성 및 자기결정력 등을 가진 영적이고도 인격적인 존재로서, 동시에 한편으로는 하나님께 불순종함으로 본질상 타락한 존재로서 인간을 이해하도록 노력해야 할 것입니다.

4) 교육학 – 교육가치와 목표

최근 우리 사회에서 자식이 부모를, 부모가 자식을 죽이는 패륜적 범죄가 빈발하는 것을 보면서 사람들은 흔히 인간성 회복 교육이 시급하다고 말합니다. 그러나 회복이라는 것은 잃었던 것, 혹은 과거에 있었던 어떤 것으로 돌아간다는 의미를 내포하고 있는데, 도대체 어디로 돌아가야 하는지가 분명하지 않습니다.

교육 일반과 관련하여 볼 때도 교육이란 인간을 바람직한 방향으로 변화시키는 것을 목적으로 한다고 합니다. 그러나 놀랍게도 교육철학 분야에서 교육의 목적에 관한 수많은 논란이 있어 왔지만, 도대체 아직도 어떤 인간이 바람직한 인간인지가 분명하지 않습니다. 그러면 왜 교육 목표가 분명하지 않을까요?

 교육목표와 직접적으로 관련되는 것은 역시 교육가치 문제라 할 수 있습니다. 그러나 이 교육가치 문제를 교육학 연구에 포함시킬 것이냐 빼버릴 것이냐에서부터 논쟁의 대상이 되어 왔습니다. 어떤 사람은 그런 논의 없이는 교육을 한걸음도 진전시킬 수 없다고 주장하는 반면, 또 어떤 사람은 그렇게 될 경우 결론도 없는 형이상학적 논쟁에 빠질 거라고 주장합니다. 한 예로 흔히 쓰이는 행동주의 교육의 정의인 "교육은 인간 행동의 계획적 변화"라는 말속에도 변화의 방향이 모호한 것은 가치문제에 대한 논의를 피하고 있기 때문이라 할 수 있습니다.

 그러나 교육가치 문제의 언급을 회피하는 것은 가치중립(value-free)의 교육을 이룩하는 게 아니라, 다른 가치 즉, 그 시대, 그 국가와 사회를 풍미하는 가치에 의한 교육을 초래하게 됩니다. 교육의 가치에 대한 언급을 회피함으로써 가치중립적 교육을 할 수 있으리라는 생각은, 마치 흐르는 강물 위에서 노를 젓지 않고 가만히 정지해 있겠다는 말과 같습니다.

 가치는 인간의 신념과 신앙의 문제입니다. 가치중립이나 탈가치적 상태란 있을 수 없습니다. 그러므로 기독교적 가치관을 가지고 교육하거나 교육학을 연구하는 것을 편견이라고 볼 필요가 없습니다. 이것을 편견이라고 본다면, 다른 편견들보다 얼마나 옳고 훌륭한 관점입니까! 그러므로 기독교인 교육자나 교육학자는 기독교적 인간관, 지식관, 세계관 위에서 기독교 교육철학을 수립해야 하며, 사회적, 정치적 요구와 가정의 기대 및 경제문제 등의 압력 속에서도 성경적 가치관에 기초한 교육목표를 수립하여 교육현장에서 구현되도록 노력해야 합니다.

5) 경제학 - 성경적 경제 원리와 적용

무엇이 기독교적 경제관이냐에 대한 기독교인들의 일반적인 태도는 이원론적입니다. 즉 성경의 가르침은 영적인 것에만 관련되어 있기 때문에, 경제생활은 경제 자체의 법칙을 따라야 한다는 것입니다. 그러나 신자의 생활이 그리스도의 우주적이고 포괄적인 구원의 능력 아래 있다고 하면, 이런 이원론적 태도는 비성경적이라 할 수 있습니다. 카이퍼가 말한 것처럼, 신자들에게는 "그리스도께서 그것은 내게 속했다고 말씀하시지 않는 세상생활이란 조금도 있을 수 없습니다." 특히 신자나 불신자를 막론하고 개인의 경제생활은 그의 인생이 무엇을 위하며, 그의 인생의 의미는 무엇인가를 나타낸다는 점에서 일종의 신앙고백이라 할 수 있습니다. 그래서 예수님은 "네 보물이 있는 곳에는 네 마음도 있느니라"(마 6:21)고 하셨습니다.

신구약 성경에서 보여주는 경제원리는 경제윤리와 밀접한 관련성을 갖는 공익, 사랑, 청지기 의식이라고 할 수 있습니다. 하나님께서는 여러 제도를 통해 그분의 백성들에게 이러한 경제원리를 가르치셨습니다. 구약에서 보여 주는 안식년과 희년제도 및 기업으로서의 토지제도, 취리(取利) 금지(레 25장), 삼년마다 가난한 자에 대한 십일조,[22] 안식년의 산물과 추수 후의 이삭처리, 이웃 포도원 등에서 음식물을 먹는 것,[23] 옷과 맷돌 등의 저당금지나,[24] 신약에서 가난한 자의 구제,[25] 부의 자발적 분배,[26] 지나친 소비에 대한 자제[27] 등은 성경적 경제원리를 보여 주는

실례입니다.[28]

 이와 같이 성경에서 보여주는 경제관의 기초를 간단하게 요약한다면, 인간 존중적이라고 말할 수 있습니다. 이런 인간 존중의 성경적 경제 원리는 오늘날 경제 이전의 문제, 즉 진보신앙에 의해 끌려가는 현대경제의 문제들을 해결하는 데 많은 시사점을 던져주고 있습니다. 사실 현대의 모든 경제생활은 진보, 성장, 효용 등에 종속되어 있습니다. 따라서 절대적 규범(norm) 대신 오직 진보신앙에 의해 생겨난 현대 사회의 근본적 문제를 해결하기 위해서는 경제적 처방보다 종교적 처방이 필요합니다.

 경제학자 슈마허(E.F. Schumacher)는 현대 경제가 당면하고 있는 문제를 날카롭게 지적할 뿐 아니라, 이에 대한 성경적 해결 방법의 하나를 제시하고 있습니다.[29] 그는 "무엇이 인간을 위해서 좋으냐?"가 아니라, "무엇이 체제의 성장을 위해 좋으냐?" 하는 관점 위에서 수립된 현대 선진국의 사회 경제 구조는 인간을 병들게 하며, 근본적으로 이러한 체제를 변혁시키지 않는 한 경제적 재난을 면할 수 없다고 강조합니다. 그리고 경제학의 당면과제는 성장이 아니라고, 오히려 경제이론, 경제사상, 그리고 여기서 파생되는 경제정책의 새로운 요구는 보다 심오한 인간성의 회복이라고 말합니다.

 물론 경제학자들마다 경제이론이 다르듯이 기독교적인 경제학자들 간에도 성경적 경제 원리에 대한 구체적 이론이나 실천 방법 등에 관한 세세한 의견에 있어서 통일되지 않을 수 있습니다. 이는 성경이 경제원리는 가르치지만, 그에 따른 경제제도를 구체적으로 제시하지는 않기 때문입니다. 그러므로 기독교인 경제학자는 시대마다, 지역에 따라 성경적 경제원리와 경제윤리에 기초한 적절한 경제이론 정립 및 실천방안을 적극적으로 모색해야 할 것이며, 아울러 잘못된 경제관, 경제제도 등을 비판하는 일도 쉬지 말아야 할 것입니다.[30]

6) 과학 – 과학주의의 문제[31]

16, 17세기, 뉴턴(Isaac Newton)과 갈릴레오(Galileo Galilei) 등의 역학을 중심으로 일어난 과학혁명 이래 과학에 대한 인간의 신뢰는 급격히 증가해 왔습니다. 그리스 관념론적 철학으로부터 베이컨(F. Bacon)의 경험주의 철학으로의 전환으로 특징지을 수 있는 과학혁명을 통해 체계적인 과학적 지식을 축적하게 하였고, 18세기 라봐지에(A. Lavoisier), 돌튼(John Dalton) 등의 화학혁명, 산업혁명, 19세기 생물학혁명, 20세기 현대물리학의 탄생을 거치면서 인류의 미래에 대한 장밋빛의 유토피아를 약속하는 듯했습니다.

그러나 20세기의 비극적인 양차 세계대전과 그 이후 전 인류를 일시에 파멸시킬 수 있는 가공할 핵무기의 등장, 그리고 끊임없는 군비경쟁 등은 종래 과학문명에 대한 사람들의 태도를 바꾸기 시작했습니다. 신학에서는 과학문명의 발달로 천년왕국이 도래할 것이며, 그 이후 재림이 있으리라는 종래의 지배적인 후천년 사상이 전천년 내지 무천년 사상으로 전환하기 시작했으며, 철학이나 문학에서는 낭만주의적 기풍이 허무주의를 거쳐 실존주의적 기풍으로 바뀌어 갔습니다.

그러나 비록 과학에 대한 인간의 순진한 기대는 많이 변하긴 했지만,

과학의 위력에 대한 인간의 경외감은 끊임없이 증대되어 왔습니다. 20세기 중반부터 시작된 컴퓨터와 전자공학의 눈부신 발달, 우주개발, 레이저의 등장, 통신혁명, 유전공학의 무한한 가능성, 가정, 사무실, 공장의 자동화, 이 모든 것들을 역동적으로 연결해 주는 고도 정보화 사회의 도래 등, 현대 과학문명을 특징짓는 대표적 업적들은 거의 대부분 지나간 두어 세대 동안에 이룩된 것들입니다. 과학적 방법론의 도입으로 인한 폭발적 지식의 증가와 이로 인한 문명의 과학화는 사람들로 과학 그 자체에 대해 어떤 신성이라고 할 만한 것을 부여하기에 이르렀으니, 이것이 곧 과학주의(Scientism)입니다. 과학주의의 주장을 요약해 보면 다음과 같습니다.

첫째, 모든 신념들은 경험이나 실험, 즉 과학적 방법에 의해 검증되어야 하며 과학적 방법만이 진리에 이르는 유일한 길이다;

둘째, 계량화된 것만 과학에 의해 알려질 수 있다;

셋째, 과학은 전제가 없으며 객관적이다. 즉, 과학은 주관의 여지가 전혀 없는 순수 객관적인 학문이므로 무전제에서 출발한다;

넷째, 모든 우주는 기계적이며 인과율의 사슬(causal chain)로 연결되어 있기 때문에 모든 것은 결정되어 있다;

다섯째, 과학은 자기의 고유한 방법론을 통해 궁극적으로 인간의 모든 문제를 해결해 줄 것이다;

여섯째, 과학적 방법만이 진리에 이르는 참된 방법이므로 다른 모든 학문도 과학적 방법으로 환원되어야 한다.

위의 과학주의의 주장들은 외형적으로 보면 탈가치화, 객관화, 계량화 등을 표방하고 있기 때문에 가치나 주관이 전혀 섞이지 않은 것처럼 보입니다. 그러나 자세히 보면, 첫째 주장은 실험주의(experimentalism), 둘째 주장은 유물주의(materialism), 셋째 주장은 결정주의(determinism), 넷째 주장은 진보주의(progressivism), 다섯째 주장은 방법론적 환원주의(methodological reductionism)임을 쉽게 알 수 있습니다. 근본적으로 과학주의는 존재론이나 인식론에 있어서는 자연주의를, 내용에 있어서는 합리주의를, 정신에 있어서는 휴머니즘을 배경으로 하고 있습니다. 이상을 요약해 볼 때, 과학주의란 인간이 하나님의 주권과 섭리를 삭감하고, 인간 그 자신의 자율성을 바탕으로 이론을 구축하는 데서 나온 자연스런 주장이라고 할 수 있습니다.

기독교인 과학자는 이처럼 팽배한 과학주의에 대해 특히 주의해야 합니다. 과학주의는 과학의 결과가 아닌 과학에 대한 신앙이며, 과학적으로 증명할 수 없는 과학의 가치에 대한 하나의 견해이기 때문입니다. 다분히 종교적인 색채, 그것도 기독교 신앙에 반대되는 종교적인 색채를 갖고 있습니다. 그래서 러너(Runner)는 "과학주의의 승리는 기독교 신앙의 패배이며 그 역도 사실이다"고 했습니다.

과학주의가 성경과 상치되는 종교적 주장이라 한다면, 기독교인 과학자는 당연히 과학에서 과학주의 대신 성경적 입장을 정립해야 합니다. 그러나 과학주의를 비판한다고 해서 세속 과학자들이 발견한 피조세계의 규칙들을 무조건 무시하고 반대의 극단, 즉 과학주의에서 맹신주의(fideism)로, 통일과학에서 낭만주의로, 객관적 과학에서 상대주의로 가서는 안 됩니다. 그것은 또 다른 비성경적 과학관을 만들기 때문입니다.

과학에 대한 성경적 견해는 처음부터 기독교 유신론적 세계관에 근거하고 있습니다.[32] 주의론적(voluntarism)이고 유신론적인 기독교 유신론에서는 하나님의 존재와 섭리를 당연한 것으로 받아들입니다. 자연에는 하나님의 능력과 신성이 분명히 나타나 있기 때문에 아무도 부정할 수 없습니다(롬 1:19,20). "오직 어리석은 자만이 그 마음에 이르기를 하나님이 없다"(시 14:1)고 합니다. 성경은 과학이나 과학을 할 수 있는 재능은 하나님의 선물이며, 문화활동의 일부로서 인간의 과학활동을 하나님의 명령으로 간주합니다(창 1:28). 또한 과학의 연구대상이 되는 자연세계는 사탄의 세계가 아니고 하나님의 피조세계이므로, 과학적 연구는 피조세계의 자연과학적 측면을 연구하는 것이라 할 수 있습니다.

결론적으로 기독교인 과학자의 사명은 크게 다음 두 가지로 요약될 수 있습니다. 첫째, 과학을 이 시대의 새로운 우상으로, 과학자를 이 시대의 새로운 제사장이 되게 하는 과학주의나 기술주의, 그리고 이와 유사한 반기독교적 조류를 비판하므로 과학에 있어서 그리스도의 주되심을 확립하는 것입니다. 둘째, 피조세계의 자연과학적 측면을 연구하므로 자연계에 나타난 하나님의 창조와 섭리, 능력과 신성을 발견하여 창조주 하나님께 영광을 돌리고, 연구된 결과가 인류의 복리를 위해 사용되어 이웃사랑이 실천되도록 최선을 다해야 합니다.

6. 맺는말

사람이 하나님을 섬기지 않고 떠나가면(필연적으로 다른 신을 섬길 수밖에 없으므로) 파멸에 빠진다는 것이 성경의 가르침입니다. 이는 비단 종교적, 도덕적 영역에만 국한되는 것이 아니라 학문적 영역에도 적용됩니다. 근대 이후 계몽주의자들은 객관성 추구라는 미명하에 학문세계에서 하나님이 서실 자리를 없애버리려고 안간힘을 써왔습니다. 그래서 오늘날 대학에서는 '학문적'이라는 말이 '비종교적'이라는 말과 동의어로 사용되기에 이르렀습니다. 그 결과 "만물이 주에게서 나오고 주로 말미암고 주에게로 돌아감"(롬 11:36)에도 불구하고 오늘날 대학은 비기독교적을 넘어 반기독교적 기풍으로 충일해가고 있으며, 학문의 세계에서 기독 학자들의 입지는 점점 더 좁아지고 있습니다.

이런 상황에서 살고 있는 기독 교수들은 학문 영역과 대학 공동체에서 그리스도의 주권을 회복하기 위해 전력해야 할 것입니다. 헨리 반틸(Henry Van Til)이 말한 바와 같이, "그리스도인은 세상에 살지만 세상에 속하지 않은 자"입니다.[33] 그리스도인은 세상에 속한 자가 아니라 하나님의 영광을 위해 세상으로부터 부르심을 받은 자들입니다. 기독 학자들은 물이 바다를 덮음같이 여호와의 영광을 인정하는 것이 온 땅에 가득하게 하기 위해(합 2:14), "모든 생각을 사로잡아 그리스도께 복종"(고후 10:5)시키기 위해 부르심을 받은 자들입니다. 이렇게 할 때 세상 모든 이방 민족 중에서 여호와의 이름이 크게 될 것이며(말 1:11), 그 날에는 말방울에까지 '여호와께 성결'(슥 14:20)이라 기록될 것입니다.

주)

1) '이해찬 세대'란 이해찬 전 교육부 장관(1998.3.-1999.5. 재임)의 특기, 적성 중심 교육철학에 따라 교육받은 학생들을 말한다. 흔히 "한 가지만 잘하면 대학 간다"는 말로 축약되는 '이해찬 세대'(1983/84년에 출생)는 학력이 떨어지는 학생들이라는 말과도 동의어로 사용한다.
2) 본고는 원래 『기독교적 학문연구』라는 제하에 CUP 소책자시리즈 4번(1988)으로 발표된 것을 다듬은 것이다.
3) 예를 들면, 마 9:38; 28:19,20; 행 1:8; 딤후 4:2; 사 6:8 등을 보라.
4) Klaas Schilder, *Jezus Christus en het Cultuurleven* (Colemborg, Netherlands: Uitgeversbedrijf De Pauw, 1932), 250-7; 정성구, 『칼빈主義 思想大系』(총신대학출판부, 1995), 300에서 재인용하였다.
5) 예를 들면, Darrow Miller and Bob Moffitt, *Kingdom of God* (Tempe, AZ: Harvest, 1979); R. Paul Stevens, *The Other Six Days* (Grand Rapids, MI: Eerdmans, 1999) 등을 보라.
6) 대표적인 성경구절로는 고후 5:17; 갈 2:20을 보라.
7) 1996년 6월 4일 경북대 기독교수회 초청으로 행한 "The Christian Scholarship"이란 강연. 이 내용은 Kenneth W. Hermann이 "The Meaning of a Christian Academic Perspective"이란 제목으로 1981년 6월 The Mennonite General Conference에서 행한 강의로서 한국에서는 『기독신앙과 전공과목』(IVP, 1986) 제4장에 번역되어 있다. 고신대 김성수 총장은 허만에게 허만근이라는 한국 이름을 지어주었다.

8) 예수께서 마 22:37; 막 12:30; 눅 10:27 등에서 말씀하신 바를 보라.

9) Abraham Kuyper, *Calvinism Christianity as a Life-system* (Christian Study Center, 1980); 필자는 여기서 단순한 문화의 원리로 인용했지만, 원래 카이퍼가 여기서 말한 원리는 칼빈주의 원리였다.

10) G. Machen, "Christianity and Culture" in *The Princeton Theological Review* (1913.1).

11) Hermann, 「기독신앙과 전공과목」, 58-70.

12) 20세기 대표적 과학철학자들이라고 할 수 있는 Karl Popper, Norwood Russell Hanson, Michael Polanyi, Thomas S. Kuhn, Paul K. Feyerabend 등은 과학연구가 전통적 이해와는 달리 가치중립적이지 않음을 설득력 있게 논증하고 있다. 최근 이들의 사상을 알기 쉽게 소개한 책으로는 A. F. Chalmers가 지은 「현대의 과학철학」 (*What is this thing called science?*) (서광사)을 보라.

13) Harry Blamires, *The Christian Mind* (S.P.C.K., 1963).

14) Hermann, 「기독 신앙과 전공과목」, 71-7.

15) James W. Sire, *The Universe Next Door: A Basic Worldview Catalog* (IVP, 1976); 한국어판: 김헌수 역, 「기독교세계관과 현대사상」 (KIVP, 1985).

16) 예를 들면 Nicholas Henry Beversluis, "Major Learning Goals in Christian Education," *Christian Philosophy of Education* (Grand Rapids,MI: Christian Schools Int'l, 1971) Ch. 4를 보라.

17) David. W. Bebbington, *Patterns in History* (IVP, 1979): 한국어 번

역판, 『역사관의 유형들』 (두란노서원, 1987). 본서에서는 역사적으로 중요한 사관들을 알기 쉽게 잘 요약, 설명하고 있다.

18) Bebbington은 방향성 대신 선형성(linearity)이라는 말을 사용하고 있으나, 필자의 생각으로는 역사 진행의 유연성, 개방성 등을 고려하여 경직된 선형성이란 말보다 방향성이란 말이 더 자연스러운 듯하다.

19) Leland Ryken, *Triumphs of the Imagination Literature in Christian Perspective* (IVP); 한국어로 번역한, 『상상의 승리』(성광문화사, 1982). 특히 본서의 제6장에서는 기독교 문학이란 무엇인가를 다루고 있다.

20) 예를 들면, 행 17:28; 딛 1:12,13을 보라.

21) B.F. Skinner, *Beyond the Freedom and the Dignity;* 한국어판, 『자유와 존엄을 넘어서』.

22) 신 14:28,29을 보라.

23) 신 23:24,25; 레 19:9,10; 출 23:10,11을 보라.

24) 출 22:25-27; 신 24:6,12,.13 등을 보라.

25) 예를 들면, 고후 9:9을 보라.

26) 예를 들면, 행 2:44,45; 4:32-35; 고후 8:13,14; 약 5:1-5 등을 보라.

27) 예를 들면, 고전 7:29-31; 딤전 6:10,17,18; 벧전 3:1-4 등을 보라.

28) Henry George, *Progress and Poverty*; 한국어판: 『가난에서 벗어나는 길』(보이스사, 1980); 본서는 근래에 경북대 행정학과 김윤상 교수가 『진보와 빈곤』이란 제목으로 출간한 것이 더 잘 된 번역으로 평가되고 있다. Henry George의 사상을 잘 소개하는 책으로는 CUP에

서 곧 출간하게 될 Verinder의 책을 참고하라. Frederick Verinder, *My Neighbor's Landmark* (Andrew Melrose, London, 1911); 한국어판: 이풍 역, 『내 이웃의 地界表』 (CUP, 1996).

29) E. F. Schumacher, *Small is beautiful* (1973); 한국어판: 『작은 것이 아름답다』 (전망사, 1980). 이 책에서는 종래의 대규모 경제체제를 비판하고 "인간을 중시하는 경제"(Economics as if people mattered)를 주창하고 있으며, 이는 기독교 세계관에 근거한 경제학의 훌륭한 예라고 할 수 있다.

30) 경제윤리에 대한 기독교인의 시각을 다룬 국내 저작으로는 한남대 경제학과 김세열 교수가 쓴 『기독교 경제윤리』(한남대출판부, 1985)를 들 수 있다.

31) 본 절의 내용은 R. Hooykaas, *The Christian in Teaching Science* (Tyndale, 1960) : 한국어판, 『과학과 기독교』(KIVP, 1986)에서 주로 인용하였다. 본서는 30여면 정도의 소책자이나 자연과학에 대한 기독교인의 올바른 자세에 대해, 과학을 전공하거나 하지 않거나 관계없이 모든 기독교인들에게 매우 유익한 내용을 담고 있다.

32) R. Hooykaas, *Religion and the Rise of Modern Science* (Scottish Academic Press); 한국어판, 손봉호, 김영식 역 『근대과학의 출현과 종교』 (정음사, 1988). 근대과학이 기독교적 배경을 가진 유럽에서 발생한 것은 기독교적 정신 자체가 근대 과학정신과 일맥상통하기 때문이라는 본서의 주장(특히 제2장 참조)은, Robert K. Merton의 이름을 따라 지은 머튼 명제(Merton Thesis)와 더불어 과학에 대한

기독교의 긍정적 영향을 보여주는 대표적인 예이다.

33) Henry Van Til, *The Calvinistic Concept of Culture* (Grand Rapids,MI: Baker, 1972), 1 -"We are in the world but not of the world"; 정성구, 『칼빈주의 사상대계』, 302에서 재인용.

민족과 사회

47_ 법과 권위를 존중하는 나라
48_ 사명선언문
49_ 교토의정서와 부시의 이원론적 태도
50_ 계약정신과 서구사회
51_ 원칙주의와 현실주의
52_ 친일인명사전 유감
53_ 기록문화의 승리
54_ 자신 있는 영역에의 투자
55_ 회개와 부흥

47. 법과 권위를 존중하는 나라

근래에 제가 일하고 있는 트리니티웨스턴대학(TWU)에는 이상한 규칙이 하나 생겼습니다. 교수들이나 학생들이 설문조사, 면담 등 사람들을 대상으로 하는 연구를 할 때는 반드시 학교 연구윤리위원회(Research Ethics Committee)로부터 허락을 받아야 한다는 규칙입니다. 물론 그런 규칙이 만들어진 데는 나름대로 이유가 있었을 것입니다만, 솔직히 저는 지금까지도 왜 그런 규칙을 만들었는지 이해할 수 없습니다. 대학원 학생들은 졸업논문은 말할 것도 없고 많은 강의 논문들을 작성하기 위해 자주 크고 작은 설문조사를 해야 합니다. 그런데 자기가 섬기는 교회에서 설문조사 하는 것조차 허가를 받아야 한다고 하니 정말 이해가 되지 않습니다. 그런데 더욱 이해가 되지 않는 것은 이런 규칙을 도대체 누가 지킬까 싶은데, 이곳 사람들 모두가 바보처럼 이를 지킨다는 사실입니다.

합리적 사고와 꾸준한 협상, 그리고 이렇게 해서 만든 규칙을 지키는 것이 바로 오늘의 영국을 만든 근간이 아닌가 생각됩니다. 이런 전통 때문에 영국은 프랑스혁명이나 볼셰비키혁명과 같은 유혈혁명을 거치지 않고 무혈혁명으로 근대화에 성공했다고 할 수 있습니다. 막대한 부와 권력, 명예를 세습, 독점하던 귀족들이 점증하는 민중들의 민주화 압력에 능동적으로 대처한 것입니다. 그들은 민중들의 폭력혁명으로 모든 것을 잃어버리기보다는 협상을 통해 자신들의 재산을 상당 부분 내놓는 대신 명예를 지키는 쪽을 택한 것입니다. 귀족들은 솔선해서 위험한 전장에 뛰어드는 노블리스 오블리제의 정신을 발휘했고, 이것이 바로 영국에서 유혈혁명이라는 파국을 막을 수 있었던 이유라고 생각됩니다. 대립하고 충돌하기보다 꾸준한 대화를 통해 합리적인 규칙을 도출한 뒤 이를 지키는 것이 앵글로 색슨들의 모습이라고 할 수 있습니다.

　오늘날 우리 사회의 가장 큰 문제는 합리적인 사고를 하지 않는 것과 최종적인 권위, 다시 말해 서로가 존중할 수 있는 최종적인 게임의 규칙이 없다는 점입니다. 법을 만드는 국회의원들부터 법을 우습게 압니다. 검찰에서 출석요구를 해도 마음 내키는 대로 출석하고 싶으면 하고, 하고 싶지 않으면 정치 탄압이니 뭐니 떠들면서 출석하지 않습니다. 그러니 국민들도 버젓이 교통법규를 위반하고도 교통경찰에게 빡빡 우기거나 덤벼듭니다(한국에서처럼 북미주에서 경찰들에게 덤벼들었다가는 교통법규 위반과는 비교할 수 없는 처벌을 받게 됨). 인터넷에는 대통령이나 정치 지도자들에 대하여 입에 담을 수도 없는 욕설로 도배가 되어 있습니다. 일간지 신문의 기사 댓글란은 마치 더 지독한 욕을 찾아내는 경연장 같기도 합니다.

　국가의 법이나 단체의 규칙의 권위를 인정하지 않고, 자기 나라나 단체의 지도자들을 우습게 아는 것은 우리 사회에서만의 문제가 아니라 우리 교회에서도 볼 수 있습니다. 한 예로 감리교의 목사 파송제를 들 수 있습니다. 감리교의 가장 중요한 특징이라면 감독이 개 교회 목사를 파송하는 제도라고 할 수 있습니다. 아마 한 목사가 한 교회에 오래 시무할 때의 문제점들을 보완하기 위해 그런 제도를 시행한 것이겠지요. 그래서 감리교가 처음 시작된 영국은 말할 것도 없고 미국에서도 감리교가 도입된 지 250년이 지난 지금까지도 감독이 개 교회 목사를 파송하는 목사 파송제의 근간이 유지되고 있습니다. 그런데 유독 한국 감리교회만 이 전통을 따르지 않습니다.

물론 제가 어릴 때는 우리나라 감리교도 이 규칙을 지켰습니다만, 언제부터인가 감리교에 대형교회들이 생겨나면서부터 자기 교회를 내놓지 않으려는 목사들이 생겨나기 시작했습니다. 지도적인 위치에 있는 몇몇 목사들과 교회들이 목사 파송 규칙을 지키지 않게 되자 다른 교회들도 본을 받게 되었고, 이제는 어느 감리교회도 이 규칙을 따르지 않게 되었습니다. 그래서 감리교의 가장 큰 전통인 목사 파송의 규칙이 지켜지지 않기 때문에, 사실상 한국에는 감리교가 없다고 말하는 사람들도 있습니다.

법과 규칙을 지키지 않는 것은 해외에 살고 있는 한인 사회에서도 쉽게 볼 수 있습니다. 해외 교민 단체들은 한국에 있을 때와 같이 단체의 규칙이 버젓이 있지만 잘 지키지를 않습니다. 지킨다고 해도 자기 마음대로 해석, 적용하려고 하기 때문에 한인회마다 회장 선거 등이 끝나면 마치 무슨 관례라도 된 듯 소송과 재판이 이어집니다. 대부분의 한인회에는 자체적으로 분쟁을 해결할 수 있는 조직이나 내규가 있지만, 사람들은 자기들에게 불리하게 되면 그것들의 권위를 인정하지 않거나 아전인수(我田引水)격으로 해석합니다. 그러니 결국 한인들의 특성이나 문화를 잘 이해하지도 못하는 현지 법정의 판사들의 판결에 기댈 수밖에 없게 됩니다.

한국인들이 법과 규칙을 포함한 다른 권위에 유독 저항적인 것은 '기 죽지 않는 아이들'을 키우려는 우리들의 자녀 양육 태도와도 무관하지 않습니다. 어릴 때부터 적절하게 '기'(氣)를 다스리는 훈육이 없이 자녀들을 키우게 되면, 아이들은 법과 규칙은 물론 어느 누구의 권위도 인정하지 않는 목 맨 송아지가 될 수밖에 없습니다. 이런 태도는 어릴 때부터 다른 사람들에게 폐를 끼치지 않는 법을 가르치는 일본이나 다른 사람들과 협력해서 일하는 것을 중시하는 서양 사람들과는 매우 다릅니다. 이런 우리의 자녀 양육 태도는 소자녀(중국에서는 '소황태자'라고 부르는) 풍조 및 포스트모던 정신과 결합하여 한국인들에게 유독 심하게 나타나고 있습니다.

합법적인 권위나 규칙에 순복하지 않는 사람들을 다스릴 수 있는 유일한 방법은 타율과 강압뿐입니다. 근래 밴쿠버 어느 교민 교회에서는 분쟁이 생겼지만, 교인들이 노회나 총회의 권위는 물론 교단법을 인정하지 않았습니다. 결국 교회의 전통과 법을 모르는 캐나다 법정의 판사가 강대상에 올라와서 사회법으로 교회 분쟁을 해결할 수밖에 없었습니다. 근래의 국내 사정을 볼 때도 나라가 혼란하고 사회 구석구석마다 싸움판이 벌어지니까 일부에서는 박정희, 전두환 시대에 대한 향수가 모락모락 솟아나고 있습니다. 그 가운데는 심지어 "조센징은 어떻게 해야 말을 듣는다"는 식의 일제 향수를 가진 사람들조차 있습니다.

어떤 사람들은 선진국에서 사람들이 법을 잘 지키는 것은 법이 합리적으로 만들어졌기 때문이라고 말합니다. 물론 그 말도 일리가 있지만, 선진국의 법이라고 모두 합리적인 것은 절대 아닙니다. 어떤 때는 이곳에 살고 있는 우리들도 도저히 이해할 수 없는 바보스런 법이나 규칙들이 있습니다. 물론 그런 법들은 곧 폐기 혹은 개정되는 경우가 많지만, 때로는 말도 되지 않는 법이 오랫동안 지속되어 많은 사람들이 고통과 불편을 겪기도 합니다. 성질 급한 한국인들이 보기에는 어떻게 저런 법을 참고 지키는지 이해할 수 없을 때도 있습니다. 그러나 저는 북미주에서 지낸 지난 십수 년 간의 생활을 돌이켜 보면서 결국 내가 지지하지 않았던 지도자라도 합법적으로 선출되었다면 존중하고, 또 좀 불합리하게 보이는 법이라도 정식으로 개정될 때까지는 지키는 것을 최고의 미덕으로 생각할 때 우리도 비로소 선진국과 같은 질서 있는 사회, 사람이 살만한 사회를 만들 수 있다는 확신을 갖게 되었습니다. 아마 바울 사도가 "각 사람은 위에 있는 권세들에게 굴복하라"(롬 13:1)고 말한 것도 이런 것을 염두에 둔 것이 아닌가 생각합니다.

48. 사명선언문

그저께 저녁에는 이웃에 계시는 정 장로님 댁에 잠시 들러서 이런 저런 얘기를 나눌 기회가 있었습니다. 장로님은 사업도 크게 하지만 선교에도 남다른 열정이 있어서 틈만 나면 선교지를 돌아보곤 하는 분입니다. 장로님이 활동하는 선교단체는 미국 콜로라도 덴버에 본부를 둔 Global Connections International(GCI)이라는 단체인데, 장로님은 여기에 이사로 참여하고 있습니다. 이 단체는 주로 사업을 하는 분들이 참여해서 헌금을 하고 그 헌금으로 복음이 필요한 나라에 가서 선교와 더불어 병원이나 학교 설립 등 여러 가지 프로젝트들을 진행하고 있습니다.

GCI는 다른 단체들과는 달리 회원들이 자원해서 많은 봉사를 하기 때문에 운영경비가 적게 드는 모범적인 선교단체입니다. 많은 선교단체들이 헌금의 70%정도만 직접 현장에서 선교비로 사용하고 나머지 30% 정도는 자체 직원들의 월급이나 본부 및 지부 운영비로 사용하며, 아주 잘 운영되는 선교단체라고 해도 자체 운영경비가 15-20%에 이릅니다. 하지만 이 단체는 불과 3%만을 운영경비로 사용할 뿐입니다. 총재 한 사람을 제외하고는 모두가 자원봉사자들이어서 예산의 97%는 직접 선교 현장에 투입되고 있는 것입니다. 그 만큼 알찬 선교단체인 셈이지요.

근래에 GCI는 캄보디아에서 대형 프로젝트를 했습니다. 캄보디아 정부로부터 200헥타르(약 60만평)에 이르는 대규모 땅을 제공 받아서 그 곳에 학교들과 병원을 설립하는 큰 프로젝트였습니다. 병원은 심장수술을 할 수 있는 최신 병원이었습니다. 이 프로젝트는 당연히 현지 교회 지도자들과 협력해서 진행하였습니다. 그런데 아무리 하나님의 일을 하더라도 항상 그것을 자기의 욕심을 위해 하는 사람들이 있게 마련입니다.

그 프로젝트에 참여했던 현지 큰 교단의 대표라는 사람이 중간에서 일을 하면서 교묘하게 그 모든 땅과 시설을 가로채 자기 앞으로 명의를 해 놓았던 것입니다. 결국 현지 교회 대표를 신뢰해서 일을 할 수밖에 없는 해외 선교단체로서는 닭 쫓던 개 모양으로 실컷 좋은 일만 한 후, 손 털고 나올 수밖에 없게 되었습니다. 과거 우리나라에서도 흔히 볼 수 있었던 것처럼, 선교사들의 등을 쳐서 자기 배를 불렸던 전형적인 선교사기에 휘말린 셈입니다.

당연히 이 문제는 정 장로님이 참여하고 있는 GCI 국제 이사회의 가장 중요한 안건으로 상정되었습니다. 이 일을 진두지휘했던 총재는 무척 분노했고, 캄보디아 법원에 제소를 해서라도 땅과 시설을 되찾아야 한다고 주장했습니다. 몇몇 이사들도 비슷한 생각을 하고 있었습니다. 하지만 오랜 시간 하나님의 뜻을 구하며 회의하는 동안 점점 다른 의견들이 우세해지기 시작했습니다. 이렇게 분위기가 반전되기 시작한 가장 중요한 시금석은 GCI의 사명선언문(Mission Statement) 때문이었습니다.

이사들은 자신들이 헌금을 해서 만든 시설이지만, 기왕 빼앗긴 시설인데 세상 법원에 제소를 하면서까지 되찾으려고 하는 것이 GCI의 사명선언문에 합당한 것인가를 먼저 검토하였습니다. 그리고 설사 형편이 이렇게 되지 않았더라도 GCI가 언제까지나 다른 나라에서 부동산들을 소유하면서 사역하는 것은 사명선언문에 맞지 않는 것이 아니냐는 의견도 제시되었습니다. 그리고 언젠가는 그 시설들을 현지인들에게 넘겨주어야 하는데, 그 시기가 좀 더 빨리 왔다고 생각하면 어떻겠느냐는 주장도 나왔습니다. 그러다가 결국 그 시설을 빼앗은 사람이 정말 GCI의 사명선언문대로 바르게 그 시설들을 운영하기만 한다면, 자신들이 그를 축복하고 필요하다면 후에 다시 함께 일할 수도 있다는 결론에 이르게 되었습니다.

저는 정 장로님으로부터 그 얘기를 듣고 큰 감명을 받았습니다. 그래, 이런 태도야말로 진정으로 예수 그리스도의 이름만이 높아지기를 바라는 사람들의 모습이 아닐까! 문맥이 좀 다르기는 하지만, 비슷한 얘기를 사도 바울의 모습으로부터도 볼 수 있습니다: "이러므로 나의 매임이 그리스도 안에서 온 시위대 안과 기타 모든 사람에게 나타났으니 … 어떤 이들은 투기와 분쟁으로, 어떤 이들은 착한 뜻으로 그리스도를 전파하나니 … 저들은 나의 매임에 괴로움을 더하게 할 줄로 생각하여 순전치 못하게 다툼으로 그리스도를 전파하느니라 그러면 무엇이뇨 외모로 하나 참으로 하나 무슨 방도로 하든지 전파되는 것은 그리스도니 이로써 내가 기뻐하고 또한 기뻐하리라." (빌 1:13-18)

우리는 교단 총회나 선교회, 개 교회 등에서 하나님의 영광을 내세우면서 싸우는 일을 종종 봅니다. 그렇게 고상한 명분을 두고 어떻게 저렇게 저질 싸움을 하는지 도저히 이해할 수 없을 때가 자주 있습니다. 이런 때일수록 우리는 스스로 정말 우리가 다른 숨은 동기가 없이 겉으로 내세우는 그 이유 때문에 싸우는지를 살펴봐야 합니다. 자신의 투옥을 기뻐하면서 시기하며 전도하는 사람들에 대해서조차 전파되는 것이 그리스도이므로 기뻐하겠다고 말하는 바울 사도! 그의 순전한 헌신을 조금이라도 본받을 수만 있다면, 교회 내에서 일어나는 대부분의 싸움은 곧 그칠 것입니다.

싸우고 분열하는 교회의 본을 받아서인지 요즘 우리나라를 보면 정치, 경제, 사회, 교육, 언론 등등 구석구석마다 싸움판이 벌어져 있습니다. 하나같이 나라를 위해서라고 주장하면서 죽기 살기로 싸웁니다. 이것은 해외에 나와 있는 교민 교회나 사회도 마찬가지입니다. 다소 과장을 하자면, 교민 숫자가 1만 명을 넘어서는 지역의 교민회 치고 감투를 두고 치고받고 싸우지 않는 곳이 거의 없다고 할 정도입니다. 물론 서로 물고 뜯는 것은 한국인들만의 문제가 아니라 모든 인간의 타락한 본성이라고 할 수도 있습니다. 하지만 우리처럼 적전분열(敵前分裂)이 심한 국민은 정말 찾아보기가 어렵습니다.

교회나 사회의 싸움판을 보면 하나같이 내세우는 구호는 그럴 듯합니다. 정말 내세우는 구호를 위해 그렇게 열정을 다해 싸운다면, 머잖아 우리 교회나 사회는 세계 최고가 될 것이 분명합니다. 그러나 대부분의 싸움은 내세우는 구호와 진짜 숨은 목적이 다르기 때문에 생기는 것입니다. 정작 자신의 이권, 입지, 체면, 명예 등이 게재되어 있으면서 내세우는 명분만 그럴 듯한 싸움은 파국에 이르기 전에는 절대로 해결되지 않습니다. 사도 바울과 같이 진심으로 "이는 내게 사는 것이 그리스도니 죽는 것도 유익함이니라"(빌 1:21)라고 고백할 수 있다면, 설사 자신이 경제적인 손해를 보고 자신의 체면이나 명예가 좀 구겨지더라도 기쁨으로 물러설 수 있고 양보할 수 있습니다. 다툼의 때일수록 우리는 자신이 속한 단체나 교회의 사명선언문이 무엇인지를 살펴보고, 자신의 행위가 그것에 충실한지를 확인하는 것이 필요합니다.

49. 쿄토의정서와 부시의 이원론적 태도

경칩(驚蟄)인 지난 3월 5일을 전후해서 영남 해안과 강원 동부 지방에 유래 없는 폭설이 내렸습니다. 37.5㎝의 적설량을 기록한 부산은 1904년 기상관측을 시작한 이래 101년 만에, 울산은 74년 만에, 포항은 63년 만에 가장 많은 눈이 내렸습니다. 이로 인해 해당 지역의 교통마비는 물론 일부 마을이 고립되면서 많은 피해가 발생했습니다. 기상청은 "일본 남쪽 해상에 중심을 둔 습하고 따뜻한 저기압 공기와 북쪽 대륙성 고기압의 찬 공기가 동해상을 중심으로 극렬하게 맞부딪힌 결과"라고 설명했습니다.

근래 이런 기상이변은 비단 우리나라만의 문제가 아닙니다. 연평균 강우량이 380mm에 불과하던 LA에서는 작년 7월 이후 지난 달 23일까지 860mm 이상의 폭우가 내렸습니다. 아프가니스탄에서는 혹독한 겨울 추위와 눈사태 등으로 인해 어린이 180명을 포함해 최소한 260명이 숨졌고, 최고 4.5m의 적설량을 기록한 인도 카슈미르에서는 최소한 150여 명이 숨졌습니다. NASA는 "2005년은 역사상 가장 더운 해가 될 것"이라고 예측하고 있습니다.

전문가들은 이런 기상이변은 온실효과 때문에 생긴 것으로 봅니다. 온실효과는 이산화탄소, 아산화질소, 메탄, 불화탄소, 수소화불화탄소, 불화유황 등의 온실가스의 과다 배출로 인해 지구가 따뜻해지는 현상입니다. 지구온난화가 진행되면 남북극의 빙하가 빠른 속도로 녹아내리면서 해수 온도와 해류 흐름이 변하여 기상이변이 일어나게 됩니다. 적도 부근의 해수 온도가 상승하는 엘리뇨 현상은 지구온난화가 직접적인 원인입니다.

이런 위기감 때문에 1997년 EU를 중심으로 온실가스 배출을 규제하기 위한 쿄토의정서(Kyoto Protocol, 이하 의정서)가 채택되었으며, 우리나라 국회는 2002년 11월 8일에 이 의정서를 비준하였습니다. 이 의정서에 의하면, 141개 비준국 가운데 1차 의무 감축 대상국으로 분류된 39개 선진국은 2008-2012년 기간 중 온실가스의 배출량을 1990년 대비 평균 5.2%를 줄여야 합니다. 다른 개도국이나 후진국들로 이루어진 2차 의무 감축 대상국들의 규제는 2013년부터 시작되지만, 결국 이들도 온실가스를 규제해야 합니다. 나라들마다 온실가스 배출을 줄이려면 엄청난 노력과 비용이 들지만, 인류의 생존에 가장 위협적인 지구온난화를 막기 위해서는 불가피한 조치라고 할 수 있습니다.

의정서의 발효조건은 온실가스 배출량의 55%를 차지하는 55개국 이상의 비준이며, 그 동안 비준한 국가들의 총 배출량은 44.2%였습니다. 그런데 의정서 발효와 관련하여 가장 두통거리 국가는 미국, 러시아, 중국, 인도 등이었습니다. 이들은 온실가스 주요 배출 국가이면서도 의정서를 비준하지 않고 있었습니다. 그런데 2004년 10월 22일, 전 세계

이산화탄소 배출량의 17.4%를 차지하는 러시아가 전격적으로 의정서를 비준함으로써, 드디어 지난 2월 16일부터 의정서가 발효되게 되었습니다.

이제 온실가스를 배출하는 주요 국가로서 의정서를 비준하지 않은 국가는 세계 최대 온실가스 배출국인 미국과 2위인 중국, 5위인 인도뿐입니다. 특히 온실가스 저감 기술과 경제적 형편이 가장 나은, 그러면서도 전 세계 온실가스의 23.7%를 배출하는 미국은 2001년 의정서를 탈퇴함으로써 세계인들의 비난을 받고 있습니다. 부시 미국 대통령은 비용 부담이 크다는 이유로 앞장서서 의정서 가입을 거부하고 있습니다.

날마다 새벽기도를 한다는 부시 대통령이지만, 인류의 재앙을 막고 창조세계를 보전하자는 국제적 캠페인에 대해서는 '배 째라'는 듯 배짱을 부리고 있습니다. 그는 지금까지와 같이 여기서도 일방 외교, 즉 안하무인 외교의 모습을 그대로 보여주고 있습니다. 틈만 나면 성경을 읽는다는 사람이 어떻게 가장 비성경적인 태도를 보이는지 저는 이해할 수가 없습니다. 미국 기업들이 내뿜는 온실가스로 인해 전 세계적인 기상이변이 일어나고, 이로 인해 매년 수많은 사람들이 죽어가고 있는데도 의정서 비준을 거부하고 있는 부시 대통령의 성경에는 도대체 이웃사랑이 무엇이라고 적혀있는지 궁금합니다.

성경은 "하나님 아버지 앞에서 정결하고 더러움이 없는 경건은 곧 고아와 과부를 그 환난 중에 돌아보는 것"(약 1:27)이라고 말합니다. 여기서 고아와 과부는 사회적 약자들을 대표하며, 이들은 기상이변 등의 재해에 가장 쉽게 노출되는 자들이기도 합니다. 이들의 생명을 담보해서라도 자국 기업들의 천문학적 이익을 보장해 주어야겠다고 주장하는 그리스도인의 성경에는 도대체 어떤 내용이 씌어 있을까요? 이러한 부시 대통령의 태도는 자국 이기주의는 물론 이원론적 태도의 전형이라고 할 수 있습니다.

50. 계약정신과 서구사회

저는 한국에서는 국립대 사대에서 장래 교사가 될 학생들을 가르쳤고, 1997년 말, 캐나다에 온 후에는 밴쿠버 인근에 있는 기독교 사립대학인 트리니티웨스턴대학(TWU) 신대원인 ACTS에서 한인 프로그램인 VIEW 세계관 대학원 프로그램을 담당하고 있습니다. 하지만 이런 저런 일로 인해 인근 초,중등학교 관계자들과 종종 만나기도 합니다. 그러다보니 자연스럽게 한국과 캐나다 두 나라의 교육을 비교하는 일이 많습니다. 그러면서 어쩌면 한국인들과 서구인들이 이렇게 다를까 하는 생각을 종종 합니다.

오늘날 우리는 각종 서적과 매스컴, 교통과 통신수단 등의 발달로 인해 이전 어느 시대보다도 좁아진 세계, 즉 말 그대로 지구촌에 살고 있음에도 불구하고 인간은 누구나 자기중심적이어서 상대방도 나와 같으려니 생각합니다. 우리들은 다른 민족들도 한국인과 비슷할 것이라는 암묵적인 가정을 하면서 살아가고 있으며, 이는 다른 민족들도 마찬가지입니다. 그러다보니 서로를 이해하지 못해서 여러 가지 어려움을 겪기도 합니다.

우선 제가 속한 TWU에서 저의 지위만 봐도 그렇습니다. 저는 TWU 대학의 ACTS 신학대학원에서 풀타임 교수로 일하면서 한인 프로그램을 책임지고 있지만, ACTS에 고용되어서 일하는 것은 아닙니다. 제가 책임지고 있는 프로그램은 공식적으로 ACTS 프로그램이고 소속 학생들도 모두 ACTS 학생들이지만, 그 프로그램의 책임자는 ACTS에 '고용된' 교수가 아니라는 점을 한국인들로서는 선뜻 이해하기가 어렵습니다. 이것은 서로에게 유익이 되기만 한다면, 전혀 모르는 사람과도 계약을 맺고 함께 일하는 서구문화의 중요한 단면을 보여줍니다.

한국문화에서 자란 사람들이 캐나다 사회에서 살 때 가장 이해하기 힘든 부분이 바로 서구인들의 철저한 계약정신입니다. 농경사회에서 집성촌을 이루며 오랜 세월을 살아온 한인들과는 달리 서구인들은 오랜 유목민 전통을 가지고 있어서 가는 곳마다 새로운 사람들을 접하는 데 익숙합니다. 15세기 대항해시대와 18세기 산업혁명기를 지나면서 서구인들은 돈벌이 되는 곳이라면, 즉 직장이 있는 곳이라면, 어디라도 옮겨가는 소위 '신 유목문화'를 형성하였습니다. 특히 운송수단이 급격히 발달하기 시작했던 지난 세기부터 서구인들은 직장을 따라 지구 반대편까지 가는 일도 마다하지 않았습니다. 이처럼 직장을 따라 새로운 환경, 새로운 사람들을 접하는 것이 일상화된 서구인들은 계약을 맺는 것에 익숙합니다.

이러한 서구인들의 계약문화는 학교생활이나 교육기관에서도 쉽게 볼 수 있습니다. 캐나다에서 학교에 다니는 자녀를 둔 분들은 툭하면 학교에서 사인해서 보내라고 하는 많은 가정 통지문들을 받습니다. 그런데 사인하라는 내용을 읽어보면 때로는 별 것도 아닌 것들까지 사인을 요구합니다. 박물관이나 성교육 기관 등에 탐사여행을 갈 때도, 교외에서 열리는 경연대회나 세미나 등에 갈 때도 마찬가지입니다. 심지어 교내에서 이루어지는 특별활동에 참가하기 위해서도 부모들의 사인을 요구합니다.

사인을 요구하지 않는 일상적인 일들도 분명한 계약 속에서 이루어지는 경우가 많습니다. 예를 들면 저학년 아이들이 등교할 때는 반드시 교실 문 앞까지 아이를 데리고 가서 선생님에게 인계하도록 되어 있습니다. 하교할 때도 부모가 가서 교실 문 앞에 기다리고 있다가 선생님으로부터 아이를 넘겨받아야 합니다. 만일 하교 시간에 맞추어 부모나 보호자가 학교에 가지 않게 되면, 집이 가까운 거리에 있더라도 학교에서는 아이를 절대 혼자 집으로 보내지 않습니다. 아이를 학교 사무실에 데리고 있다가 부모가 오면 보호자임을 확인하고 인계합니다.

애매모호한 의사소통, 흔히 '알아서 기어야 하는' 소위 하이 콘텍스트 문화에서 자라온 한국인들에게는 모든 것이 명확하게 규정되고 표현되는 서구문화를 이해하는 것이 쉽지 않습니다. 사인을 요구하거나 분명한 규칙을 갖고 있다는 것은 책임소재를 분명히 하고, 사고시 누가 배상책임을 질 것인가를 분명하게 하기 위함입니다. 물론 대부분의 경우 사고는 일어나지 않습니다. 하지만 만의 하나 사고가 났을 때는 누가 책임을 질 것인가에 대한 심각한 문제가 생깁니다. 특히 책임 소재가 피해보상 등과 관련된다면 더더욱 계약은 중요합니다. 분명한 의사표현과 이를 위한 철저한 계약정신은 서구인들을 이해하는 첫 걸음이라고 할 수 있습니다. 아마 우리들의 의사를 분명하게 "옳다 옳다, 아니라 아니라"(마 5:37)고 밝히라고 한 말씀도 그런 맥락에서 이해할 수 있지 않을까 생각합니다.

51. 원칙주의와 현실주의

좀 오래된 조사이긴 하지만 1990년대 초반, 한 네덜란드 학자가 세계 17개국을 대상으로 국민들의 행동양식을 조사해서 발표한 적이 있었습니다. 행동양식을 조사하기 위해 그가 제시한 상황은 다음과 같았습니다: "당신은 친구가 운전하는 차를 타고 있었는데, 제한속도 30km 구간에서 길을 건너는 보행자를 치고 말았다. 친구가 85km로 과속을 하고 있었는데, 그 당시 현장의 목격자는 아무도 없었다. 친구는 구속되었고 그의 변호사가 '만약 당신이 법정에서 친구가 30km 속도를 지키면서 운전을 하고 있었다고 증언해준다면 친구가 중대한 벌을 면할 수 있다'고 말해주었다. 이런 상황에서 당신은 어떻게 할 것인가?"

조사자는 아무리 친구지만, '사실대로(제한속도를 어긴 것 같다고) 증언하겠다'는 입장을 원칙주의(혹은 보편주의)로, '친한 친구를 위하여 거짓 증언을 하겠다'는 입장을 현실주의(혹은 특수주의)로 나누어 결과를 분석하였습니다. 흥미롭게도 캐나다가 원칙주의의 현실주의에 대한 비율이 96:4로서 가장 높았고, 다음이 미국으로서 95:5였고, 스위스는 94:6, 호주는 93:7, 서독은 91:9, 일본은 67:33, 말레이시아는 55:45, 중국은 48:52,

인도네시아는 47:53, 그리고 놀랍게도 원칙주의 비율이 가장 낮은 국가는 한국으로서 26:74였다고 합니다.

사실 어감이 좋지를 않아서 원칙주의란 말을 사용했을 뿐 실제로 이 연구는 정직성 조사, 혹은 준법성 조사라고 할 수 있습니다. 상황에 관계없이 객관적이고 보편적인 기준이나 원칙을 따르는 행동양식을 원칙주의라고 한다면, 상황에 따라 주관적으로 행동을 바꾸는 행동양식을 현실주의라고 할 수 있기 때문입니다. 원칙보다 인정이, 공익보다 그룹이익이 우선시 되는 것은 우리 민족이 선진사회로 가기 위해 넘어야 할 큰 과제라고 할 수 있습니다. 공익보다 지연, 혈연, 학연이 중시되는 끼리끼리 문화, 좀 거칠게 말하면, 패거리 문화를 극복하지 않고는 우리는 선진사회로 갈 수가 없습니다.

낯모르는 사람이라도 악수하면서 나누는 인사말의 사투리 억양만으로도 이미 적과 동지가 구분되는 나라, 게다가 출신 학교라도 같으면, 더구나 성과 본이라도 같으면, 어떤 원칙도, 법도 비집고 들어올 수 없는 강철연대가 만들어지는 나라, 그 강철연대 틈바구니 속에서 얼마나 많은 불법과 탈법, 불의와 불공정이 독버섯처럼 자라나는지 모릅니다. 이로 인한 폐해는 이미 우리의 정치, 경제, 문화, 군사 등 사회 전반에 만연되고 있으며, 심지어 교회와 교단, 신학교에까지 깊숙이 침투해 있습니다. 이것은 비단 국내에서만의 문제가 아니라, 교민 사회에서도 똑같이 나타나고 있습니다.

그러면 원래부터 우리 민족이 원칙에 약하고 정직하지 않은 민족이었을까요? 우리나라 개화기에 캐나다 출신의 선교사였던 게일(James Scarth

Gale, 1863-193, 한국명 奇一) 목사는 우리 민족을 가리켜 "종교도 없는데 어떻게 이렇게 선할 수 있으며, 배움도 없는데 어떻게 이렇게 성숙할 수 있으며, 끼니도 충분치 않은데 어떻게 이렇게 베풀 수 있을까"라고 칭찬했습니다. 그 모습이 불과 100여 년 전, 한국에서 40년간 체류하면서 성경 번역, 한영사전 편찬, 『한국 개요』, 『한민족사』 등을 저술했던, 당시 최고의 한국 전문가의 눈에 비친 우리네의 모습이었다고 한다면, 오늘 우리의 패거리 문화는 결코 오랜 역사적 뿌리를 가진 것이 아님을 알 수 있습니다. 조선시대의 당쟁(黨爭)을 모르는 바 아니지만, 오늘 우리 사회의 부정직, 무원칙의 문화는 전통적인 인성 중심 교육이 해방 이후 능력 중심 교육으로 바뀌면서 빚어낸 결과라고 할 수 있습니다.

전체의 이익을 위해 과도하게 소수의 목소리를 무시하는 것도 문제지만, 자기집단의 이익을 위해 원칙을 버리는 것은 더 큰 문제를 낳습니다. 억울함을 당하는 소수가 없도록 배려하면서도 공의와 원칙이 시퍼렇게 살아있는 사회를 우리는 선진사회라고 할 수 있을 것입니다. 법치가 존중되면서도 율법주의에 빠지지 않는 사회에 대한 염원은 비단 오늘 우리들만의 것이 아닙니다. 2,500여 년 전, 미가 선지자가 "공의를 행하며 인자를 사랑하며 겸손히 네 하나님과 함께 행하는" 사회를 염원했던 것이나, 아모스 선지자가 "공법을 물 같이, 정의를 하수 같이" 흘리는 사회를 염원했던 것도 다르지 않습니다. 그것은 바로 소수의 인권과 다수의 원칙 사이에 존재하는 간격을 인자(仁慈)와 사랑으로 메운 사회일 것입니다.

52. 친일인명사전 유감

지난 8월 29일, 민족문제연구소 친일인명사전편찬위원회는 총 3,090명의 친일인사 1차 명단을 발표했습니다. 명단은 조선총독부에 소속된 관리들, 군수 이상의 관료, 경찰, 위관급 이상의 군인, 법조계의 판검사, 민간 친일 단체의 간부들, 친일에 가담한 종교인, 문화, 예술, 교육, 학술, 언론, 출판 분야의 지도자들, 2차 대전 중에 징병, 징용, 정신대 동원에 앞장섰던 전쟁 협력 행위자 등 총 13개 분야로 나뉘어 발표되었습니다.

일제 치하에서는 물론 해방 후에도 친일파들의 득세로 인해 독립투사들의 후예들이 홀대를 받고 역사가 왜곡되어온 것을 생각한다면, 적극적인 친일 잔재 청산 노력은 때늦은 감이 있습니다. 그럼에도 불구하고 저는 이번 친일인사 명단 발표와 관련하여 다음 몇 가지 점을 우려합니다.

첫째, 친일의 정의입니다. 당시 지도층에 있었던 사람들 중에는 적극적으로 친일행위를 하면서 나라와 민족에게 고통을 안겨주었던 사람들도 있었지만, 직, 간접적인 협박과 회유로 인해 친일을 한 사람들도 많이 있었을 것입니다. 아니 오히려 당시 지도적 위치에 있으면서 친일 발언을 한 번도 하지 않은 사람이(기록으로 남아있든 아니든) 얼마나 될까요? 또 친일행적과 더불어 항일행적이 있는 자들은 친일행적만 부각시킬 것인가도 문제가 됩니다. 편찬위원회에서는 친일 후 항일을 한 것은 '인간승리'로, 항일 후 친일을 한 것은 '변절'이라고 했는데, 이것은 매우 주관적인 기준이라고 할 수 있습니다.

해방 이후 60여년 이상의 세월이 지난 지금, 당시 특정 인사의 친일 행위가 능동적이고 자발적이었는지, 수동적이고 강제적이었는지를 구분하는 것은 거의 불가능한 일이라고 할 수 있습니다. 관직이나 친일 단체의 간부 등으로 활동을 한 사람들을 가려내는 것은 어렵지 않겠지만, 개인들 중에서 친일 행위가 '심대'한 사람을 도대체 어떻게 가려낼 수 있다는 말입니까? 흑백논리에 익숙한 우리들의 정서로는 자칫 친일 인사라면 그들의 다른 기여는 생각지 않고 무조건 매국노로 몰 가능성이 있으며, 이것은 당사자는 물론 후손들의 인권을 침해할 소지가 있습니다.

둘째, 형평의 문제입니다. 민족문제연구소에서는 일제 치하의 지위와 행동을 기준으로 친일 여부를 가렸다고 하는데, 이는 불가피하게 형평의 문제를 야기한다고 봅니다. 어느 정도의 행위를 친일로 보느냐는 매우 주관적일 수 있기 때문입니다. 비록 친일 인사들을 선별하는 사람들이 '신중의 신중을 거듭' 했다고는 하지만, 지금처럼 친일을 폭넓게 정의한다면, 주관적 평가가 불가피하다고 할 수 있습니다.

만일 일정 지위 이상의 공직에 있었던 사람들 모두를 친일 인사에 포함시킨다면, 당시 지도자들로서 친일이 아닌 사람들은 도대체 누구였을까요? 물론 소수의 사람들은 독립투사들이었겠지만, 대부분의 사람들은 저의 부모님과 같이 친일도, 항일도 하지 않은 필부들이었을 겁니다. 항일의 의미로 일제 치하의 공직을 거부해서가 아니라 할 능력이나 기회가 없어서 '친일'을 못했을 뿐이지요. 어떤 사람들은 다만 공직에 있었을 뿐 다른 악의적인 친일 행적이 없는 데도 친일 인사 명단에 포함될 수 있습니다.

셋째, 분열과 갈등의 문제입니다. 지금처럼 친일의 정의를 넓게 하면 국론을 분열시키고 민족화합에 재를 뿌릴 수 있습니다. 다른 사람들은 몰라도 적어도 한국 그리스도인들이라면 이미 일제 치하에서의 신사참배 문제로 인해 해방 후 교회가 갈기갈기 찢겨지는 아픈 경험을 갖고 있으며, 그 상처는 아직까지 아물지 못하고 있습니다. 그런데 '민족의 대화합', '상생의 이야기'를 운운하면서 다시 친일 시비로 온 나라를 풍비박산으로 만드는 것은 친일 못지않게 나라에 해악을 끼칠 수 있습니다. 친일을 할 수 있는, 아니 친일을 해야 하는 시대에 태어나지 않았다는 이유만으로, 일제 치하 대부분의 공직자들과 많은 지도자들을 무더기로 정죄하는 것은 어쩌면 못난 후손들의 교만이 될 수 있습니다.

저는 친일행적에 대한 기록은(항일행적이 있다면 그와 더불어) 남기되 그 많은 사람들의 이름을 인명사전에 남겨서 대대손손 수치와 분노를 느끼게 하는 것은 바람직하지 않다고 봅니다. 어쩌면 이것은 역사를 바로 잡겠다는 명분을 앞세워서 우리 민족의 고질병인 "사촌이 땅을 사면 배 아픈 병"이 나타난 것은 아닌지, "나를 버리고 가시는 님은 십리도 못 가서 발병 난다"는 아리랑 심보는 아닌지 생각해 봐야 합니다.

물론 그렇다고 해서 개인의 영달(榮達)을 위해 나라를 팔아먹고, 동족들에게 온갖 해악을 끼치며, 반인륜적 행위에 적극 가담했던 사람들에게까지 관대하자는 말은 절대 아닙니다. 저는 다만 친일파 기준을 훨씬 엄격하게 적용해서(예를 들면 지위는 관계하지 말고 구체적인 행위만으로 친일을 판단하는 등) 친일 인명록에는 일본에 빌붙어 적극적으로 나라를 배신하고 동족을 괴롭혔던 소수의 사람들만을 포함시키는 것이 바르다고 봅니다. 그렇지 않으면 득보다 실이 훨씬 더 많을 것이라 생각합니다.

53. 기록문화의 승리

언젠가 한국 교수님 한 분이 VIEW 사무실이 있는 TWU 캠퍼스를 방문하셨습니다. 그 분은 대학에서 높은 보직을 하시다가 얼마 전에 그만 두신 분이었습니다. 그런데 작년에 그 분이 보직을 맡고 계실 때, 그 분의 부탁으로 저는 이곳 대학에 있는 보직자를 방한하도록 주선한 적이 있었기 때문에 그간에 진척상황을 물어봤습니다. 그랬더니 그 교수님은 난감한 표정을 지으면서 초청하는 것 자체가 취소되었다고 했습니다. 총장과 보직자들이 바뀜에 따라 이전 총장 때 추진되던 사업들이 대부분 중지되었다는 것이었습니다. 불과 얼마 전에 취소된 것이어서 아직 초청하려는 그 분에게는 알리지도 못했다고 했습니다. 저는 그 교수님의 얘기를 들으면서 한국인들이 일을 하는 데 있어서 가장 취약한 면을 보는 것 같았습니다.

책임자가 바뀌면 이전 계획들이 취소되는 것은 비단 학교 행정만이 아니라 정부 행정도 마찬가지입니다. 새로운 대통령이 들어서면 이전에 하던 많은 일들은 그만두고 다시 일을 시작합니다. 대통령제가 단임제이니 대부분의 대통령은 초보 내지 인턴 대통령으로 임기를 마치는 것 같습니다. 대통령으로서의 경륜과 노하우가 축적될 때쯤 임기가 끝나는 것입니다. 그나마 대통령은 5년이라도 할 수 있으니 다행이지만, 장관들은 보장된 임기도 없이 대부분 1-2년 이내에 바뀌니 노하우가 축적될 겨를이 없습니다. 그렇다고 장관은 바뀌어도 한 분야에서 잔뼈가 굵은 직업 공무원들이 그 뒤를 받쳐주는 것도 아닙니다. 고위 공무원들도 툭하면 이 부처에서 저 부처로 옮겨 다니기 때문에 노하우가 잘 축적되지 않습니다. 물론 한 자리에 오래 머물면 비리에 연루될 가능성이 높아지므로 그렇게 하는 경우도 있을 것입니다.

저는 이곳 캐나다 사람들과 일을 하면서 늘 한 가지 궁금한 점이 있었습니다. 그것은 캐나다인들은 아침 8시 반부터 일을 시작해서 오후 4시 반만 되면 칼같이 퇴근을 하는데, 게다가 여름이면 일반 교직원들은 물론 총장이나 학장도 아무리 바빠도 3-4주 정도 휴가를 갖는데, 그리고 그렇게 놀고도 6년 근무한 후에는 철저하게 안식년을 찾아먹는데, 어째서 밤을 새며, 휴가나 안식년도 없이 일하는 우리 한국보다 선진국일까 하는 점이었습니다. 개인적으로 일을 하면서 캐나다인들이 영어 잘 하는 것을 제외하면 한국인들보다 더 나은 것이 별로 없는 듯이 보이는데, 어째서 저들이 우리들보다 일을 더 잘 할까 하는 것이 궁금했습니다.

여러 해 동안 캐나다에서 일을 하면서 저는 캐나다인들이 한국인들에 비해 악착 같이 일을 하지 않으면서도 일을 잘하는 가장 큰 이유가 바로 이들의 기록문화라는 사실을 알게 되었습니다. 한국인들이 일할 때 사람과 더불어 일을 한다면, 이들은 기록과 더불어 일을 한다고 할 수 있습니다. 이들에게는 자신의 일을 철저히 문서로 남기고, 남긴 문서를 꼼꼼히 보관하는 습관이 몸에 배어 있습니다. 그래서 담당자가 떠나더라도 잘 정리된 기록만 남아 있으면, 누가 후임자로 오든지 관계없이 일이 이어지는 것입니다. 여러 해 동안 이들과 더불어 일을 하면서 저는 결국 서구의 승리는 기록문화의 승리라는 결론을 내리게 되었습니다.

첫째, 기록문화는 효율적인 일의 시작입니다. 만일 서류와 더불어 일하지 않고 사람과 더불어 일하게 되면, 지도자가 바뀔 경우 하던 모든 일들을 다시 시작해야 합니다. 이전 사람들의 축적된 노하우가 남아 있지 않으니 그들이 겪었던 시행착오를 똑같이 되풀이할 수밖에 없습니다. 그래서 항상 서툴고 서론적인 수준의 일을 하게 되는 것입니다. 만일 선명성 경쟁을 위해 의도적으로 이전 지도자들의 계획들을 중단시키고 새로 일을 시작한다면, 그래서 그 일을 위해 진행된 각종 기초 조사나 각종 노하우들은 전수 받지 않는다면, 더욱 더 많은 예산과 시간과 인력을 낭비하게 됩니다. 그러니 일을 많이 해도 전체적인 진도는 느리고, 일을 열심히 해도 수준은 높지 않게 됩니다.

6·25전쟁 직후부터 25년간 한국에서 선교사를 하셨고, 그래서 한국어에 능통하셨던 린튼 박사님(Dr. Dwight Linton)은 **VIEW** 강의에서 서구인들은 직선형으로 일을 하는데 비해, 한국인들은 나선형으로 일을 한다는 의미 있는 지적을 하셨습니다. 린튼 박사님은 본인이 초대 노회장을 했던 순천에서 노회를 모이면, 노회원들이 이전 회의에서 의논하고 결정한 일을 또 끄집어내서 토의하곤 했다는 예를 들기도 했습니다. 결

국 한국인들은 했던 일을 반복하면서 진행하고, 서구인들은 일직선으로 진행하기 때문에 한국인들은 일을 많이 하는 것 같지만 천천히 가고, 서구인들은 한번 한 일은(누가 한 일이든) 반복하지 않으니 천천히 가는 것 같지만 실제로는 빨리 간다는 의미였습니다. 어떤 의미에서 이것 역시 기록문화의 부재를 말한다고 할 수 있습니다.

둘째, 기록문화는 책임지는 사회의 기초가 됩니다. 철저한 기록은 다만 일을 효율적으로 하기 위함만은 아닙니다. 기록은 전임자와 후임자의 책임의 한계를 구분지어 줍니다. 언젠가 자신이 그 자리를 물러나거나 다른 부처로 옮겨가더라도 후임자가 기록들을 살피면서 자신의 일을 이어갈 것을 생각합니다. 꼼꼼하게 남겨진 기록들을 보면서 후임자는 전임자의 체취를 느끼게 되고 일에 대한 전임자의 열정을 느끼게 됩니다. 그래서 전임자의 일들을 인정해주고 계승, 발전시켜주는 사회, 나도 잘 하고 있지만 내 전임자도 참 훌륭하게 일을 했다고 인정해주는 사회가 될 때 서로 존경하는 사회가 될 것입니다.

셋째, 기록문화는 큰일을 할 수 있게 합니다. 큰일은 혼자 할 수 없고, 또한 단기간에 할 수 없습니다. 큰일을 하려면 반드시 여러 사람이 오랫동안 일을 해야 하는데, 이 때 철저한 기록은 협력의 중요한 기초가 됩니다. 기록은 다만 지리적으로 떨어져 있는 사람들과의 협력에 그치지 않고 다른 시대에 살았던 사람들과의 협력도 가능하게 만듭니다. 그러므로 기록정신은 협력정신이라고도 할 수 있으며, 협력하는 사람들만이 큰일을 할 수 있습니다. 철저한 기록이 아니면 노하우가 축적, 전달될 수 없기 때문에, 비록 구멍가게는 할 수 있다 하더라도 큰 회사의 경영은 불가능합니다.

　서구의 기록문화는 상당 부분 기독교 문화의 영향이었다고 할 수 있습니다. 하나님은 아무리 많은 사람들이 경험한 사건이라도 철저하게 기록해두지 않으면, 얼마 지나지 않아 사람들의 뇌리에서 쉬 사라진다는 것을 잘 아셨습니다. 그래서 성경은 곳곳에서 기록의 중요성을 반복해서 강조하고 있습니다. 하나님은 모세는 물론(출 34:27, 신 27:3) 이사야(사 30:8), 예레미야(렘 22:30, 30:2, 36:2), 에스겔(겔 24:2), 하박국 선지자(합 2:2)에게 말씀하신 바를 기록하라 하셨고, 사도 요한에게도 그가 본 환상을 기록하라(계 1:19, 14:13, 19:9, 21:5)고 명하셨습니다. 신약에서 수 없이 등장하는 '기록된 바'라는 표현도(예를 들면, 막 1:3, 눅 3:4, 갈 4:27, 약 2:8 등) 결국 성경 기자들의 기록문화의 한 부분을 보여주는 것이라고 할 수 있습니다.

　어쩌면 오늘 우리 사회의 고비용 저효율 구조도 상당 부분 기록문화의 부재 때문에 기인한다고 할 수 있습니다. 그러므로 효율적인 사회나 단체를 운영하기 위해서는 뼈를 깎는 고통을 감내하면서라도 조직원들이 기록하는 습관을 갖게 해야 합니다. 회사의 신입사원 훈련에서는 지옥훈련보다 철저하게 기록을 남기는 훈련을 먼저 해야 합니다. 지난 400여 년 간 서구의 승리를 기록문화의 승리라고 본다면, "또렷한 기억력보다 희미한 잉크가 훨씬 더 정확하다"는 평범한 진리를 되새겨야 할 때입니다.

54. 자신 있는 영역에의 투자

지난 2006년 6월 26일, 뉴욕에서는 한 70대 거부가 50여 년 간 피땀 흘려 모은 370억 달러 상당의 재산을 사회에 환원할 것을 약속하는 조촐한 모임이 열렸습니다. 이 엄청난 기부로 세계의 이목을 집중시킨 주인공은 바로 버크셔 해서웨이(Berkshire Hathaway) 투자회사의 CEO이자 투자의 귀재로 불리는 워렌 버핏(Warren Buffett, 1930-)이었습니다. 미국 네브라스카주 오마하에서 태어난 버핏은 1956년 단돈 1백 달러로 주식투자를 시작해서 세계 제2위의 부호가 되었으나, 후손들에게는 3백만 달러만 남기고 모든 재산을 자선단체에 기증할 방침이라고 밝혔습니다. 그리고 그는 실제로 이날 다섯 개 자선단체를 통해 자신이 소유한 전 재산의 85%를 주식 증여 방식을 통해 사회에 되돌려 주겠다는 약정서에 서명했습니다.

버핏의 기부는 두 가지 면에서 우리들의 관심을 끕니다. 첫째는 단연 역사상 가장 많은 돈을 기부했다는 점이고, 둘째는 기부금의 대부분을 자신과 가족이 운영하는 자선단체 대신 다른 사람이 운영하는 단체에 기부하기로 한 점입니다. 버핏에게도 2년 전 사별한 부인과의 사이에 장성한 2남 1녀가 있고, 그들 또한 자선단체들을 설립하여 운영하고 있었지만(그 재단들에도 일부 기부를 했지만), 버핏은 전체 기부금의 70%가 넘는 307억 달러(30조 원)를 마이크로 소프트(MS)의 공동 창업자이자 세계 제일의 부자인 빌 게이츠 부부가 세운 자선 재단(Bill & Melinda Gates Foundation)에 기부하기로 했습니다.

이에 대해 버핏은 "지난 10년간 게이츠 부부의 자선활동을 지켜보며 이들이 머리뿐 아니라 뜨거운 가슴을 지니고 있다는 사실을 알게 됐다"며, 그들이 세운 재단은 "아내와 제가 설립한 '수전 톰슨 버핏 재단' 보다 규모가 클 뿐 아니라 재능과 열정을 지닌 사람들이 운영하는 자선단체에 돈을 맡기는 것은 당연한 논리적 결론이었다"고 설명했습니다. 이것은 버핏이 일평생 지켜왔던 투자의 제1원칙과도 무관하지 않았습니다.

언젠가 버핏은 자신의 투자원칙을 이렇게 설명했습니다: "우리는 실패를 피하는 쪽으로 움직여 왔고 그것은 제가 말하는 '자신 있는 영역' (Circle of Competence), 즉 자신이 잘하는 영역 내에만 머무르는 것을 통해 이룰 수 있었습니다. 영역이 얼마나 큰가는 전혀 중요하지 않습니다. 중요한 것은 그 영역의 경계가 어딘지를 아는 것입니다. 아주 작은 영역을 갖고 있더라도 그 영역 안에만 머문다면 좋은 결과를 거둘 수 있습니다 … 그것이 바로 제가 투자하는 방식입니다." '자신 있는 영역'에만 머무는 버핏의 투자 원칙은 한 분야에 오랫동안 집중하지 못하는 우리들에게 큰 교훈을 줍니다.

저는 지난 25년간 기독교 학교 설립과 경영에 관심이 있는 여러 그리스도인 사업가들을 만났습니다. 그리고 발견한 것은 대부분의 사업가들은 자신이 사업을 잘했던 것처럼, 기독교 학교도 잘 경영할 것이라고 생각한다는 점이었습니다. 물론 드물게 그런 분이 없는 것은 아니겠지만, 연구나 교육, 혹은 학교 경영은 사업하는 재능과 일치하지 않는 경우가 많습니다. 또한 어떤 사람이라도 한 분야에서 탁월하기 위해서는 재능만이 아니라 그 분야에서의 오랜 훈련과 경험이 필요한 것처럼 교육도 마찬가지입니다. 일평생 사업만을 한 분은 사업에서는 탁월하겠지만, 학교 경영에서는 탁월하지 않을 가능성이 많습니다.

이 외에도 우리는 주변에서 '자신 있는 영역'에 머물지 못하는 예들을 흔히 볼 수 있습니다. 부자들 중에는 전문 선교 단체를 후원하기보다는 자신이 직접 선교회를 만드는 사람들도 있고, 인생의 대부분을 교수로 지내다가 늦게 야간 신학을 하고 목회에 뛰어드는 사람도 있습니다. 그러나 '자신 있는 영역'에 머물지 못하는 사람들은 사업도, 선교도, 연구도, 목회도 제대로 하지 못하고 인생의 황혼을 맞을 가능성이 높습니다. "비전이 있는 사람은 돈이 없고, 돈이 있는 사람은 비전이 없다"는 김준곤 목사님의 지적도 어쩌면 '자신 있는 영역'에 머물지 못하는 사람들에게 주는 충고라고 할 수 있습니다. 부와 명예가 따라오지 않더라도 하나님이 주신 재능과 은사에 따라 '자신 있는 영역'에 머무는 것은 주제파악이요 일종의 겸손이라고 할 수 있습니다.

사실 버핏의 '자신 있는 영역'에 머무는 원리는 성경의 원리이기도 합니다. 이미 오래 전에 사도 바울은 고린도교회에 보낸 편지에서 사람들마다 하나님께서 다른 은사와 재능을 주셨고, 그리고 자신의 은사와 재능, 즉 '자신 있는 영역'에 집중할 때 하나님의 교회가 건강하게 세워질 수 있다고 지적했습니다. 성경은 모든 사람이 다 사도나 예언자나 교사나 기적을 베푸는 사람이 될 수 없으며, 하나님은 자기가 원하시는 대로 한 몸에 다른 기능을 가진 여러 지체를 두셨다고 말합니다(고전 12:18,29).

20세기의 가장 위대한 투자가이자 오마하의 신탁이라는 버핏, 그가 흔쾌히 작정한 거액 기부는 그가 일생동안 투자의 금과옥조(金科玉條)로 지켜왔던 '자신 있는 영역'에의 투자 원칙을 그대로 실천에 옮긴 것에 불과합니다. 버핏은 자선단체 운영은 주식투자라는 자기의 '자신 있는 영역'이 아님을 일찌감치 깨닫고, 자선단체 운영을 '자신 있는 영역'으로 갖고 있는 다른 사람을 찾은 것입니다. 그래서 저는 버핏의 기부는 21세기의 가장 '아름다운 기부'일 뿐 아니라, 역사상 가장 많은 수익을 남기게 될 탁월한 투자일 것이라 확신합니다.

55. 회개와 부흥

초기 한국 선교사 중에 로버트 하디(Robert Alexander Hardie, 1865-1949) 박사라는 분이 있었습니다. 그는 토론토 의과대학을 졸업하고, 1890년 9월 아내와 함께 캐나다기독교청년회 후원으로 한국에 파송되었습니다. 그리고 1896년에 미국 남감리회 선교부로 적을 옮겨서 총 45년간을 한국 선교사로 일했습니다. 하지만 그의 초기 선교 사역은 순탄치 않았고, 거기에 가정적인 어려움까지 겹쳤습니다. 1893년에 출생한 그의 큰딸 마리는 당시 보건 위생 환경이 워낙 열악해서 태어난 지 이틀 만에 죽었습니다. 10년 뒤인 1903년에 태어난 작은 딸 마거릿 역시 일곱 살에 죽었습니다.

이런 가운데서도 하디 선교사는 1892년경부터 원산과 강원도 통천 등지에서 개척 선교사로 여러 해 동안 열심히 일했습니다. 하지만 별로 큰 열매를 거두지 못했고, 그래서 그는 사역에 실패했다는 절망감에 사로잡혀 괴로워하고 있었습니다. 그러던 중 그는 1903년 8월 24일부터 30일까지 원산에서 열린 사경회를 인도했습니다. 그리고 그곳에서 그는 많은 동료 선교사들과 청중들 앞에 자신의 실패와 그 원인을 고백했습니다. 그는 서양 선교사로서 자기 안에 있던 민족적 우월감, 하나님의 능력을 의지하기보다는 자신의 의술과 능력을 의지했던 자만심, 한국인을 미개하고 무식한 민족으로 생각했던 교만 등을 공개적으로 고백했습니다. 그러자 이를 본 여러 한국 사람들과 서양 선교사들이 뒤를 이어 자신의 부끄러운 허물과 죄를 고백하고 과거의 삶을 청산하는 결단을 하게 되었습니다.

여기에서 출발하여 하디 선교사는 원산뿐만 아니라 개성과 서울, 평양 등지에서 각종 부흥회를 인도하였습니다. 그리고 그가 회개할 때마다 수많은 사람들이 자기 죄를 고백하며 하나님의 은혜를 구하고 새로운 삶을 살기 시작했습니다. 집회 시간에 성령의 감동을 받은 사람들이 차례로 일어나 하나님 앞에 회개하며 기도하려고 했지만, 회개하려는 사람들이 너무 많아 아예 한꺼번에 기도하게 했습니다. 이것이 바로 온 세계에 한국식 기도(Korean style prayer)로 알려진 통성기도의 시작이었습니다. 이렇게 시작된 원산 대부흥 운동은 1907년 평양 대부흥 운동으로 이어졌고, 초기 한국교회 성장의 가장 중요한 계기가 되었습니다.

금년은 평양 대부흥 운동이 일어난 지 100주년이 되는 해입니다. 장대현교회에서 시작된 이 대부흥 운동으로 사람들은 공중 앞에서 자신의 죄를 고백하며 회개를 했고, 복음에 대해 마음 문을 굳게 닫고 있던 사람들이 통회하며 주님께로 돌아왔습니다. 수많은 도둑과 깡패들이 개과천선하였고, 도박꾼이나 알코올 중독자들이 새로운 삶을 살게 되었습니다. 바람을 피우던 사람들은 자기 죄를 고백하고 가정을 회복하였고, 남의 돈을 떼먹었던 사람들은 그 돈을 돌려주었습니다. 이처럼 복음이 힘 있게 증거 되면서 신유의 역사도 강하게 일어나 많은 병자들이 나았습니다. 이처럼 성령의 역사가 강하게 나타났기 때문에 사람들은 이것을 평양 대부흥 운동이라고 불렀습니다. 바로 이러한 대부흥 운동의 뿌리에 벽안의 한 선교사의 회개가 있었던 것입니다.

회개, 이것은 어느 시대나 단체에서든 영적 각성이나 부흥을 경험하기 전에 반드시 요구되는 영적 법칙이라고 할 수 있습니다. 3천여 년 전 사무엘과 더불어 온 이스라엘 백성들이 미스바에 모여 회개했을 때, 살기등등한 블레셋과의 전쟁에서 이겼던 것처럼, 오늘 이 시대를 휘감고 있는 절망의 늪에서 나라와 민족을 구하는 방법은 교회, 특히 교회 지도자들의 회개뿐입니다. 백성들이 정욕과 욕심의 이방신과 아스다롯을 버리고 전심으로 하나님께 돌아와 마음을 찢을 때, 하나님은 우리보다 앞서 가셔서 대적의 문을 취하신다는 것은 예외 없는 역사의 교훈입니다.

원산 대부흥 운동은 하나님 앞에서 자신의 잘못을 진정으로 회개한다는 것이 얼마나 많은 사람들을 구원하게 할 수 있는지, 특히 지도자의 회개가 얼마나 전염성이 강한지를 보여 주는 최고의 사례라고 할 수 있습니다. 최근 한국 기독교는 침체의 늪을 벗어나지 못하고 있습니다. 그러나 우리가 진정으로 하나님 앞에 회개한다면, 제2, 제3의 평양 대부흥 운동 혹은 원산 대부흥 운동이 일어날 것입니다. 그리고 그것은 멀리 갈 것도 없이 바로 나 자신에게서 시작되어야 한다는 것은 불문가지의 사실입니다.

진리를 위하고 교회를 위한다는 거창한 허울만 앞세우면서 뒤에서는 몰래 호박씨를 까고 있지는 않은지 스스로를 돌아봅니다. 저런 놈들을 위해 내 인생을 투자하는 것이 너무 불공평하다고 화를 냈던 교만을 하나님께 회개합니다. 자신의 설교와 글이 곧 자신의 영적인 수준인 것처럼 착각하며, 다른 사람들을 비난하며 손가락질 했던 것에 대해 하나님의 용서를 구할 뿐입니다. "하나님의 뜻대로 하는 근심은 후회할 것이 없는 구원에 이르게 하는 회개를 이루는 것"이기 때문에….

앞으로만 가는 차

양승훈 지음

초판1쇄 2009년 4월 24일
발행처 SFC 출판부
총　판 하늘유통(031-947-7777)
인　쇄 (주)일립인쇄

137-040 서울특별시 서초구 반포4동 58-5 SFC출판부
TEL (02)596-8493　FAX (02)596-5437

ISBN 978-89-93325-12-6 03230

값 11,000원
독자의 의견을 기다립니다.
www.sfcbooks.com

□잘못 만들어진 책은 언제든지 교환해 드립니다.